Vicente Blasco Ibáñez

Arroz y tartana

Barcelona 2024
Linkgua-ediciones.com

Créditos

Título original: Arroz y tartana.

© 2024, Red ediciones S.L.

e-mail: info@linkgua.com

Diseño de cubierta: Michel Mallard.

ISBN rústica ilustrada: 978-84-9629-036-5.
ISBN tapa dura: 978-84-9897-290-0.
ISBN ebook: 978-84-9897-123-1.

Sumario

Brevísima presentación

La vida

Vicente Blasco Ibáñez (1867-1928). España.

Nació en Valencia el 29 de enero de 1867. Estudió Derecho pero no ejerció esa profesión y se dedicó a la política y la literatura.

Con veintiún años se inició en la Masonería el 6 de febrero de 1887 y adoptó el nombre simbólico de Danton en la Logia Unión n.º 14 de Valencia y después en la logia Acacia n.º 25.

Allí recibió el encargo del presidente Raymond Poincaré de escribir una novela sobre la guerra: *Los cuatro jinetes del Apocalipsis* (1916), que fue un auténtico éxito de ventas en los Estados Unidos.

Blasco Ibáñez murió en Menton (Francia) el 28 de enero 1928.

Los nuevos ricos

La Valencia industriosa y las fiestas populares, sirven de escenario a esta novela de Blasco Ibáñez que relata la lucha entre el comercio tradicional y el incipiente mercado de la Bolsa.

Manuela es la heredera de una familia de industriales que hicieron riqueza con trabajo laborioso, e inversiones prudentes. De joven se casó por despecho con un dependiente de tienda. Tras enviudar y recibir su voluminosa herencia, se casa con un atractivo calavera con el que malgasta con rapidez su fortuna. En su ambiente muchos codician ganancias rápidas en la Bolsa. Desean ostentar sus riquezas en público:

usar coches caros, llevar ropa francesa, y tener mayordo-
mos; ignoran la tragedia que se les avecina.

Arroz y tartana

I

A las tres de la tarde entró doña Manuela en la plaza del Mercado, envuelto el airoso busto en un abrigo cuyos faldones casi llegaban al borde de la falda, cuidadosamente enguantada, con el limosnero al puño y velado el rostro por la tenue blonda de la mantilla.

Tras ella, formando una pareja silenciosa, marchaban el cochero y la criada: un mocetón de rostro carrilludo y afeitado que respiraba brutal jocosidad, luciendo con tanta satisfacción como embarazo los pesados borceguíes, el terno azul con vivos rojos y botones dorados y la gorra de hule de ancho plato, y a su lado una muchacha morena y guapota, con peinado de rodete y agujas de perlas, completando este tocado de la huerta su traje mixto, en el que se mezclaban los adornos de la ciudad con los del campo.

El cochero, con una enorme cesta en la mano y una espuerta no menor a la espalda, tenía la expresión resignada y pacienzuda de la bestia que presiente la carga. La muchacha también llevaba una cesta de blanco mimbre, cuyas tapas movíanse al compás de la marcha, haciendo que el interior sonase a hueco; pero no se preocupaba de ella, atenta únicamente a mirar con ceño a los transeúntes demasiado curiosos o a pasear ojeadas hurañas de la señora al cochero o viceversa. Cuando, doblando la esquina, entraron los tres en la plaza del Mercado, doña Manuela se detuvo como desorientada.

¡Gran Dios...!, ¡cuánta gente! Valencia entera estaba allí. Todos los años ocurría lo mismo en el día de Nochebuena. Aquel mercado extraordinario, que se prolongaba hasta bien entrada la noche, resultaba una festividad ruidosa, la explosión de alegría y bullicio de un pueblo que entre montones de alimentos y aspirando el tufillo de las mil cosas que satisfacen la voracidad humana, regocijábase al pensar en los atracones del día siguiente. En aquella plaza larga, ligeramente arqueada y estrecha en sus extremos, como un intestino hinchado, amontonábanse las nubes de alimentos que habían de desparramarse como nutritiva lluvia sobre las mesas, satisfaciendo la gigantesca gula de la Navidad, fiesta gastronómica, que es como el estómago del año.

Doña Manuela permaneció inmóvil algunos minutos en la bocacalle. Parecía mareada y confusa por el ruidoso oleaje de la multitud; pero en realidad, lo que más la turbaba eran los pensamientos que acudían a su memoria. Conocía bien la plaza; había pasado en ella una parte de su juventud, y cuando de tarde en tarde iba al Mercado por ser víspera de festividad en que se encendían todos los hornillos de su cocina, experimentaba la impresión del que tras un largo viaje por países extraños vuelve a su verdadera patria.

¡Cómo estaba grabado en su memoria el aspecto de la plaza! La veía cerrando los ojos y podía ir describiéndola sin olvidar un solo detalle.

Desde el lugar que ocupaba veía al frente la iglesia de los Santos Juanes, con su terraza de oxidadas barandillas, teniendo abajo, casi en los cimientos, las lóbregas y húmedas covachuelas donde los hojalateros establecen sus tiendas desde fecha remota. Arriba, la fachada de piedra lisa, amarillenta, carcomida, con un retablo de gastada escultura, dos portadas vulgares, una fila de ventanas bajo el alero, santos berroqueños al nivel de los tejados, y como final, el campanil triangular con sus tres balconcillos, su reloj descolorido y descompuesto, rematado todo por la fina pirámide, a cuyo extremo, a guisa de veleta y posado sobre una esfera, gira pesadamente el pájaro fabuloso, el popular *pardalòt* con su cola de abanico.

En el lado opuesto la Lonja de la Seda, acariciada por el Sol de invierno y luciendo sobre el fondo azul del cielo todas las esplendideces de su fachada ojival. La torre del reloj, cuadrada, desnuda, monótona, partiendo el edificio en dos cuerpos, y éstos exhibiendo los ventanales con sus bordados pétreos; las portadas que rasgan el robusto paredón, con sus entradas de embudo, compuestas de atrevidos arcos ojivales, entre los que corretean en interminable procesión grotescas figurillas de hombres y animales en todas las posiciones estrambóticas que pudo discurrir la extraviada imaginación de los artistas medievales; en las esquinas, ángeles de pesada y luenga vestidura, diadema bizantina y alas de menudo plumaje, sustentando con visible esfuerzo los escudos de las barras de Aragón y las enroscadas cintas con apretados caracteres góticos de borrosas inscripciones; arriba, en el friso, bajo las gárgolas de espantosa fealdad que se tienden audazmente en el espacio con la muda risa del aquelarre, todos los reyes aragoneses en laureados medallones, con el casco de aletas sobre el perfil enérgico, feroz y barbudo; y rematando la robusta fábrica, en la que alternan los bloques ásperos con los escarolados y encajes del cincel, la apretada rúa de almenas cubiertas con la antigua corona real.

Frente a la Lonja, el Principal, pobrísimo edificio, mezquino cuerpo de guardia, por cuya puerta pasea el centinela arma al brazo, con aire aburrido, rozando con su bayoneta a los soldados libres de servicio, que digieren el insípido rancho contemplando el oleaje de alimentos que se extiende por la plaza. Más allá, sobre el revoltijo de toldos, el tejado de cinc del mercadillo de las flores; a la derecha, las dos entradas de los pórticos del Mercado Nuevo, con las chatas columnas pintadas de amarillo rabioso; en el lado opuesto, la calle de las Mantas, como un portalón de galera antigua, empavesada con telas ondeantes y multicolores que las tiendas de ropas cuelgan como muestra de los altos balcones; en torno de la plaza, cortados por las bocacalles, grupos de estrechas fachadas, balcones aglomerados, paredes con rótulos, y en todos los pisos bajos, tiendas de comestibles, ropas, drogas y bebidas, luciendo en las puertas, como título del establecimiento, cuantos santos tiene la corte celestial y cuantos animales vulgares guarda la escala zoológica.

En este ancho espacio, que es para Valencia vientre y pulmón a un tiempo, el día de Nochebuena reinaba una agitación que hacía subir hasta más arriba de los tejados un sordo rumor de colosal avispero.

La plaza, con sus puestos de venta al aire libre, sus toldos viejos, temblones al menor soplo del viento, y bañados por el rojo Sol con una transparencia acaramelada, sus vendedores vociferantes, su cielo azul sin nube alguna, su exceso de luz que lo doraba todo a fuego, desde los muros de la Lonja a los cestones de caña de las verduleras, y su vaho de hortalizas pisoteadas y frutas maduras prematuramente por una temperatura siempre cálida, hacía recordar las ferias africanas, un mercado marroquí con su multitud inquieta, sus ensordecedores gritos y el nervioso oleaje de los compradores.

Doña Manuela contemplaba con fruición este espectáculo. Tachábase en su interior de poco distinguida; pero... ¡qué remedio! por más que ella tomase a empeño el transformarse, y obedeciendo a las niñas revistiera un empaque de altiva señoría, siempre conservaba amortiguados y prontos a manifestarse los gustos y aficiones de la antigua tendera que había pasado lo mejor de su juventud en la plaza del Mercado. ¡Qué tiempos tan dichosos los transcurridos siendo ella dueña de la tienda de *Las Tres Rosas*! Si el dinero es la felicidad, nunca había tenido tanta como en los últimos años que pasó entre mantas e indianas, sedas y percalinas, arrullada a todas horas por el estrépito del Mercado y viendo por las mañanas, al levantarse, el *pardalòt* de San Juan.

Y obsesionada por estos recuerdos, doña Manuela permanecía inmóvil en la esquina, como asustada por el gentío, sin fijarse en las miradas poco respetuosas que alguno que otro transeúnte le dirigía.

Estaba próxima a los cincuenta años, según confesión que varias veces hizo a sus hijas; pero era tan arrogante y bien plantada, unía a su elevada estatura tal opulencia de formas, que todavía causaba cierta ilusión, especialmente a los adolescentes, que con la extravagancia del deseo hambriento sienten ante los desbordamientos e hinchazones de la hermosura en decadencia la admiración que niegan a la frescura esbelta y juvenil.

La mitad de los polvos y menjurjes que sus niñas tenían en el tocador los consumía la mamá, que en la madurez de su vida comenzó a saber cómo se agrandan los ojos por medio de las rayas negras, cómo se da color a las mejillas cuando éstas adquieren un fúnebre tinte de membrillo, y cómo se combate el vello traidor que alevosamente asoma en el labio y en la barba cual película de melocotón, convirtiéndose después en espantosas cerdas. Acicalábase como una niña, guardando con su cuerpo atenciones que no había tenido en su juventud. ¿Para quién se arreglaba? Ni ella misma lo sabía. Era puro deseo de retardar en apariencia la llegada de la vejez; precauciones, según propia afirmación, para no parecer la abuela de sus hijas y para sentir una indefinible satisfacción cuando en la calle echaban una flor descarriada a su garbo de buena moza.

En cambio, su criada era poco sensible a la galantería callejera. Acogíala con un gesto de rústico desprecio, un fruncimiento de labios desdeñoso: algo que mostrase la indignación de una castidad hasta la rudeza, la insolencia de una virtud salvaje.

Doña Manuela pareció decidida por fin a lanzarse en el viviente oleaje de la plaza.

—Vamos, Visanteta, no perdamos tiempo... Tú, Nelet, marcha delante y abre paso.

Y el cazurro Nelet, siempre con aire de fastidio, comenzó a andar hendiendo la muchedumbre al través, contestando dignamente con sus brazos de carretero a los codazos y empujones y cubriendo con su corpachón a la señora y la criada.

La multitud, chocando cestas y capazos, arremolinábase en el arroyo central; dábanse tremendos encontrones los compradores; algunos, al mirar atrás, tropezaban rudamente con los mástiles de los toldos, y más de una vez, los que con el cesto de la compra a los pies regateaban tenazmente eran sorprendidos por el embate brutal y arrollador del agitado mar de cabezas. Algunos carros cargados de hortalizas avanzaban lentamente rompiendo la corriente humana, y al sonar el pito del tranvía que pasaba por el centro de la plaza, la gente apartábase lentamente, abriendo paso al jamelgo que tiraba del charolado coche, atestado de pasajeros hasta las plataformas. Sobre el zumbido confuso y monótono que producían los miles de conversaciones sostenidas a la vez en toda la plaza, destacábanse los gritos de los vendedores sin puesto fijo, agudos y rechinantes unos, como chillido de pájaro pedigüeño, graves y foscos otros, como si ofreciesen la mercancía con mal humor.

En medio de este continuo pregonar, entre la descarga de ofertas a grito pelado, destacábanse algunas voces melancólicas y tímidas ofreciendo «¡medias y calcetines!». Eran los sencillos aragoneses, golondrinas de invierno que, al caer las primeras nieves que dejan el campo muerto y el hogar sin pan, levantan el vuelo con su cargamento de lana, y desde el fondo de la provincia de Teruel llegan, a Valencia, ofreciendo lo que la familia fabrica durante el año. Eran los seres pacienzudos, honradotes y laboriosos a quienes la insolencia valenciana designa con el apodo de «churros», título entre compasivo e infamante. Robustos, cargados de espalda, con la cabeza inclinada como signo de perpetua esclavitud y miseria, veíaseles pasar lentamente con su traje de paño burdo, estrecho pañizuelo arrollado a las sienes, y entre éste y el abierto cuello de la camisa el rostro rojizo, agrietado y lustroso, con espesas cejas y ojillos de inocente malicia. Colgando de los brazos o en el fondo de dos bolsones de lienzo, llevaban las medias de lana burda y asfixiante, los calcetines ásperos que un puñal no podría atravesar. Es el capital de su familia; lo que la mujer y las hijas han hecho unas veces al Sol, guardando las ovejas, y otras de noche, junto a los sarmientos humeantes de la cocina. En la venta del burdo género están las patatas y el pan para todo el año; y soñando con la inmensa felicidad de volver a casa con una docena de duros, zapatos para las hijas y un refajo para la mujer, pasean tristes y resignados por entre el gentío, lanzando a cada minuto su grito melancólico como una queja: «¡Medias y calcetines...!, ¡el mediero!».

Doña Manuela iba mal por el arroyo. Causábanle náuseas los carros repletos del estiércol recogido en los puntos de venta: hortalizas pisoteadas, frutas podridas, todo el fermento de un mercado en el que siempre hay Sol.

—Vamos a la acera —dijo a sus criados—. Compraremos primero las verduras.

Y subieron a la acera de la Lonja, pasando por entre los grupos de gente menuda que, con un dedo en la boca o hurgándose las narices, contemplaba respetuosamente los pastorcillos de Belén y los Reyes Magos hechos de barro y colorines, estrellas de latón con rabo, pesebres con el Niño Jesús, todo lo necesario, en fin, para arreglar un Nacimiento.

Doña Manuela marchaba por el estrecho callejón que formaban las huertanas, sentadas en silletas de esparto, teniendo en el regazo la mugrienta balanza, y sobre los cestos, colocados boca abajo, las frescas verduras. Allí, los oscuros manojos de espinacas; las grandes coles, como rosas de blanca y rizada blonda encerradas en estuches de hojas; la escarola con tonos de marfil; los humildes nabos de color de tierra, erizados todavía de sutiles raíces semejantes a canas; los apios, cabelleras vegetales, guardando en sus frescos bucles el viento de los campos, y los rábanos, encendidos, destacándose como gotas de sangre sobre el mullido lecho de hortalizas. Más allá, filas de sacos mostrando por sus abiertas bocas las patatas de Aragón, de barnizada piel, y tras ellos los «churros», cohibidos y humildes, esperando quien les compre la cosecha, arrancada a una tierra ingrata en fuerza de arañar todo un año sus entrañas sin jugo.

Doña Manuela comenzó sus compras, emprendiendo con las vendedoras una serie de feroces regateos, más por costumbre que por economía. Nelet, levantando las tapas de la cesta, iba arreglando en el interior los manojos de frescas hortalizas, mientras la señora no dejaba tranquilo un solo instante su limosnero, pagando en piezas de plata y recibiendo con repugnancia calderilla verdosa y mugrienta.

Ya estaba agotado el artículo de verduras; ahora a otra cosa. Y atravesando el arroyo, pasaron a la acera de enfrente, a la del Principal, donde estaban los vendedores del casquijo, ¡Vaya un estrépito de mil diablos! Bien se conocía la proximidad de las escalerillas de San Juan, con sus lóbregas cuevas, abrigo de los ruidosos hojalateros. Un martilleo estridente, un incesante *trac-trac* del latón aporreado salía de cada una de las covachuelas, cuyas entradas lóbregas, empavesadas con candiles y farolillos, alcuzas y coberteras, todo nuevo, limpio y brillante, recordaban las lorigas de aceradas escamas de los legionarios romanos.

Doña Manuela huyó de este estrépito, que la ponía nerviosa; pero antes de llegar al Principal hubo de detenerse entre sorprendida y medrosa. En el arroyo, la gente se arremolinaba gritando; algunos reían y otros lanzaban exclamaciones indecentes, chasqueando la lengua como si se tratara de una riña de perros. Asustada en el primer momento por las ondulaciones violentas de la muchedumbre que llegaban hasta ella, no sabía si huir u obedecer a su curiosidad, que la retenía inmóvil. ¿Qué era aquello...? ¿Se pegaban? La multitud abrió paso, y veloces, con ciego impulso, como espoleadas por el terror, pasaron una docena de muchachas despeinadas, greñudas, en chancleta, con la sucia faldilla casi suelta y llevando en sus manos, extendidas instintivamente para abatir obstáculos, un par de medias de algodón, tres limones, unos manojos de perejil, peines de cuerno, los artículos, en fin, que pueden comprarse con pocos céntimos en cualquier encrucijada. Aquel rebaño sucio, miserable y asustado, con la palidez del hambre en las carnes y la locura del terror en los ojos, era la piratería del Mercado, los parias que estaban fuera de la ley, los que no podían pagar al Municipio la licencia para la venta, y al distinguir a lo lejos la levita azul y la gorra dorada del alguacil, avisábanse con gritos instintivos, como los rebaños al presentir el peligro, y emprendían furiosa carrera, empujando a los transeúntes, deslizándose entre sus piernas, cayendo para levantarse inmediatamente, abriendo agujeros en la masa humana que obstruía la plaza. La gente reía ante esta desbandada al galope, celebrando la persecución del alguacil. Nadie comprendía lo que era para aquellas infelices la pérdida de su mísera mercancía, la desesperada vuelta al tugurio paterno, donde aguardaba la madre dispuesta a incautarse del par de reales de ganancia o a administrar una paliza.

Doña Manuela también rió un poco, siguiendo con la vista la ruidosa persecución que se alejaba, y entró después en el mercado de casquijo, buscando las golosinas silvestres que la gente rumia con fruición en Navidad, olvidándolas durante el resto del año. Los puestos de venta llegaban hasta las mismas puertas del Principal; los compradores codeábanse con el centinela, y los dos oficiales de la guardia, con las manos metidas en el capote y las piernas golpeadas por el inquieto sable, paseaban por entre el gentío buscando caras bonitas.

Andábase con dificultad, temiendo meter el pie en las esteras de esparto redondas y de altos bordes, en las cuales amontonábanse, formando pirámide, las lustrosas castañas de color de chocolate y las avellanas, que exhalaban el acre perfume de los bosques. Las nueces lanzaban en sus sacos un alegre cloc-cloc cada vez que la mano del comprador las removía para apreciar su calidad; y un poco más adentro, como un tesoro difícil de guardar, estaba en pequeños sacos la aristocracia del casquijo, las bellotas dulzonas, atrayendo las miradas de los golosos.

Acababa de hacer su compra doña Manuela, cuando hubo de volver la cabeza sintiendo en la espalda una amistosa palmada.

Era un señor entrado en años, con un sombrero de cuadrada copa, de forma tan rara, que debía pertenecer a una moda remota, si es que tal moda había existido. Iba embozado en una capa vieja, por bajo de la cual asomaba una esportilla de compras, y por encima del embozo de raído terciopelo mostrábase su rostro lleno y colorado, en el que los detalles más salientes, aparte de las arrugas, eran un bigote de cepillo y unas cejas canosas, tan oblicuas, que hacían recordar los chinos de los abanicos.

—¡Juan! —exclamó doña Manuela.

Visanteta dio con un codo al cochero y le habló al oído. Era don Juan, el hermano de la señora, aquel de quien todos hablaban mal en casa, aunque con cierto respeto, llamándole por antonomasia «el tío».

Los ojillos de don Juan, inquietos e investigadores, revolvíanse en sus profundas cuencas rodeadas de grietas. Mientras su mirada se perdía en el fondo del capazo que Nelet tenía abierto a sus pies, decía con la risita burlona que a doña Manuela, según confesión propia, le «requemaba la sangre»:

—De compras, ¿eh...? Yo también voy danzando por el Mercado hace más de una hora. ¡Válgame Dios, cómo está todo! Comprendo que los pobres no puedan comer... Chica, si empiezas así vas a llevar a casa medio Mercado... Eso son bellotas, ¿verdad? Comida de ricos; quien puede gasta. Eso solo lo compra la gente de dinero.

—¿Que tú no compras? —dijo doña Manuela sonriendo, a pesar de que no ocultaba el efecto que le producían las palabras de su hermano.

—¿Quién...? ¿yo...? ¡Bueno va! A mí nadie me estafa.

Y al decir esto miró al vendedor con tanta indignación como si fuese un enemigo del sosiego público; pero el palurdo, inmóvil y con las manos metidas en la faja, no se dignó reparar en la ferocidad agresiva del avaro.

—Además —continuó don Juan—, ¿para qué quiero yo eso? Los que no tenemos dientes hemos de abstenernos de muchas cosas; muchas gracias si uno puede comer sopas de ajos y tiene con qué pagarlas... Algo he comprado: unas pocas castañas y nueces; pero no para mí, son para Vicenta, que aunque ya es vieja tiene una dentadura envidiable. Poquita cosa. Ya ves tú... para mí y la criada poco necesitamos. Además, todo va por las nubes, y dinero hay poco... ¡Je, je...!

Y el viejo reía como si gozase interiormente de repetir a su hermana en todos los tonos que era muy pobre.

—Vamos, cállate —dijo doña Manuela con voz temblorosa, sin ocultar ya su irritación—. Me disgusto cada vez que te oigo hablar de pobreza; solo falta que me pidas una limosna.

—Mujer, no te irrites... No quiero hacer creer que necesito limosnas; soy pobre, pero aún tengo para no morirme de hambre, y sobre todo, con orden y economía, sin querer aparentar más de lo que realmente se tiene, lo pasa cualquiera tan ricamente.

Y estas palabras las subrayó el viejo con el acento y la mirada burlona que fijaba en su hermana.

—Juan, toda la vida serás un miserable. ¿De qué te sirve guardar tanto dinero...? ¿Vas a llevarlo al otro mundo?

—¿Yo...? Pienso retardar todo lo posible ese viaje, y tiempo me queda para malgastar antes los cuatro cuartos que guardo... No quiero que nadie se ría de mí después de muerto.

Doña Manuela púsose seria, más que por lo que decía su hermano, por lo que adivinaba en su mirada. Tal vez por esto don Juan cambió de conversación.

—Di, Manuela, ¿y Juanito?

—En la tienda. Si tengo tiempo entraré a verle.

—Dile que venga mañana. Aunque sea un grandullón, no quiero privarme del gusto de darle el aguinaldo como cuando era un chicuelo.

El viejo, al decir esto, ya no mostraba la sonrisa irónica y parecía hablar con sinceridad.

—También irán a verte las niñas y Rafael.

—Que vengan —contestó don Juan, en quien reapareció la mortificante sonrisa—. Les daré una peseta de aguinaldos; lo único que se puede permitir un tío pobre.

—¡Calla, avaro...! Me avergüenzas. Eres capaz de morirte de hambre por no gastar un céntimo... ¿Por qué no vienes a comer con nosotros mañana?

El tono festivo y cariñoso con que ella dijo estas palabras alarmó más a don Juan que la seriedad irritada de momentos antes.

—¿Quién...? ¿yo...? Tengo hechos mis preparativos; no quiero ofender a mi vieja Vicenta, que se propone lucirse como cocinera. Mira, también yo gasto, aunque soy un pobre.

Y al decir esto, señalaba a un pillete mandadero, inmóvil a corta distancia, con un capón gordo y lustroso en los brazos.

Doña Manuela avanzó el labio superior en señal de desprecio.

—¡Valiente compra! ¿Y eso es para todas las Pascuas? No te arruinarás... ni llenarás mucho el estómago.

—No todos son tan ricos como tú, marquesa, ni pueden ir a la compra con un par de criados. Únicamente los que tienen millones pueden ser rumbosos.

Y tras estas palabras, que debían encerrar mortificante intención, don Juan se despidió, como si deseara que su hermana quedase furiosa contra él.

—Adiós, Manuela; que compres mucho y bien.

—Adiós, avaro...

Y los dos hermanos se separaron sonriendo, como si cambiaran frases cariñosas y en su interior rebosase el afecto.

La señora siguió adelante, pasando por entre los puestos de la miel, donde aleteaban las avispas, apelotonándose sobre el barniz de las pequeñas tinajas.

Doña Manuela iba siguiendo los callejones tortuosos formados por las mesas cercanas al mercadillo de las flores. Allí estaba toda la aristocracia del Mercado, la sangre azul de la reventa, las mozas guapas y las matronas de tez tostada y espléndidas carnes, con su aderezo de perlas y pañuelo de seda de vivos colores. Doña Manuela continuaba haciendo sus compras, deteniéndose ante los productos raros y extraños para la estación que puede ofrecer una huerta fecunda, cuyas entrañas jamás descansan y que el clima convierte en invernadero. En lechos de hojas estaban alineados y colocados con cierto arte los pimientos y tomates, con sus rubicundeces falsas de productos casi artificiales; los guisantes en sus verdes fundas; todo apetitoso y exótico, pero tan caro, que al oír sus precios retrocedían con asombro los buenos burgueses que por espíritu de economía iban al Mercado con la espuerta bajo la raída capa.

Los dos criados encontraban cada vez más pesadas sus cestas, y seguían con dificultad a la señora al través del gentío compacto e inquieto que se agitaba a la entrada del Mercado Nuevo, cuyos pórticos, en plena tarde de Sol, tenían la lobreguez y humedad de una boca de cueva.

Allí era donde resultaba más insufrible el monótono zumbido del Mercado.

El techo bajo de los pórticos repercutía y agrandaba las voces de los compradores. Un hedor repugnante de carne cruda impregnaba el ambiente, y sobre la línea de mostradores ostentábanse los rojos costillares pendientes de garfios, las piernas de toro con sus encarnados músculos asomando entre la amarillenta grasa con una armonía de tonos que recordaba la bandera nacional, y los cabritos desollados, con las orejas tiesas, los ojos llorosos y el vientre abierto, como si acabase de pasar un Herodes exterminando la inocencia.

Mientras tanto, las cestas de Nelet y Visanteta se llenaban hasta los bordes, y en el rostro de los dos criados iba marcándose el gesto de mal humor. ¡Vaya una compra! El bolso de doña Manuela parecía un cántaro sin fondo que iba regando de pesetas todo el Mercado.

Abandonaron las carnicerías para entrar en el mercado de la fruta, entre los dos pórticos. La gente arremolinábase en las entradas, y allí fue donde doña Manuela se dio cuenta por primera vez de la molesta persecución que sufría. Había sentido varias veces una tímida mano deslizándose más abajo de su talle; pero ahora era más: era un pellizco desvergonzado lo que venía a atormentarla audazmente en sus redondeces de buena moza.

Volvió rápidamente la cabeza... y ¡mire usted que estaba bien...! ¡Un señor venerable, con cara de santito, entretenerse en tales porquerías! Doña Manuela lanzó una mirada tan severa al vejete de rostro bondadoso, que el sátiro retrocedió, levantando el embozo de la capa con sus audaces manos.

Siguió adelante la ofendida señora, pero a los pocos pasos la detuvo el escándalo que estalló a su espalda. Sonó una bofetada y la voz de Visanteta gritando a todo pulmón: «¡Tío morra!», repitiendo la frase un sinnúmero de veces con la furia de una virtud salvaje que quiere enterar a todo el mundo de su ruda castidad. La gente parábase entre asombrada y curiosa, el cochero reía abriendo sus quijadas de a palmo, y el vejete, cabizbajo, como si todo aquello no rezase con él, escurríase discretamente entre el gentío. Era que la amazona de la huerta, al sentir el primer pellizco del viejo pirata, había contestado con una bofetada, contenta en el fondo de que alguien pusiera a prueba su virtud.

La señora la hizo callar, muy contrariada por el escándalo, y siguieron la marcha, mientras Nelet, alegre por este incidente que rompía lo monótono de las compras, preguntaba como un testarudo a la muchacha en qué sitio la habían pellizcado, y sentía un escalofrío de gusto cada vez que ella, ruborizándose, le llamaba «animal» y «descarado».

La peregrinación prosiguió a lo largo de unas mesas en las cuales, bajo toldos de madera, estaban apiladas las frutas del tiempo: las manzanas amarillas con la transparencia lustrosa de la cera; las peras cenicientas y rugosas atadas en racimos y colgantes de los clavos; las naranjas doradas formando pirámides sobre un trozo de arpillera, y los melones mustios por una larga conservación, estrangulados por el cordel que los sostenía días antes de los costillares de la barraca, con la corteza blanducha, pero guardando en su interior la frescura de la nieve y la empalagosa dulzura de la miel. A un extremo del mercadillo, cerca del Repeso, los panaderos con sus mesas atestadas de libretas blancas y morenas, prolongadas unas, como barcos, y redondas y con festones otras, como bonetes de paje; y un poco más allá, los *tíos* de Elche mostrando sus enormes sombreros tras la celosía formada por los racimos de dátiles de un amarillo rabioso.

Cuando la señora y sus criados volvieron a la gran plaza, detuviéronse en la entrada del mercadillo de las flores. Un intenso perfume de heliotropo y violeta salía de allí, perdiéndose en la pesada atmósfera de la plaza.

Doña Manuela estaba inmóvil, repasando mentalmente sus compras para saber lo que faltaba. La muchedumbre se agitó con nervioso oleaje, despidiendo gritos y carcajadas. Ahora, las chicuelas que vendían sin licencia corrían perseguidas hacia la calle de San Fernando, y otra vez el rebaño de la miseria, greñudo, sucio, con las ropas caídas, pasó azorado y veloz con triste chancleteo, arrollándolo todo, mostrando la palidez del hambre a la muchedumbre glotona y feliz.

Doña Manuela dio sus órdenes. Podían regresar los dos a casa y volver Nelet con la espuerta vacía. Quedaba por comprar el pavo, los turrones y otras cosas que tenía en memoria. Ella aguardaría en la «tienda».

Y esta palabra bastó para que la entendieran, pues en casa de doña Manuela, la «tienda» era por antonomasia el establecimiento de *Las Tres Rosas*, y fuera de ella no se reconocía otra tienda en Valencia.

Colocada entre la calle de San Fernando y la de las Mantas, en el punto más concurrido del Mercado, participaba del carácter de estas dos vías comerciales de la ciudad. Era rústica y urbana a un tiempo; ofrecía a los huertanos un variado surtido de mantas, fajas y pañuelos de seda, y a las gentes de la ciudad las indianas más baratas, las muselinas más vistosas. Ante su mostrador desfilaban la bizarra labradora y la modesta señorita, atraída por la abundancia de géneros de aquel comercio a la pata la llana que odiaba los reclamos, ostentando satisfecho su título de «Casa fundada en 1832», y cifraba su orgullo en afirmar que todos los géneros eran del país, sin mezcla de tejidos ingleses o franceses.

Doña Manuela detúvose al llegar frente a la tienda y abarcó su exterior con una ojeada. Del primer piso, y cubriendo el rótulo ajado de la casa, «Antonio Cuadros», «sucesor de García y Peña», colgaban largas cortinas formadas de mantas que parecían mosaicos, orladas con complicados borlajes y apretadas filas de madroños; fajas oscuras, matizadas a trechos con gorros rojos y azules prendidos con alfileres; pañuelos de seda con piezas de docena, ondulados como nacarado oleaje, y percales estampados, mostrando pájaros fantásticos y ramajes quiméricos con rabiosos colorines que conmovían placenteramente a las bellezas de la huerta.

En el escaparate central estaba la muestra de la casa, lo que había hecho famoso al establecimiento: un maniquí vestido de labradora, con tres rosas en la mano, que al través del vidrio, mirando a los transeúntes con ojos cristalinos, les enviaba la sonrisa de su rostro de cera, punteado por las huellas de cien generaciones de moscas.

Doña Manuela entró en la tienda. El mismo aspecto de otros tiempos, aunque con cierto aire de restaurada frescura.

La anaquelería, de madera vieja, atestada de cajas; sobre el mostrador telas y más telas extendidas sin compasión hasta barrer el suelo; dependientes con el pelo aceitoso y las brillantes tijeras asomando por la abertura del bolsillo, y mujeres discutiendo con ellos, como si estuvieran en el centro del Mercado, abrumándolos con irritantes exigencias.

—Voy al momento, Manuela. Siéntese usted.

El que así hablaba era un hombre fornido, de áspero bigote, estrecha frente, pelo hirsuto y fuerte, rebelde a peines y cepillos, con las puntas hacia adelante, y quijada brutal, que se disimulaba un tanto bajo una sonrisa bondadosa. Estaba ocupado en vender un tapabocas a dos mujeres que llevaban de las manos a un chiquillo barrigudo, y era de admirar la paciencia con que aquel hombre, siempre sonriendo, sufría a las feroces compradoras, que por 6 reales regateaban durante ¿media hora.

Doña Manuela atendía con interés las palabras de los compradores y no volvió la cabeza para ver quién abría la puertecilla de la garita —a la que pomposamente llamaban despacho— y saltaba velozmente el mostrador.

—Siéntese usted, mamá.

Era Juanito quien la hablaba, su hijo mayor, un muchacho nacido en la misma tienda, que seguía agarrado a ella «sin servir para nada», como decía su madre, y sin querer ser otra cosa que comerciante.

Estaba próximo a los treinta años. Era alto, enjuto, desgarbadote y algo cargado de espaldas; la barba espesa y crespa se le comía gran parte del rostro, dándole un aspecto terrorífico de bandido de melodrama; pero no era más que un antifaz, pues examinándolo bien, bajo la máscara de pelo veíase la cara sonrosada e inocente de un ruño, la mirada tímida y la sonrisa bondadosa de esos seres detenidos en la mitad de su crecimiento moral, que aunque mueran viejos son débiles y blandos, faltos de voluntad, incapaces de vivir sin el calor que presta el cariño.

—¡Ah! ¿Eres tú, Juanito...? —dijo doña Manuela—. ¿Qué hacías?

—Lo de siempre. Estaba trabajando en los libros de la casa, ordenando el trabajo para el próximo inventario de fin de año.

Y Juanito, que hablaba con cierto entusiasmo de sus tareas, y en menos de veinte palabras mezcló varias veces el «debe» y el «haber», viose interrumpido por su principal, don Antonio Cuadros, que tras media hora de regateo acababa de vender el tapabocas para el chicuelo panzudo.

—Pero siéntese usted, Manuela... a menos que quiera usted molestarse subiendo al entresuelo. Teresa se alegrará de verla.

—No, Antonio; otro día vendré con menos prisa: he entrado para esperar a Nelet y continuar las compras.

—Pues entonces bajará ella... ¡Muchacho, avisa a la señora que está aquí doña Manuela! Un aprendiz lanzóse a la carrera por una puertecilla oscura que se abría en la anaquelería: una de esas gargantas de lobo que dan entrada a pasillos y escaleras estrechas, infectas como intestinos, que solo se encuentran en las casas donde las necesidades del comercio y la aglomeración de mercancías disputan a las personas el terreno palmo a palmo.

Sentáronse los tres en sillas de lustrosa madera, y doña Manuela, por costumbre, habló de los negocios y de lo malos que estaban los tiempos; eterno tema alrededor del cual giran todas las conversaciones de una tienda. Don Antonio sacaba a luz todo un arsenal de afirmaciones que, a fuerza de repetidas, habían pasado a ser lugares comunes. Mal iba todo, y la culpa la tenía el gobierno, un puñado de ladrones que no se preocupaban de la suerte del país. En otros tiempos se vendía bien el vino, tenían dinero los del arroz, y el comercio daba gusto... ¡Santo cielo! ¡Pensar el paño negro y fino que él había vendido a la gente de la Ribera, las mantas que despachaba, los mantones y pañuelos que se habían empaquetado sobre aquel mostrador...! ¡Y todos pagaban en oro...! Pero ahora, ¡las cosechas no tenían salida, no había dinero, el comercio iba de mal en peor y las quiebras eran frecuentes! Él aún iba tirando; pero si la «cosa» continuaba de tal modo, acabaría por cerrar la tienda y morir en el Hospital.

—¡Qué tiempos aquéllos, ¿eh, Manuela? cuando vivía el padre de éste —señalando a Juan— y yo era solo primer dependiente! Entonces, aunque me esté mal el decirlo, todos los años, al hacer el inventario, quedaban 2 o 3.000 duritos para guardar. ¡Oh! Aunque me esté mal el decirlo... usted pilló los buenos tiempos... ¿No es eso, Manuela?

Pero Manuela se limitaba a callar y a sonreír. Todo aquello, aunque a don Antonio «le estaba mal el decirlo», lo había dicho y repetido cuantas veces hablaba con la viuda de su antiguo principal. Y en cuanto a su muletilla «aunque le estaba mal el decirlo», gozaba el privilegio de poner nerviosa a doña Manuela, que tenía por tonto rematado a su antiguo dependiente.

Abrióse una portezuela del mostrador y entró en la tienda la esposa de don Antonio, una mujer voluminosa, con la obesidad blanducha y el cutis lustroso que produce una vida de encierro e inercia y que le daban cierto aire monjil. La bondad extremada hasta la estupidez retratábase en su eterna sonrisa y en la mirada de sus ojos claruchos. Lo más característico en su persona eran los relucientes rizos aplastados por la bandolina, que cubrían su ancha frente como una cortinilla festoneada, y la costumbre de cruzar las manos sobre el vientre, luciendo en los dedos un surtidor de sortijas falsas.

Hubo besos y abrazos sonoros, pero notábase en las dos mujeres cierta desigualdad en el trato, como si entre ambas se interpusiera la ley de castas. La esposa del comerciante era solo Teresa, mientras que ésta llamaba siempre doña Manuela a la madre de Juanito, y en sus palabras notábase un acento lejano de humilde subordinación. Los años y el frecuente trato no habían podido borrar el recuerdo de la época en que Teresa era criada en aquella tienda y el escándalo de los señores al verla casada con el dependiente principal. Además, Teresa no había ascendido un solo peldaño en la escala de la vanidad; en presencia de doña Manuela revelábase siempre la antigua criada, y aceptaba como una confianza inaudita que la señora la tratase con las mismas consideraciones que a un igual.

—Sí, doña Manuela; Antonio y yo hace tiempo que pensamos visitarla a usted y a las niñas; ¡pero estamos siempre tan ocupados...! ¡Vaya, vaya...! ¡Qué sorpresa...! ¡Cuánto me alegro de verla!

Y con esto se agotó el repertorio de frases de la buena mujer, que se sentía cohibida en presencia de la señora, hablando poco por temor a decir disparates y atraerse el enojo del esposo, a quien admiraba como modelo de finura y bien decir.

—Y ¿cómo van las compras? —apuntó don Antonio al notar el mutismo de su compañera—. Ésta ha salido por la mañana a hacer la provisión de Pascuas y ha encontrado los precios por las nubes.

—¡Calle usted, Antonio! Diez duros me he dejado en esa plaza, y aún me falta lo más importante. A propósito: cámbienme ustedes este billete de 50 pesetas.

Y Juanito, que hasta entonces había permanecido silencioso, contemplando a su madre con la misma expresión de arrobamiento que si fuese un amante, se apresuró a cumplir su deseo, y casi la arrebató el ajado billete que había sacado del limosnero, corriendo después al mostrador.

—¡Cómo la quiere a usted ese chico, Manuela! —dijo el comerciante.

—No puedo quejarme de los hijos. Juanito es muy bueno... Pero ¿y Rafael? Cada vez estoy más orgullosa de él... ¡Qué guapo!

—Es el vivo retrato de su padre, el segundo marido de usted.

Estas palabras de Teresa debieron halagar mucho a la señora, pues correspondió a ellas con una sonrisa.

—Pero oiga usted, Manuela: tengo entendido que Rafael le da muchos disgustos.

—Algo hay de eso; pero... ¿qué quiere usted, Antonio? Cosas de la edad.

A la juventud hay que dejarla divertirse. Por eso es tan elegante y tiene buenas relaciones.

—Pero no estudia ni hace nada de provecho —dijo el comerciante, con la inflexibilidad de un hombre dedicado al trabajo.

—Ya estudiará; talento le sobra para ser sabio. Su padre fue un tronera y vea usted adonde llegó.

Y doña Manuela dijo esto con el mismo énfasis que si fuese la viuda de un hombre eminentísimo.

Juan había vuelto con el cambio del billete en monedas de plata, y su presencia hizo variar la conversación. Doña Manuela habló de la cena que aquella noche daba en su casa. Las niñas, Rafael y Juanito, unos amigos de aquél... en fin, un buen golpe de gente joven y alegre, que bailaría, cantaría y sabría divertirse sin faltar a la decencia, hasta llegar la hora de la misa del Gallo. También esperaba que fuese Andresito, el hijo de don Antonio, un muchacho paliducho y mimado, vástago único, que cursaba el segundo año de Derecho, hacía versos, y en compañía de Juanito iba muchas veces a casa de doña Manuela, con fines no tan ocultos que ésta no torciese el gesto manifestando disgusto.

Y después de haber nombrado al hijo de la casa, volvía a insistir sobre los amigos de su Rafael, todos gente distinguida, chicos de grandes familias, que asistían a sus reuniones y organizaban fiestas con las que se pasaba alegremente el tiempo.

—Esta época, amigo Antonio, es muy diferente de la nuestra. Ahora, a los veinte años se sabe mucho más y se conoce la vida. Hay que dar a la juventud lo que le pertenece, aunque rabien los rancios como mi hermano o el bueno de don Eugenio. Y a propósito: ¿qué es de don Eugenio?

El hombre por quien preguntaba doña Manuela era el fundador de la tienda de *Las Tres Rosas*, don Eugenio García, el decano de los comerciantes del Mercado, un viejo que arrastraba cuarenta años en cada pierna, como él decía, y mostrábase orgulloso de no haber usado jamás sombrero, contentándose con la gorrilla de seda, que, según él, era el símbolo de la honradez, la economía y la seriedad del antiguo comercio, rutinario y cachazudo.

La tienda había pasado de sus manos a las del primer marido de doña Manuela, y de éste a su actual dueño; pero don Eugenio no había dejado de vivir un solo día en aquella casa, fuera de la cual no comprendía la existencia.

Como un censo redimible solo por la muerte, se habían impuesto los dueños de la tienda la obligación de mantener y dar albergue a don Eugenio, el cual, siguiendo sus costumbres independientes de solterón áspero y malhumorado, entraba y salía sin decir una palabra; comía lo que le daban; en los días que hacía buen tiempo paseaba por la Alameda con un par de curas tan viejos como él, y cuando llovía o el viento era fuerte, no salía de la plaza del Mercado e iba de tienda en tienda con su gorra de seda, su capita azul y su bastón muleta, para echar un párrafo con los veteranos del comercio reposado y a la antigua, cuyas excelencias eran el tema obligado de la conversación. Don Antonio sonrió al hacer doña Manuela la pregunta.

—¿Don Eugenio...? No sé dónde estará, pero de seguro que no ha salido del Mercado. En días como éste le gusta presenciar las compras, y pasa horas enteras embobado ante las vendedoras, aunque lo empujen y lo golpeen. Sigue fiel a sus manías; nunca dice adonde va, y eso que, aunque me esté mal el decirlo, aquí se le trata con las mayores consideraciones.

Doña Manuela se levantó al ver en una de las puertas a Nelet, que volvía de casa con la espuerta vacía.

—Buenas tardes. Aún tengo que hacer muchas compras. Adiós, Antonio; un beso, Teresa; y no olviden ustedes que esperamos a Andresito esta noche.

Adiós, Juan.

La esposa de Cuadros recibió con satisfacción infantil los dos sonoros besos de doña Manuela, y ella, lo mismo que Juanito, siguieron con amorosa mirada a la gallarda señora en su marcha entre el gentío del Mercado.

Otra vez las compras; pero ahora fuera de la plaza, en la calle del Trench. Allí estaban las gallineras en sus mesas empavesadas de aves muertas colgando del pico, con la cresta desmayada, y cayéndoles como faldones de dorada casaca las rubias mantecas. Las salchicherías exhalaban por sus puertas acre olor de especias, con cortinajes de seca longaniza en los escaparates y filas de jamones tapizando las paredes; las tocinerías tenían el frontis adornado con pabellones de morcilla y la blanca manteca en palanganas de loza, formando puntiagudas pirámides de sorbetes, y los despachos de los atuneros exhibían los aplastados bacalaos que rezuman sal; las tortugas, que colgantes de un garfio patalean furiosas en el espacio, estirando fuera de la concha su cabeza de serpiente; las pintarrajeadas magras del atún fresco, y las ristras de colmillos de pez, amarillentos y puntiagudos, que las madres compran para la dentición de los niños.

Doña Manuela estaba poseída de una embriaguez de compras, e iba de un punto a otro sin cansarse de derramar la plata ni de llenar la espuerta de Nelet, a cuyo fondo iban a parar el fresco solomillo, las ricas morcillas para la pantagruélica olla de Navidad, los legítimos garbanzos del Saúco comprados al choricero extremeño, y otros mil artículos para cuya adquisición era necesario sufrir los empellones y groserías de una muchedumbre famélica que parecía prepararse para las carestías de un largo sitio.

Todavía faltaba lo más importante: el pavo, protagonista de la gastronómica fiesta; y la señora y su cochero, empujados rudamente por la corriente humana, atravesaron una profunda portada semejante a un túnel, viéndose en el *Clòt*, en la plaza Redonda, que parecía un circo con su doble fila de balcones.

Sobre el rumor del gentío, que encerrado y oprimido en tan estrecho espacio tenía bramidos de amor tempestuoso, destacábase el agudo chillido de la aterrada gallina, el arrullo del palomo, el trompeteo insolente del gallo, matón de roja montera, agresivo y jactancioso, y el monótono y discordante quejido del triste pato, que, vulgar hasta en su muerte, solo conseguía atraerse la atención de los compradores pobres.

Sobre el suelo, con las patas atadas, recordando tal vez en aquella atmósfera de sofocación y estruendo las tranquilas llanuras de la Mancha o las polvorientas carreteras por donde vinieron siguiendo la caña del conductor, estaban los pavos, con sus pardas túnicas y rojas caperuzas, graves, melancólicos, reflexivos, formando coro como cónclave de sesudos cardenales y moviendo filosóficamente su moco inflamado, para lanzar siempre el mismo cloc-cloc-cloc prolongado hasta lo infinito.

Doña Manuela buscó lo más raro y costoso del Mercado: tres pares de perdices, que bailoteaban con descoco dentro de una jaula, mostrando sus polonesas encarnadas. Visanteta las arreglaría para la cena de la noche.

Después compró el pavo, un animal enorme que Nelet cogió con cariño casi fraternal, después de tentarle varias veces los muslos con una admiración que estallaba en brutales carcajadas.

¡Fuera de allí! La señora deseaba salir del *Clòt*, donde la gente se codeaba con la mayor grosería y por dos veces había estado su velo próximo a rasgarse. Ella y Nelet, que marchaban con cuidado para librar al pavo de tropezones, entraron otra vez en el Trench, buscando los postres, la tiendecilla del turronero establecido en un portal.

Allí estaba el de Jijona, con sombrerón de terciopelo, traje de paño negro y el ancho cuello de la camisa sujeto por un broche de plata. Al lado la mujer, con su rostro redondo y sonrosado de manzana y el pelo estirado cruelmente hacia la nuca, cayendo en gruesa trenza por la espalda sobre la pañoleta de vistosos colores. La mesa blanca, de inmaculada pureza, sustentaba, formando columna, las cajitas de áspera película conteniendo el harinoso turrón, los cajones de peladillas y las uvas puntiagudas, hábilmente conservadas, lustrosas y transparentes, como de cera, y con un delicado color de ámbar.

Cuando doña Manuela volvió a entrar en el mercado comenzaba a anochecer y la concurrencia aumentaba por momentos. Todas las bocacalles vomitaban gentío dentro de la plaza, en la que el crepúsculo sembraba a miles los puntos luminosos. Brillaba el gas en las tiendas; las vendedoras importantes encendían sus grandes reverberos de latón, y las pobres huertanas contentábanse con una vela de sebo resguardada por un cucurucho de papel.

—¡Qué bonito...! ¡Mira, Nelet!

Y la señora permaneció algunos instantes contemplando el aspecto fantástico de la plaza con tan original iluminación. Una lluvia de estrellas había caído sobre el Mercado. Los empujones de la multitud la volvieron a la realidad.

Fue a salir de la plaza, cuando otra vez la detuvo el escuadrón perseguido de chicuelas vendedoras.

Ahora no corrían. Marchaban al paso, tímidas, anonadadas, haciendo comentarios en voz baja, siguiendo de lejos a una compañera infeliz que, retorciéndose y gritando como una fierecilla en el cepo, era arrastrada por un alguacil.

El mísero rebaño pasó ante doña Manuela con triste chancleteo, y la señora no pudo reprimir un movimiento de repulsión ante aquellas cabelleras greñudas y encrespadas que servían de marco a rostros escuálidos y sucios, en los que la piel tomaba aspecto de corteza.

¡Gran Dios, qué gente! Y doña Manuela, viendo tales fachas, por una extraña relación de pensamientos, sujetó su bolso con las dos manos, como si alguien fuese a robarla.

Después se tentó los bolsillos del gabán, y... ¡justo! ¡No eran falsas sus sospechas! Le habían robado el pañuelo.

Indudablemente habría sido mucho antes, entre la agitación y los empujones del gentío; pero esto no impidió que la señora siguiese con la mirada iracunda el grupo sucio, maloliente y miserable que se alejaba, anonadado por el hambre y la pena, entre el oleaje de alimentos y de general alegría.

Doña Manuela avanzó sus labios en señal de desprecio.

¡Cómo estaba el mundo! No había religión, orden ni autoridad, y... ¡claro! era imposible que una persona decente saliese a la calle sin que la pillería le diera que sentir.

II

En época pasada, aunque no remota, el Mercado de Valencia tenía una leyenda, que corría como válida en todos sus establecimientos, donde jamás faltaban testigos dispuestos a dar fe de ella.

Al llegar el invierno, aparecía siempre en la plaza algún aragonés viejo llevando a la zaga un muchacho, como bestezuela asustada. Le habían arrancado a la monótona ocupación de cuidar las reses en el monte, y lo conducían a Valencia para «hacer suerte», o más bien, por librar a la familia de una boca insaciable, nunca ahíta de patatas y pan duro.

El flaco macho que los había conducido quedaba en la posada de «Las Tres Coronas», esperando tomar la vuelta a las áridas montañas de Teruel; y el padre y el hijo, con los trajes de pana deslustrados en costuras y rodilleras y el pañuelo anudado a las sienes como una estrecha cinta, iban por las tiendas, de puerta en puerta, vergonzosos y encogidos, como si pidiesen limosna, preguntando si necesitaban un «criadico».

Cuando el muchacho encontraba acomodo, el padre se despedía de él con un par de besos y cuatro lagrimones, y enseguida iba a por el macho para volver a casa, prometiendo escribir pasados unos meses; pero si en todas las tiendas recibían una negativa y era desechada la oferta del «criadico», entonces se realizaba la leyenda inhumana, de cuya veracidad dudaban muchos.

Vagaban padre e hijo, aturdidos por el ruido de la venta, estrujados por los codazos de la muchedumbre, e insensiblemente, atraídos por una fuerza misteriosa, iban a detenerse en la escalinata de la Lonja, frente a la famosa fachada de los Santos Juanes. La original veleta, el famoso *pardalòt*, giraba majestuosamente.

—¡Mia, chiquio, qué pájaro...! ¡Cómo se menea...! —decía el padre.

Y cuando el cerril retoño estaba más encantado en la contemplación de una maravilla nunca vista en el lugar, el autor de sus días se escurría entre el gentío, y al volver el muchacho en sí, ya el padre salía montado en el macho por la Puerta de Serranos, con la conciencia satisfecha de haber puesto al chico en el camino de la fortuna.

El muchacho berreaba y corría de un lado a otro llamando a su padre.

«¡Otro a quien han engañado!», decían los dependientes desde sus mostradores, adivinando lo ocurrido; y nunca faltaba un comerciante generoso que, por ser de la tierra y recordando los principios de su carrera, tomase bajo su protección al abandonado y lo metiese en su casa, aunque no le faltase «criadico».

La miseria del hogar, la abundancia de hijos, y sobre todo la cándida creencia de que en Valencia estaba la fortuna, justificaban en parte el cruel abandono de los hijos. Ir a Valencia era seguir el camino de la riqueza, y el nombre de la ciudad figuraba en todas las conversaciones de los pobres matrimonios aragoneses durante las noches de nieve, junto a los humeantes leños, sonando en sus oídos como el de un paraíso donde las onzas y los duros rodaban por las calles, bastando agacharse para cogerlos.

El que iba allá abajo, se hacía rico; si alguien lo dudaba, allí estaban para atestiguarlo los principales comerciantes de Valencia, con grandes almacenes, buques de vela y casas suntuosas, que habían pasado la niñez en los míseros lugarejos de la provincia de Teruel guardando reses y comiéndose los codos de hambre. Los que habían emprendido el viaje para morir en un hospital, vegetar toda la vida como dependientes de corto sueldo o sentar plaza en el ejército de Cuba, ésos no eran tenidos en cuenta.

Al hacer la estadística de los abandonados ante la veleta de San Juan, don Eugenio García, fundador de la tienda de *Las Tres Rosas*, figuraba en primera línea.

Otros mostrábanse malhumorados y negaban rotundamente cuando se les suponía tal origen; pero él lo ostentaba con cierta satisfacción, como queriendo hacer de ello un título de gloria.

—Nada debo a nadie —exclamaba al regañar a sus dependientes—. A mí nadie me ha protegido. Los míos me dejaron como un perro en medio de esa plaza. Y sin embargo, soy lo que soy. ¡Hubiera querido veros como yo, para que supierais lo que es sufrir!

Y siempre que podía asegurar una docena de veces que nada debía a nadie y comparar su abandono con el de un perro, quedaba tranquilo y satisfecho. Los principios de su carrera habían sido penosos. Aprendiz siempre hambriento, dependiente después en una época en que los mayores sueldos eran de cincuenta «pesos» anuales, a fuerza de economías miserables consiguió emanciparse, y con ayuda de sus antiguos amos, que veían en él un legítimo aragonés capaz de convertir las piedras en dinero, fundó *Las Tres Rosas*, tiendecilla exigua que en diez años se agrandó hasta ser el establecimiento de ropas más popular de la plaza del Mercado.

Don Eugenio era, sin darse cuenta, el cronista de cuantas modificaciones y adelantos había experimentado aquella plaza, en la que nació a la vida del comercio y debía desarrollarse toda su existencia. Vio cómo una revolución echaba abajo los conventos de la Magdalena y la Merced; cómo un motín quemaba el Mercado Nuevo, que era de madera, y cómo las tiendas, agrandando cada vez más sus puertas, saneando sus interiores, atraían al público con grandes escaparates, y en materia de alumbrado pasaban del aceite al petróleo y de éste al gas.

Al poco tiempo de fundar su establecimiento, cuando aún la primera guerra carlista tenía en suspenso la suerte de la nación, don Eugenio se formó insensiblemente una tertulia junto a su mostrador, sobre el cual, como una antorcha simbólica de la rutina comercial, lucía un enorme velón de cuatro mecheros, fabricado con más de arroba y media de bronce.

Todas las tardes, al anochecer, reuníanse allí los amigos de don Eugenio, la mitad de los cuales vestían sotana y pertenecían al clero de San Juan. A pesar de esto, la tal reunión era casi un club, que en épocas como aquélla tenía su carácter peligroso. Don Eugenio pertenecía a la Milicia Nacional, y aunque tomaba sus bélicas ocupaciones con tibio entusiasmo, no por esto dejaba de preocuparse del honor de la «tercera de Ligeros». Cuando era preciso se calaba el chacó, martirizaba el pecho con el asfixiante correaje, y servía a la nación y a la libertad, yendo a pasar la noche en el Principal, donde comía melones en verano, se calentaba al brasero en invierno, en la santa y pacífica compañía de algunos otros comerciantes del Mercado, que, olvidándose de la marcialidad de su uniforme, pasaban las horas de la guardia hablando de las fábricas de Alcoy o del precio del azúcar y de la seda; todo esto sin perjuicio de faltar a la ordenanza, abandonando el puesto con frecuencia para dar un vistazo a sus casas.

En la tertulia de don Eugenio se hablaba de Martínez de la Rosa y de su malogrado Estatuto; había quien audazmente elogiaba a Mendizábal y pedía el restablecimiento de la Constitución del 12; se gastaban bromitas contra los «serviles», sin faltar a la decencia; se comenzaba a decir con expresión respetuosa «don Baldomero» cada vez que se nombraba al general Espartero, y todos callaban para escuchar religiosamente a don Lucas, el beneficiado de San Juan, un cura que el 23 había emigrado a Londres por liberal, y que pronunciaba conmovedores discursos hablando del pobre Riego, a quien comparaba con Bravo, Padilla y Maldonado.

Era, en fin, la tertulia una reunión donde se desahogaba el liberalismo inocente de unos revolucionarios que, en costumbres y preocupaciones, imitaban a sus enemigos, y a pesar de haber sufrido de la dinastía reinante toda clase de desdenes y persecuciones, mostrábanla una fidelidad canina, y siempre era para ellos Fernando VII el rey mal aconsejado, Cristina la augusta señora, e Isabel la inocente niña.

En esta reunión estaban todos los afectos y alegrías de don Eugenio. Al encender por las noches el velón y ver entrar las sotanas y las gorras de sus colegas, experimentaba la misma impresión que si se encontrara rodeado de una cariñosa familia.

De los de allá, de aquellos que le habían abandonado sin lágrimas ni desconsuelo, nunca se acordaba. Sus padres habían muerto, pero ya se encargaron de recordarle la patria y todas sus miserias el enjambre de primos, hermanos y sobrinos que cayeron sobre él tan pronto como circuló por el lugar la nueva de que hacía fortuna y tenía una tienda en el Mercado. Llegaban en grupos, escalonando sus viajes por meses, cual hordas hambrientas que con la mirada querían devorarlo todo. El pariente rico era para ellos una vaca robusta, cuyas ubres inagotables les pertenecían de derecho. No tenía mujer ni hijos; ¿para quién, pues, las fabulosas riquezas que aquellos miserables se imaginaban en poder de don Eugenio? Las demandas eran interminables, no desmayando los pedigüeños ante la aspereza del comerciante, poco inclinado a la generosidad. El invierno había sido duro, las patatas pocas y malas, el macho estaba enfermo, los muchachos descalzos, un pedrisco lo había arrasado todo; y tras estos preámbulos entraban en materia con la petición de 20 duros para pasar el mal tiempo, de una pieza de sarga para vestir a la familia, y otras demandas menos aceptables. Si don Eugenio ponía cara de perro a las peticiones, surgía la protesta en la rapaz parentela que tanto le quería.

—¡Id allá, granujas! —gritaba el comerciante—. ¿Qué os debo yo para que vengáis a saquearme? Nada tengo que agradeceros, como no sea haberme abandonado en medio de esa plaza.

Entonces era de ver la indignación con que tíos y hermanos acogían lo del abandono. ¡Otra que Dios...! ¿Y aún se quejaba? ¿«Pus» si no le hubiesen abandonado sería él ahora comerciante con tienda abierta? Cuanto más, estaría guardando el ganado de algún rico. A la familia, pues, debía lo que era. Y si la turba de descarados pedigüeños no llegaba a decir que todo cuanto tenía su pariente les pertenecía de derecho, ya se encargaban sus exigencias insolentes y sus rapaces miradas de manifestar que éste era su pensamiento.

Producto de una de estas invasiones de vándalos con pañizuelo y calzón corto fue el entrar como aprendiz en la tienda de *Las Tres Rosas* un chicuelo, al que don Eugenio le fue tomando insensiblemente cierto afecto, sin duda porque recordando su pasado se contemplaba en él como en un espejo. Era de un pueblo inmediato al suyo; pasaba por pariente, circunstancia poco extraña en un país donde las familias, residiendo siglos y siglos pegadas al mismo terruño, acaban por confundirse, y llamaba la atención por su aire avispado y la ligereza de sus movimientos.

Entró en la tienda hecho una lástima, oliendo todavía a estiércol y a requesón agrio, como si acabase de abandonar el corral de ganado. La vieja criada que administraba el hogar de don Eugenio tuvo que valerse de ungüentos para despoblar de bestias sanguíneas el bosque de cerdas polvorientas

que se empinaban sobre el cráneo del muchacho, y conclui-
do el exterminio, el amo lo entregó al brazo secular de los
aprendices más antiguos, los cuales, en lo más recóndito del
almacén y sin pensar que estaban en enero, con un barreño
de agua fría y tres pases de estropajo y jabón blando, dejaron
al neófito limpio de mugre de arriba a abajo y con una piel
tan frotada que echaba chispas.

Con esto, el mísero zagalillo de las montañas de Teruel
se convirtió en un aprendiz listo, aseado y trabajador, que,
según las profecías de los dependientes viejos, llegaría a ser
algo. A las dos semanas chapurreaba el valenciano de un
modo que hacía reír a las labradoras parroquianas de la casa,
y sin que la dureza del trabajo disminuyera para él, todos le
querían y no sabía a quién atender, pues Melchor por aquí,
Melchorico por allí, nunca le dejaban un instante quieto.

Con sus borceguíes lustrosos, una chaqueta vieja del amo
arreglada chapuceramente, la cabeza siempre descubierta,
con pelos agudos como clavos y las orejas llenas de sabaño-
nes en todo tiempo, era Melchorico el aprendiz más gallardo
de cuantos asomaban la cabeza a las puertas para llamar
a los compradores reacios. Aquel acólito del culto de Mer-
curio, por su empaque desenfadado atraíase la mala voluntad de los pilluelos de la plaza, enjambre de diablejos que
pasaban horas enteras ante la relamida figurilla llamándole
¡«churriquio»! con irritante tono de mofa, hasta que algún
dependiente les amenazaba con la vara de medir.

Pasaron los años sin que incidente alguno viniese a turbar
la ascensión lenta y monótona del muchacho en la carrera
comercial. Perdió de cuenta los cachetes y patadas que le lar-
garon don Eugenio y los dependientes viejos, unas veces por
entretenerse bailando trompos en la trastienda, otras por pi-
llarle dando retales a cambio de altramuces o cacahuet.

Empleó los domingos en que le daban suelta yendo al tiro del palomo en el cauce del río, o paseando gratis arrellanado como un príncipe en las estriberas de las tartanas, con la epidermis a prueba de traidores latigazos; fue ascendiendo lentamente de burro de carga a aprendiz viejo; por fin, a dependiente; y al cumplir dieciocho años viose tan transformado, que, violentando sus instintos económicos, fortalecidos por las saludables enseñanzas del principal, se gastó 4 pesetas en dos retratos que envió a los de «allá arriba», a sus antiguos colegas de pastoreo, para que viesen que estaba hecho todo un señor. Los tirones de oreja y los palos con la vara de medir lo habían puesto erguido, borrando en su cuerpo la tendencia a cargarse de espaldas y a ser patiabierto, propio de todos los de su tierra; sus pelos, a fuerza de peine y cosmético, habían llegado a domarse; los desabridos y no muy abundantes guisos del ama de llaves daban cierta figura a su corpachón huesoso. Y además, como tenía su soldada anual, aunque corta, ya no vestía los desechos de don Eugenio y se hacía al año dos trajes, operación que antes de ser emprendida era objeto de serias y profundas meditaciones.

Melchor Peña, al salir de la adolescencia, experimentó una transformación. Al mismo tiempo que en su labio apuntaba el bigote, en su cerebro apuntó la tendencia a lo romántico, a lo desconocido, el anhelo de cosas extraordinarias, de aventuras gigantescas, y fue un rabioso lector de novelas. Cuantos tomos enormes, roídos por el corte y forrados con papel grasiento, rodaban por los mostradores de las tiendas del Mercado, eran atraídos por sus manos, como si éstas fuesen un imán, y devorados rápidamente, unas veces por la noche, después de cerrar las puertas y robando horas al descanso, otras por la tarde, aprovechando ausencias de don Eugenio, en el fondo del almacén, a la dudosa claridad que se cernía en aquel ambiente cálido, impregnado del vaho de los tejidos y el tufo de la tintura química. Había leído más de veinte veces *Los tres mosqueteros*, y el fruto que sacó de esta lectura fue que los aprendices se burlasen de él viéndolo un día en el almacén, envuelto en un guiñapo colorado, con un rabo de escoba en la cadera y contoneándose como si fuese el mismo D'Artagnan con todas sus jactancias de espadachín. Después se apasionó, como toda la juventud de su época, por *María o la hija de un jornalero*; y a pesar de que don Eugenio le enviaba a misa lodos los domingos y a comulgar por trimestre, hízose un tanto irreligioso, y en su interior comenzó a mirar con desprecio a los curas pacíficos y bromistas que visitaban por la noche el establecimiento para jugar a la brisca con el principal; y cuando cayó en sus manos *El conde de Montecristo*, paseábase por la trastienda, mirando los fardos apilados con la misma expresión que si en vez de paños, percales e indianas contuviesen un enorme tesoro, toneladas de oro en barras, celemines de brillantes, lo suficiente, en fin, para comprar el mundo.

¡Y cómo se reía don Eugenio de la manía novelesca de su Melchorico, como cariñosamente le llamaba...! Él, que no había consultado otro libro en su vida que un cuadernillo donde estaban comparados los pesos y medidas de Cataluña, Aragón y Castilla, miraba al principio con cierto respeto el afán de lectura del muchacho; pero después, al notar las extravagancias de su torcida imaginación, le acribilló con burlas y le colgó el apodo de Don Quijote, no porque el viejo comerciante hubiese leído la inmortal obra de Cervantes, sino por tener arriba en su comedor una litografía detestable, en la cual el hidalgo manchego, dormido y en camisa, daba de cuchilladas a pellejos de vino.

Iguales bromas se permitía el Don Quijote que vegetaba en la oscuridad, midiendo telas en *Las Tres Rosas*. Podían atestiguarlo los pescozones con que don Eugenio había saludado a su querido dependiente un lunes en el almacén, cuando vio a Melchor que, recordando el drama «El jorobado», se creía un Lagardére, y con una vara de medir ensayaba la gran estocada de Nevers, acribillando los fardos de un modo que hacía temblar por la integridad de los géneros.

—Como sigas así —gritaba el buen comerciante, escandalizado—, te pongo en la puerta y... ¡buen viaje! Me has engañado. Tú sirves para cómico, y a mí no me gustan farsas. Merchorico, por última vez lo digo.

El año que viene entras en quinta; o sientas esa cabeza o te abandono, y el demonio que se encargue de tu suerte.

Junto a la imaginación exaltada del dependiente debía existir una enorme cantidad de sentido práctico capaz de sofocar todas las fantasías y caprichos, y a esto se debió, sin duda, que Melchor se reprimiera en sus románticas extravagancias, y en adelante, aunque sin abandonar la lectura de novelas, se dedicara con más asiduidad a sus quehaceres.

Tenía don Eugenio un amigo antiguo que todos los días visitaba la tienda, y por profesar a Melchor algún afecto, unía sus exhortaciones de hombre práctico a las del principal. De todos los individuos que formaban la tertulia de *Las Tres Rosas*, don Manuel Fora era el más considerado, a causa de su fortuna sólida y cuantiosa y de respeto que gozaba en el comercio.

Vivía en un enorme caserón cercano a las Escuelas Pías; figuraba entre los primeros fabricantes de seda, y más de doscientos telares trabajaban para él, elaborando piezas de seda rayada, vistosa y sólida, y pañuelos de brillantes colores, que eran enviados a las más apartadas provincias de España y hasta la misma América, cosa que asombraba y producía cierto temor respetuoso entre el comercio a la antigua. De joven había sido novicio en una orden religiosa, pero ahorcó los hábitos el año 8 para batirse contra el francés, sacrificio que no le libró de ser conocido con el apodo de el «Fraile» entre los comerciantes y las gentes de su industria.

Le suponían poseedor de millones, y era el banquero de todos los mercaderes menesterosos. Bastábale entrar en su alcoba para presentar en cartuchos de onzas cuanto dinero se le pedía, y a pesar de esto, fuera de los días de Corpus, en que sacaba del fondo del arca el frac de color castaña y el sombrero de seda, nadie le había visto con otro traje que un eterno pantalón de cuadros, chaqueta de fustán, chaleco de terciopelo rameado y gorra de ancho plato.

Era el más fiel representante de la avaricia atribuida a los de su gremio, y en el Mercado se contaban de él cosas graciosísimas. La mañana pasábala en San Juan, pues el comercio no le había hecho olvidar sus aficiones a las cosas de la Iglesia. Tenía su puesto fijo en el banco de la Junta de Fábrica, y allí iban a buscarlo los que, necesitando con urgencia su auxilio, no reparaban en que estaba oyendo la décima misa y rezando el centésimo rosario.

—Don Manuel —murmuraba el pedigüeño con voz misteriosa y arrodillándose cerca del Banco—, necesito al momento 6.000 reales.

—¡Déjame en paz! —susurraba indignado el fabricante sin volver los ojos—. Ni la casa del Señor sabéis respetar. Búscame a la noche.

—Don Manuel, ¡por Dios! que la letra vence hoy, y he de pagarla o se deshonra mi tienda. Seis mil reales al 15 %; sálveme usted.

—¡Largo...! No estoy ahora para asuntos mundanos.

—Don Manuel... aunque sea al 20 —decía el infeliz con esfuerzo supremo.

—He dicho que no. Déjame en paz el alma.

—Al 25, don Manuel... al 25. Me esperan en casa para que pague.

—Márchate, o llamo al sacristán.

—Pues bien; al 30... que sean al 30 %, como la otra vez.

—Todo sea por Dios —murmuraba suspirando dolorosamente—. No dejáis tiempo ni para salvar el alma. Espérame en casa, yo iré así que termine este rosario. Te cobraré el 30 por ser tú... que bien sabe Dios que a mí no me gustan estos negocios.

Esto se contaba del célebre fabricante de sedas; pero aunque en ello entrase en gran parte la exagerada malevolencia de sus enemigos, lo cierto era que don Manuel, con el producto de sus doscientos telares siempre en actividad y los caritativos auxilios que prestaba desde el Banco de San Juan, iba formándose una fortuna, cuya cifra, por ser desconocida, rodeaba a su poseedor de cierto prestigio misterioso.

El fabricante y el dueño de *Las Tres Rosas* eran antiguos amigos, y hasta se murmuraba que el primero había ayudado a éste con una generosidad extraña en los primeros tiempos de su comercio. Cuantos géneros de seda se despachaban en la tienda procedían de la fábrica de don Manuel, y de esto resultaba una continua comunicación entre el establecimiento de don Eugenio y el caserón del barrio de las Escuelas Pías, relaciones en las que servía de intermediario Melchor Peña, como dependiente de confianza.

Él era quien iba al despacho de don Manuel a escoger pañuelos y piezas de seda, raso o terciopelo en aquellos armarios de roble con cerradura complicada, que databan del siglo anterior, y él también quien subía a los porches, donde con un tric-trac ensordecedor movíanse los telares y volaban las lanzaderas, haciendo surgir los ricos tejidos entre polvo y telarañas. Por efecto de las continuas visitas le trataron como amigo íntimo los de la familia de don Manuel. Éste era viudo y tenía dos hijos: Juan, un joven infatigable para el trabajo, meticuloso en los negocios, capaz, como su padre, de darse de cachetes por un ochavo, y Manolita, una muchacha hermosota, que a los diecisiete años tenía el aspecto de una matrona romana, y a quien don Manuel no quería encargar de la administración de la casa en vista del poco aprecio que mostraba al dinero.

Otra persona formaba parte de la familia del «Fraile»; pero los lazos que la unían a ella eran tan efímeros y débiles como los que atan una estrella errante a un sistema planetario. Era un estudiante de Medicina, famoso entre los de su Facultad como hábil tocador de guitarra, alegre confeccionador de chistes y calavera de los más audaces. El «Fraile», avaro y sin entrañas hasta con sus hijos, sentía gran debilidad por el estudiante, tal vez por el contraste entre su carácter austero y regañón y la alegría desenfadada de aquel cabeza a pájaros. Era sobrino de don Manuel en grado lejano; sus padres habían muerto, y el fabricante de sedas, en vista de su ingenio despierto, encantado por sus agudezas y recordando que lo sostuvo en la pila bautismal, hizo el inaudito sacrificio de recogerlo y darle carrera.

Rafael Pajares venía a ser en la casa el punto vulnerable del huraño «Fraile». Parecía imposible que éste soportase las travesuras del estudiante, que traía revuelta toda la casa, persiguiendo a las criadas, entreteniendo con chistes a los tejedores e introduciendo algunas veces en su cuarto ciertos compañeros de Facultad tan levantiscos como él, que al menor descuido saqueaban la despensa, y cuando no, hacían temblar los viejos pavimentos del caserón ensayándose a saltos en el manejo de la pandereta. Don Manuel, el hombre de las economías inauditas y las ruindades sin ejemplo, estremecíase de rabia al ver el uso que Rafael hacía de sus liberalidades. Regalábale una sotana nueva, y al punto la rasgaba en dos, quedándose con la parte del pecho y dando el espaldar a algún compañero pobre, con cuyo reparto iban ambos tan gallardos cubriendo con el manteo la desnuda trasera. Comprábale un tricornio flamante, y no acababa el día sin que el travieso muchacho le recortase los bordes caprichosamente hasta darle el aspecto de una fantástica cresta. Gustábale ir roto y sucio como los sopistas, y cada una de estas hazañas enfurecía al «Fraile», haciéndole gritar que aquello era robarle el dinero, y que el mejor día de un puntapié en tal parte iba a poner en la calle al desvergonzado sobrino. Pero bastaba que el loco adorador de la tuna sacara algunas habilidades, para que el viejo se diera por vencido y asegurase que el muchacho tenía mucha gracia.

Igual influencia ejercía Rafael sobre los demás individuos de la familia. El hijo del «Fraile» le toleraba, lo que no era poco, atendido su carácter, y en cuanto a Manolita, vivía pendiente de los labios de su primo. Aquella muchacha sencillota, a quien las amigas de la casa tenían casi por tonta y que no conocía más mundo que las tertulias de gente del Arte de la Seda, a las que la llevaba su padre, miraba a Rafael como la encarnación de lo extraordinario, de lo novelesco; como un Don Juan, cuyo cariño le disputaban ocultas y poderosas rivales.

Se amaban desde niños, pero con un amor extraño, incomprensible y preñado de incidentes. Él era informal, ligero, casquivano; tenía novias en los cuatro distritos de la ciudad; salía de noche para dar serenatas amorosas; y ella, bajo su exterior abobado de muchacha tímida y devota, ocultaba un carácter varonil, un genio insufrible, el mismo estallido de nerviosidad iracunda y atronadora que se manifestaba en el «Fraile» cuando le salía mal un negocio o un deudor se negaba a pagarle. Las peleas en voz baja y el estar de monos días enteros eran hechos frecuentes en estos amores que el padre y el hermano no conocían; pero bastaba para vencer el enojo de Manolita una palabra chistosa del estudiante, una irónica protesta, algo que la desarmase, haciéndola prorrumpir en carcajadas.

¡Con un pillo así era imposible estar seria mucho tiempo! Se necesitaba tener corazón de piedra para no conmoverse cuando, cogiendo la guitarra y poniendo los ojos en blanco, se arrancaba por el *Fandanguito de Cádiz*, entonando después melancólicamente el ¡*Triste Chactas*...! que hacía llorar a todas las muchachas de la época, o aquello otro punteado y expresivo que comenzaba:

«Inflamado mi pecho amoroso,
solo en ti se cifraba mi anhelo»...

No; ella le quería, y aunque le diese algún disgusto, consideraba a Rafael, a pesar de su sotana mugrienta y su cara de granuja, como un rendido trovador de los que en aquella época de romanticismo hacían el gasto en todos los extravíos de imaginación femenil.

Melchor Peña, entrando con frecuencia en la casa, estaba al tanto de cuanto ocurría en el seno de la familia y conocía el carácter de cada uno de sus individuos. Don Manuel le apreciaba como muchacho laborioso y económico, que tenía lo que él llamaba «sangre comercial». Juan, primogénito del «Fraile», simpatizaba con él como a cofrade en la orden del continuo trabajo y la conquista del céntimo. Manolita decía de él que era un chico simpático, aunque vulgarote, y Rafael, el famoso adorador de la tuna, tratábale siempre con un aire de desdeñosa protección, como si tuviese empeño en recordarle de continuo el abismo existente entre una futura lumbrera de la ciencia y un «gozquecillo» de mostrador.

Melchor correspondía a este desprecio con una antipatía profunda. Y no es que le hiriesen honradamente las zumbas del estudiante; su odio provenía del poco aprecio que éste mostraba a Manolita. Ser dueño de la voluntad de aquella mujer y corresponder a su afecto con infidelidades era un pecado imperdonable a los ojos del pobre Melchor, que amaba a Manolita en silencio, siempre en perpetua batalla interna, tan pronto dispuesto a declarar su pasión como arrepentido de su audacia.

Habíase enamorado de la hija del «Fraile», no repentinamente y a la primera mirada, como los protagonistas de aquellas novelas que con tanta fruición leía, su pasión se había formado lentamente, por escalones que poco a poco había ido subiendo. Un día se fijó en que Manolita tenía unas hermosas mejillas de melocotón con ligera película, más fina que el terciopelo de a 4 duros vara; otro, hizo la observación de que sus ojos eran «ardientes ascuas», imagen del dominio común de todos los novelistas por él conocidos, una noche hasta llegó a pensar, revolviéndose en su menguada cama de dependiente, que la hija de don Manuel estaría admirablemente formada, a juzgar por su «exterior escultural» —otra frase cien veces leída—, y el resultado de estas y otras observaciones fue confesarse a sí mismo que era «esclavo» de Manolita y la amaría «hasta la muerte».

¡Qué adoración tan constante la del pobre muchacho! Dos años estuvo lanzando tiernas miradas a la joven cada vez que por asuntos del comercio iba a casa del «Fraile». Su imaginación novelesca soñaba un rapto, después de matar en desafío al infame estudiantón, con otras mil barbaridades por el estilo, y lo mejor del caso era que quien tales barrabasadas se sentía capaz de ejecutar temblaba como un niño en presencia del ídolo amado, y cien veces se le atragantó la declaración que tenía pensada y aprendida, sin faltar punto ni coma.

Por fin, Manolita supo que Melchor la amaba gracias a una carta de éste, en la cual, conforme al patrón de todas las declaraciones, comparaba su corazón con el Vesubio, y comenzando con las consabidas frases: «Señorita: desde el momento que la vi a usted», etc., terminaba: «Salve usted este corazón que está herido de muerte». Manolita acogió burlescamente la declaración del dependiente, mas no por esto dejó de agradecerla, con esa satisfacción que causa en toda mujer el saber que es amada, y nada dijo a su familia ni a Rafael.

Melchor esperó con paciencia inquebrantable, y un día fue Manolita la que le recordó su declaración, aceptándola.

La hija del «Fraile» se había dejado llevar de un arrebato del carácter violento que mostraba en las grandes ocasiones. Su primo Rafael había terminado la carrera, abandonando las locuras de estudiante para revestirse de la gravedad del doctor, y cuando ella esperaba de un momento a otro que formulase ante el padre sus pretensiones, una buena alma la hizo saber que aquel calavera ya no limitaba sus infidelidades a serenatas amorosas o pasiones del momento, sino que tenía cierto «arreglo» en el barrio del Carmen con carácter permanente, y hasta se susurraba si había una criatura de por medio.

El carácter enérgico de Manolita se sublevó al convencerse de la nueva infidelidad de Rafael. No; ésta no la consentía, aunque el primo le pidiese perdón de rodillas y estuviese todo un año cantando romanzas sentimentales. Quiso vengarse, atormentar al infame, aunque para eso tuviese ella que sufrir, y nada le pareció mejor que aceptar las pretensiones de aquel tendero que la adoraba. El asunto se arregló con prontitud.

Don Eugenio, que se sentía viejo y estaba dispuesto a traspasar *Las Tres Rosas* al dependiente predilecto, encargóse de hablar a su amigo el «Fraile»; éste no tenía gran empeño en conservar en casa una hija que ignoraba el valor del dinero y gastaba mucho en trajes, según él decía; y como el novio la aceptaba sin un céntimo de dote, la boda se arregló, y a los tres meses la señora de don Melchor Peña entró triunfalmente en sus dominios de la plaza del Mercado.

Siete años duró el matrimonio, y su único fruto fue Juanito, a quien pusieron tal nombre por apadrinarle el hermano de Manolita, o más bien, doña Manuela, pues el estado de maternidad, ensanchando sus macizas carnes de matrona, habíanla dado un aspecto respetable y majestuoso.

Aquel marido aceptado en un arrebato de ira, si no llegó a inspirarla amor mereció la tierna simpatía del agradecimiento. Levantábase Melchor al amanecer, y después de arropar cuidadosamente a la señora, rogándola que no abandonase la cama antes de las nueve, bajaba a la tienda para vigilar a los dependientes en las primeras ocupaciones del día. Subía a la hora de comer, para reír como un loco con las gracias de Juanito y revolcarse muchas veces por el suelo, imitando a ciertos animales, para satisfacer las tiránicas exigencias de aquel monigote que traía revuelta toda la casa. Comía lo que le daban, acogía como indiscutibles todos los actos de su mujer, y curado ya de las manías románticas, solo pensaba en los negocios y en conquistar una fortuna para que su esposa pudiese ver realizadas sus altas aspiraciones.

Doña Manuela gozaba de una libertad absoluta, como jamás la había soñado. Salía cuando quería, bajaba a la tienda algunas veces, como quien va a un lugar de entretenimiento, a distraerse viendo gentes y caras nuevas, y era dueña absoluta de todo el dinero de la casa, con gran descontento de don Eugenio y del avaro «Fraile».

—Tú no conoces a mi hija —decía el suegro a Melchor—. Si sigues tan tolerante, poco adelantarás. Con Manolita hay que ser rígido y no permitirla que toque un ochavo. Es como todas las mujeres, que en trapos y cintajos derrocharían el Potosí si lo tuvieran en la mano. Créeme a mí, que conozco bien ese ganado. A la mujer hay que tratarla con entereza; en una mano el pan y en la otra el palo.

Pero Melchor se reía de las teorías brutales de su suegro. ¿No marchaban bien sus negocios? ¿No cerraba con regulares ganancias el inventario del año? Pues entonces nada debía negar a su mujer, de la que cada vez se sentía más enamorado, sin duda porque ella correspondía a sus caricias con una frialdad complaciente.

Cierto que, a pesar de ser buenos los tiempos, adelantaba poco a causa de las prodigalidades de su mujer; pero... ¡pobrecilla! él la disculpaba, recordando su juventud monótona y aburrida al lado del tacaño padre, y además, decíase a sí mismo que alguna compensación había de merecer el resignarse a ser tendera una joven que podía aspirar a una posición más brillante.

Y ella, aprovechando la tolerancia cariñosa del marido, gastaba con furor que escandalizaba a los buenos burgueses del Mercado. Seguía las modas con escrupulosidad costosa, y muchas veces aumentaba sus gastos hasta la locura, únicamente por el gusto de darles en las narices, como ella decía, al regañón de don Eugenio y al tacaño de su padre.

Tenía en su vida motivos de sobra para ser feliz, pero a pesar de esto, dos cosas la entristecían. El andar a pie por las calles, signo, según ella, de pobreza y de degradación, y la vulgaridad de su marido, que se revelaba en sus maneras, en su modo de vestir, en la facilidad con que bromeaba con las criadas, como hombre acostumbrado a esos floreos de mostrador con que se halaga a las parroquianas, no pudiendo ver unas faldas lisas sin soltar cuatro requiebros inocentes y sin consecuencias.

A pesar del concepto que le merecía su marido, doña Manuela fue honrada.

Justamente el primo Rafael iba alcanzando algún renombre y los periódicos hablaban de él elogiándolo como médico. Varias veces, con su antigua audacia intentó aproximarse a Manolita para reanudar sus relaciones de amistad, buscando un final más íntimo; pero la hija del «Fraile» era vengativa: no se borraba fácilmente de su memoria el recuerdo de una infidelidad, y acogió siempre al médico con una frialdad burlona. A pesar de esto, doña Manuela no quería consultar su voluntad ni revolver los recuerdos del pasado, pues sospechaba que todavía sentía algún afecto por aquel hombre.

Un día murió el «Fraile» de apoplejía fulminante al convencerse de que en la quiebra de uno de sus corresponsales había perdido más de 20.000 duros.

Sus negocios no marchaban bien en los últimos años de su vida. La industria de la seda iba arruinándose con la competencia que la hacían los franceses; uno tras otro se cerraban los talleres montados a la antigua que durante un siglo habían sostenido la supremacía industrial de Valencia, y don Manuel, que a pesar de su buen sentido comercial tenía empeño en mantener testarudamente la lucha con el exterior, sufrió grandes pérdidas y murió de un berrinche antes que la ruina viniese a coronar su desesperada resistencia.

Setenta mil duros aproximadamente heredaron en dinero, géneros e inmuebles cada uno de los hijos del «Fraile», y mientras el primogénito se quedó con la casa solariega, contento con su posición y dispuesto a aumentar lo heredado, doña Manuela, al verse rica, solo pensó en salir de su estado de tendera.

Para ella, la sociedad estaba dividida en dos castas: los que van a pie y los que gastan carruaje; los que tienen en su casa gran patio con ancho portalón y los que entran por estrecha escalerilla o por oscura trastienda. Quería subir, saltar de la clase de los parias dedicados al trabajo a la de las «personas decentes»; y con el imperio y la concisión de la señora absoluta que no admite réplicas, expuso a su marido el futuro plan de vida. Puesto que el dependiente mayor, Antonio Cuadros, se había casado con Teresa, la criada, y por tener algunos ahorrillos pensaba establecerse, que se quedara con la tienda y con don Eugenio, que quería acabar su vida agarrado a ella como una lapa. El precio del traspaso ya lo iría pagando Antonio poco a poco, y ellos levantarían el vuelo inmediatamente para ir a formar un nido en una gran casa cerca del Mercado, una finca soberbia, con ancho portal, gran patio, cuadras profundas, y en el piso superior magníficas habitaciones; inmuebles que el difunto «Fraile» había adquirido por poco dinero, prestando usurariamente a un conde tronado.

Todo se realizó tal como lo dispuso doña Manuela, y ésta, a los pocos días, recordaba como un sueño la estancia de seis años en la tienda del Mercado, y se consideraba feliz pudiendo pasear en berlina por la Alameda y teniendo un lacayo a sus órdenes para enviar recaditos a las nuevas amigas, esposas de magistrados y militares, señoras a las cuales, por ser rica, trataba con aire protector.

Lo único que la entristecía era su grandeza en el carácter del marido. ¡Pobre don Melchor! La riqueza purgábala como un delito, y su vida de rentista ocioso y de acompañante en paseos y ceremonias resultábale un infierno.

Desde por la mañana tenía que endosarse el chaqué y el sombrero de copa, para estar dispuesto a acompañar a la señora; oíase llamar torpe a todas horas porque en las visitas cerraba la boca, o si la abría era para soltar ingenuidades y franquezas que recordaban su origen; y... ¡oh tormento insufrible! Su Manolita no le permitía jamás que se quitara los guantes y hasta quería que comiese con ellos, para ir —según ella decía— acostumbrándose a los usos de la gente elegante. ¡Y el diario paseo por la Alameda...! ¡Dios, qué sonrojo!

Tenía ella empeño en entablar grandes amistades, y no pasaba cerca de su berlina autoridad o persona conocida sin que Melchor le saludase solemnemente con un sombrerazo hasta las rodillas, ruborizándose muchas veces al ver el gesto de extrañeza con que aquellas personas contestaban a la reverencia de un ente desconocido. Esto de que le mirasen como un pájaro raro no estaba en su carácter, pero tenía miedo a Manolita y a los iracundos pellizcos con que acogía sus desobediencias.

¡Pobre don Melchor! ¡Cuán caro le costaba ser esposo de una mujer hermosa y rica! Aburríase con el trato de unas personas a las que no podía entender, su esposa solo le hablaba para proporcionarle nuevos tormentos, y únicamente se sentía feliz cuando, puesto de veinticinco alfileres, huía de casa, buscando en el Mercado a sus antiguos amigos.

Aparentaba gran conformidad con su nueva posición. Amaba a Manolita y no quería decir la verdad sobre su carácter; pero con el astuto don Eugenio no valían disimulos.

—Mira, muchacho, tú nos engañas. No, no eres feliz... aunque me lo jures. Tú tienes, como yo, sangre de comerciante, y el que nos saque de este mostrador y nuestras costumbres, nos mata. De seguro que ahora, siendo rico, levantándote tarde y paseando en carruaje, te acuerdas con envidia de los tiempos en que bajabas a barrer la tienda a las seis de la mañana y echabas un párrafo con las criadas que van a la compra. Yo sé bien lo que es eso... ¡Ah! ¡Esa Manuela...! ¡Esa Manolita! El otro día se lo decía yo a su hermano. Ella te ha de matar, y ya estás en camino. Tú no puedes tirar con una vida así... Jaula nueva, pájaro muerto.

Y estas profecías fúnebres, que, dichas con franqueza, a lo aragonés, espeluznaban al infeliz Melchor, se iban cumpliendo poco a poco.

Don Melchor languidecía visiblemente. Su buen humor había desaparecido junio con los colores de su cara; una obesidad grasosa y amarillenta hinchaba su cuerpo; y al fin, un año después de abandonar la tienda, murió sin que los médicos supieran con certeza su enfermedad. Fue cosa del hígado, del corazón o del estómago; sobre esto no se pusieron de acuerdo los doctores; lo único indiscutible fue que cayó lánguidamente y sin ruido, como esos pájaros a quienes el lazo traidor arranca del espacio para encerrarlos en una jaula.

Fue un luto estrepitoso el de doña Manuela. Misas a centenares, funerales a toda orquesta, limosnas a porrillo, y lágrimas y lamentos que afortunadamente tenía el poder de evitar con sus frases chistosas el doctor don Rafael Pajares, quien, como médico de alguna fama, había sido llamado en los últimos días de la enfermedad del marido, lo que aumentó la languidez de éste y su desesperado desaliento.

Ya sabía doña Manuela que no era muy correcta la presencia del antiguo novio en los primeros días de su viudez. Pero al fin era su primo, y trataba con tanto cariño al huérfano Juanito, con tales cosas sabía alegrar al pequeñín, que éste no podía pasar sin el tío Rafael.

Quien más murmuraba contra tales visitas era don Juan, el hermano austero, huraño y de pulcra rectitud; pero sus quejas fueron, recibidas tan acremente, que acabó jurando no volver a poner los pies en aquella casa.

Quedó el médico dueño del campo. Tan complaciente era, que para entretener al sobrino no vacilaba en despojarse de su dignidad profesional, y las criadas oían sonar en el salón una guitarra y la voz de don Rafael cantando las cancioncillas de sus buenos tiempos de estudiante. Primero solo visitaba a la viuda por las tardes; después prolongó las entrevistas, saliendo de la casa a media noche; y por fin, llegó un día en que no salió.

Don Eugenio y don Juan estaban escandalizados, diciéndose que el buen «Fraile» conocía perfectamente a su hija; y aunque los dos tenían poco afecto al médico, experimentaron cierta satisfacción al saber que la viuda y el primo se casaban apenas transcurriera el plazo marcado por la ley.

A los tres meses de casados tuvieron una niña, Conchita; un año después un muchacho, al que pusieron por nombre Rafael, y por fin, la menor, Amparito, último fruto de unos amores que se extinguieron tras rápidas e intensas llamaradas.

El matrimonio fue al poco tiempo de realizado un motivo de satisfacción para don Juan, que aunque no odiaba a su hermana se alegraba de sus desgracias, hijas de la imprevisión.

El primo Rafael, amante rabioso de los placeres y obligado a reprimir sus deseos en la atmósfera de sórdida avaricia en que se había educado, lanzóse sin temor a saciar sus apetitos al verse dueño de la fortuna de su esposa. La supeditación amorosa de doña Manuela le hacía ser dueño absoluto de la casa, y no tardó en hacer sentir su tiranía.

Egoísta hasta la brutalidad, era derrochador para sus placeres y tacaño feroz cuando se trataba de las necesidades de los demás. Encontró ridículos los gustos aristocráticos de su esposa, y los suprimió despóticamente. Vendió el carruaje y los caballos, y doña Manuela, que tan exigente se mostraba en materia de ostentación con su primer esposo, acató servil y gustosa las órdenes del segundo. Ignoraba que aquel hombre tan avariento en los gastos de la casa arrojaba el dinero fuera de ella, y cubriéndose con el velo de la hipocresía, llevaba una vida de calavera, tal como la había soñado en su juventud.

La ceguera de la esposa duró algunos años. Cuando supo toda la verdad, tuvo un momento de indignación y de protesta valiente, como al dar su mano a Melchor; pero ya era tarde para remediar el mal.

El doctor había jugado fuerte, perdiendo miles de duros; mantenía queridas costosas por pura ostentación y emprendía viajes divertidos por toda España con audaces compañeros de bureo. La fortuna de doña Manuela estaba casi destruida. Su marido, en momentos de expansión amorosa, cuando ella se sentía más supeditada, habíala arrancado firmas comprometedoras y tenía que pagar, so pena de ver sus bienes embargados.

Para dar en la cabeza a su marido —según ella decía— volvió a sus antiguos gastos, a la ostentación falsa de una fortuna que no existía; contrajo, por su parte, deudas y guiada por el engañoso pundonor de las gentes que se arruinan, en vez de vender fincas y ponerse a flote, prefirió gravar sus inmuebles con hipotecas y echarse en brazos de la usura, buscando préstamos con intereses aplastantes.

Por fortuna, un sinnúmero de enfermedades provenientes de la vida crapulosa del doctor surgieron en su gastado organismo, y murió cuando ya su mujer, si no le odiaba, veíase separada para siempre de él por sus infidelidades y desvíos.

La muerte del primo Rafael hizo que don Juan volviera a casa de su hermana y se dignase ocuparse en sus asuntos. Con su buen instinto de hombre práctico, puso orden en aquel maremágnum: vendió fincas, canceló hipotecas, pagó a los usureros con harto pesar de éstos, que querían ver correr los intereses hasta devorar al cliente, y al fin, un día pudo decir a su hermana:

—Mira, chica, ya tienes libre y sano lo que te queda, pero te advierto que no eres rica. Tienes, a lo sumo, 20.000 duros, más 8.000 que pertenecen a Juanito, por ser la herencia de su padre. Se acabaron, pues, las locuras. Ahora mucho orden y mucha economía, y así podrás ir tirando. Sobre todo, no cuentes conmigo en los apuros. Si fueras pobre te tendería la mano; pero tienes para comer, y a mí no me gusta amparar a los derrochadores. Se acabaron las berlinitas y los demás gastos con los que se aparenta lo que no se tiene. Una vida arreglada, gastando conforme a la renta, es lo decente y lo digno. Esa fanfarronería, ese afán de aparentar con cuatro cuartos lo que la gente llama «arroz y tartana», es ridículo... ¿lo entiendes bien? soberanamente ridículo.

Doña Manuela sintióse impresionada por los consejos de su hermano, y por mucho tiempo los siguió escrupulosamente.

Dedicóse a criar a sus hijos, es decir, a los hijos de su segundo matrimonio, pues el pobre Juanito siempre había sido tratado con falso cariño, con un desvío encubierto, como si doña Manuela quisiera vengar en el pobre chico el haber sido poseída por su difunto padre.

Aquella mujer resultaba incomprensible. Al marido fiel y bondadoso apenas lo nombraba, como si su matrimonio hubiese sido de algunos días; y en cambio, de aquel calavera que tanto la hizo sufrir habíase forjado después de muerto una figura ideal, y ya que no de sus virtudes, hablaba a todos de su talento, pintándolo como un sabio ilustre, cuya ciencia no había podido apreciar el mundo.

El pobre hijo de Melchor, con su carácter apocado y dulce y su afán de cariño, era el paria de la casa. El doctor, viéndole siempre callado, contemplando a su madre con estúpida adoración, había declarado que el niño era tan bruto como su padre, y cuando más, podría servir para el comercio. Y como el muchacho, por su parte, le tenía gran afecto a don Eugenio y cierta querencia a *Las Tres Rosas*, que era donde habían transcurrido los primeros años de su vida, de aquí que Juanito, a los trece años, entrase en la tienda como aprendiz distinguido, con la ventaja de comer y dormir en su casa.

En cambio, los hijos del doctor Pajares gozaron una niñez rodeada de atenciones. Las dos hijas estuvieron hasta los catorce años en un colegio y Rafaelito fue dedicado al estudio, pues doña Manuela quería hacer de él una lumbrera médica como su padre.

Estas predilecciones irritaban a don Juan, que había sentido un afecto fraternal por su primer cuñado, trabajador infatigable como él y amigo del ahorro. Además, Juanito era su ahijado. Pero callaba viendo que la hermana seguía sus consejos económicos y —según sus palabras— no estiraba el pie fuera de la sábana.

Pero llegó el momento en que las niñas se convirtieron en unas señoritas, conservando sus relaciones amistosas con sus antiguas compañeras de colegio, y doña Manuela sintió el afán de ostentación de toda madre que tiene hijas casaderas. Renovó su mobiliario, abandonó las modistas anónimas, y en su afán de no andar a pie, si no tuvo berlina y tronco como en sus buenos tiempos, compró una galera elegante y ligerita y tomó como cochero a Nelet, el hijo de la nodriza de Amparo, un bárbaro de la huerta, a quien puso por condición no tutear a la señorita menor y olvidarse de que era su hermano de leche.

—¡Que rabie ese rancio! —decía doña Manuela, indignada al saber la furia con que su hermano había acogido tales reformas—. ¿Cree que toda la vida la hemos de pasar como unos miserables, con pan y cebolla y un vestido viejo?

Don Juan también hablaba, y había que oírle.

—Tu madre está loca —decía algunas veces a Juanito en la puerta de *Las Tres Rosas*—. Si esto sigue más tiempo, todos iréis a pedir limosna. ¡Ah, qué cabeza...! ¡Parece imposible que sea mi hermana! Para ella lo principal es aparentar, y del mañana que se acuerde el diablo. Lo que yo digo: «arroz y tartana...» y trampa adelante.

III

El primer día del año, a las ocho de la mañana, Concha y Amparo ya habían abandonado el lecho, extraña diligencia en ellas, que por lo común no se levantaban hasta las diez. Ligeritas de ropa a pesar de la estación, revoloteaban alegremente por su cuarto, que ofrecía el desorden del despertar, en torno de las dos camitas de inmaculada blancura, que en sus arrugadas sábanas guardaban el calor de los cuerpos jóvenes y ese perfume de salud y de vida que exhalan las carnes sanas y virginales.

Gorjeaban alegremente, como pájaros que despiertan, pero sus trinos no podían ser más vulgares.

—¿Dónde estarán mis botinas?

—Mis medias... me falta una... ¿La has escondido tú?

—¡Ay, Dios...! ¡Tengo una liga rota!

Y así continuaba el diálogo de exclamaciones sueltas, lamentos y protestas, mientras las dos jóvenes, en chambra y enaguas, mostrando a cada abandono rosadas desnudeces, iban de un lado a otro, como aturdidas por el ambiente cálido y pesado de la habitación cerrada.

Luego pasaron al tocador, un cuartito en el que la luz de la ventana, después de resbalar sobre la Luna biselada de un gran espejo, quebrábase en el cristal azulado o rosa de las polveras y los frasquitos de esencia. La pieza no era un modelo de curiosidad y delataba el desorden de una casa donde falta dirección. Los peines de concha guardaban enredadas en sus púas marañas de cabellos; muchos frascos estaban desportillados, y el blanco mármol tenía pegotes formados por el amasijo de gotas de esencia con los residuos de polvos.

Las dos muchachas soltaron sus cabellos, largos y ondeantes como banderas; sacudiéronlos, haciendo caer sobre el mármol las horquillas como una lluvia metálica, y después, cual buenas hermanas, ayudáronse mutuamente en la difícil tarea del peinado de un día de ceremonia.

La clara Luna retrataba en su fondo ligeramente azulado las cabezas de las dos hermanas, con la cabellera suelta y vestidas de blanco, como tiples de ópera en el momento de volverse locas y cantar el aria final.

Sus rostros no eran gran cosa; hubieran resultado insignificantes a no ser por los ojos, unos verdaderos ojos valencianos que les comía gran parte de la cara, rasgados, luminosos, sin fondo, con curiosidad insolente algunas veces, lánguidos otras, y cercados por la ojera tenue y azul, aureola de pasión.

La mayor, Conchita, veintitrés años, era la más parecida a su madre.

Tenía su mismo aire majestuoso, y comenzaba a iniciarse en ella un principio de gordura, lo que la hacía parecer de más edad. En la casa gozaba fama de genio violento, y hasta doña Manuela la trataba con ciertas reservas para evitar sus explosiones iracundas; pero fuera de esto era seductora, con su frescura de carnes a lo Rubens y las arqueadas líneas que a cada movimiento delatábanse bajo la blanca tela.

La menor, Amparito, dieciocho años; linda cabeza de bebé, boca graciosa, hoyuelos en la barba y las mejillas, un puñado de rizos sobre la frente y ojos que en vez de mirar parecían sonreír a todo, revelando el inmenso contento de ser joven y que la llamasen bonita. Era la toquilla de la casa, la señorita aturdida que aprende de todo sin saber hacer nada; la que por la calle no podía ver una figura ridícula sin estallar en ruidosa carcajada; la que tenía en sus gustos algo de muchacho y aseguraba muy formal que sentía placer en hacer rabiar a los hombres; la que se escapaba a cada instante del salón, para ir a la cocina a charlar con las criadas, gozando en ser su amanuense, solo por intercalar en las cartas al novio soldado terribles barbaridades, con las que estaba riéndose toda una semana.

Profesábanse gran cariño las dos hermanas; pero esto no impedía que algunas veces Amparo esgrimiese su carácter burlón contra Concha y ésta sacase a luz su impetuosidad iracunda; conflictos que terminaban siempre yendo la pequeña en busca de la mamá, llorando, con la mejilla roja de un bofetón o un par de pellizcos en los brazos. Otras veces armábase la guerra por si la una se había puesto la ropa blanca de la otra o por si se habían robado objetos de su exclusiva pertenencia; pero una ráfaga de autoridad pasaba por la madre: había bofetadas, llantos y pataleos; las criadas reían en la cocina, y a la media hora todos tan contentos: Concha en el balcón, Amparo corría por la casa cantando como una alondra, y doña Manuela arrellanábase en su butaca con aire de soberana que acaba de administrar recta justicia.

Las dos ofrecían un seductor grupo mirándose en el espejo del tocador, despechugadas, con los brazos al aire y oliendo a carne refrescada por una valiente ablución de agua fría. Sus cabelleras, fuertemente retorcidas, apelotonábanse sobre la testa con la forma del peinado frigio, y quedaba al descubierto, sobre el extremo de la espalda nacarada, cubierta de una película tenue y fina de melocotón sazonado, la nuca morena, de un delicioso color de ámbar, erizada de pelillos rebeldes y rizados que parecían estar puestos allí para estremecerse nerviosamente con los suspiros de amor.

Al terminar el peinado comenzó el arreglo del rostro. ¡Oh estupideces de la moda! A las dos incomodábalas su color pálido de arroz, aquel color puramente valenciano que hace recordar las delicadas tintas de la camelia.

«Tenemos caras de muertas», se decían todas las mañanas al mirarse al espejo, y martirizaban su fresca y jugosa piel con los polvos cargados de plomo, el bermellón que teñía levemente las mejillas y los lóbulos de las orejas; y como si sus ojos no fueran bastante grandes todavía enmendaban la plana a la Naturaleza, trazando leves líneas al extremo de los párpados. La frescura juvenil, la hermosura natural, era cursi; la elegancia exigía careta.

Y mientras llevaban a cabo este retoque criminal, eran las exploraciones sin término, las rebuscas furiosas sobre el mármol del tocador, al través del bosque de frascos y cajas, persiguiendo objetos que aturdidamente tocaban sin reconocerlos. ¿Dónde estaba el polvo rosa? ¿Y el paño de Venus? ¡Adiós!, ¡ya no quedaba una gota de «piel de España»! La mamá, con la manía de embellecerse que la había acometido a última hora, era una calamidad para las niñas. Ella sola se llevaba medio tocador, y después, para hacerla entrar en la perfumería, había que importunarla toda una semana.

La «toilette» acabó con poca alegría. Las deficiencias del tocador habían malhumorado a las dos hermanas. Lanzábanse miradas de sorda hostilidad. Amparo pensaba que, por ser la más pequeña y la más débil, tenía que contentarse con el sobrante de la otra, y Concha retocaba su moño nerviosamente, murmuraba y daba furiosas pataditas, mirando de soslayo, sin poder copiar el perfil gracioso del peinado de aquella muñeca.

Por fin llegó el momento en que volvieron a su cuarto para ponerse los vestidos más bonitos. Eran los días de la mamá; iban a tener visitas y había que estar presentables, para que las amigas, en vez de sonreírse compasivamente, se mordieran los labios.

Cuando volvieron al tocador y se miraron en la clara Luna, su alegría reapareció. Vamos, no estaban del todo mal; y con un retoque al peinado y a la cara, un «bouquet» en el pecho y dos tirones al talle para que no hiciese arrugas, se dieron por satisfechas y se lanzaron al público.

Eran ya cerca de las diez. La mamá estaba en el salón hablando con doña Clara, una señora antipática y ordinaria que la visitaba con frecuencia, y las niñas, huyendo de tal visita, pasaron al comedor.

Hasta allí llegaban los preparativos de la fiesta. Sobre la mesa veíanse, formando círculo, varias bandejas con pasteles de espuma, blancos en su base, destilando almíbar, dorados suavemente en sus dentelladas crestas, y entre los cuales asomaba la tarjeta del que enviaba el dulce recuerdo; dos grandes tortadas ostentando en su superficie de azúcar pulido como un espejo frutas confitadas en caprichosos grupos; y en el centro de la mesa el ramillete de casa Burriel, arquitectura de turrón, y merengue que afectaba la forma de un castillo surgiendo de un montón de flores y rematado por una bailarina que, montada sobre un alambre, danzaba temblorosa sobre la obra maestra de confitería.

En torno de la mesa, husmeando con aire goloso, estaba una diminuta perra inglesa, que, con su piel de porcelana, sus ojillos de cristal y las patas de alambre, parecía escapada de una tienda de juguetes.

Al ver a sus amas, el liliputiense animal sacó la roja lengua, lanzando un ladrido que parecía un estornudo.

—¡«Miss»...!, ¡mi querida «Miss»! —gritó Amparito, queriendo tomarla en brazos. Pero ya Concha se había adelantado a tal deseo, apoderándose de ella, y desde lo alto de sus brazos enseñábale la mesa cubierta de pasteles, al mismo tiempo que la besaba en el hocico.

Hubo brega entre las dos hermanas sobre el mejor derecho a la posesión de «Miss», y Concha la dejó caer, con tan mala fortuna, que chocando sobre la mesa aplastó un par de pasteles, y manchada con la espuma del merengue emprendió una furiosa carrera hacia el salón.

—¡Mi pobre perrita! ¡Animal...!, ¡la has muerto! —gritó Amparito, como si hubiese ocurrido una desgracia. Y levantó su puño amenazante contra su hermana.

Pero al ver la extraña figura que presentaba «Miss» con sus pegotes de merengue y corriendo medrosa, una carcajada de atolondramiento hinchó su lindo cuello, y como si nada hubiese sucedido, se agarró del talle de Concha, dándola un sonoro beso.

—¡Qué gracioso...! ¿eh? ¡Qué cara va a poner mamá cuando la vea entrar en el salón con esa facha...!

Pero la intensa risa que esto la producía desvanecióse al oír un cacareo angustioso, un estertor de muerte que salía de la cocina.

Allá fueron ellas, y al entrar vieron a Nelet el cochero en mangas de camisa, con un cuchillo en la mano, ocupado, con la gravedad de un sacrificador, en abrirle el gañote a un robusto capón que sostenía Visanteta por las patas. La otra criada de la casa, que la echaba de sensible y ejercía cerca de las señoritas las funciones de doncella, volvía la espalda al sacrificio y vigilaba las marmitas y cazuelas que hervían sobre los fogones del banco.

Las dos hermanas, inclinadas y recogiéndose las faldas entre las piernas —para evitar rozamientos con el suelo grasoso—, contemplaban atentamente el degüello, contaban las convulsiones de la agonía y seguían las últimas gotas de sangre desde que asomaban a la herida, erizada de pelos coagulados, hasta que caían en una cazuela.

Este trabajo ponía alegre a Nelet y excitaba su jocosidad brutal.

—Qué gordito, ¿eh? —decía palpando la pechuga del cadáver—. Cuando lo pelen parecerá un canónigo... Si yo fuera rico, todas las mañanas haría una muerte así. Vale más esto que limpiar el caballo.

Y para completar sus gracias agitaba el capón en el aire como si incensase el rostro de las dos criadas, lo que las hacía correr asustadas por toda la cocina, con gran algazara de las señoritas.

La broma cesó al aparecer doña Manuela, vestida con una bata de seda negra, amplia, con larga cola y mangas perdidas que completaba su apostura de reina de teatro. Se había librado de doña Clara, aquella posma que nunca terminaba relato alguno, saltando de una conversación a otra, lo que hacía sus visitas interminables.

La mamá y las niñas volvieron al comedor y dieron vuelta a la mesa, leyendo las tarjetas que acompañaban a los regalos.

Allí estaba la del tío don Juan. Siempre el mismo. El muy tacaño, a pesar de sus millones, se había contentado con media docena de pasteles: total, 3 pesetas. No se arruinaría. El lindo ramillete era de don Antonio Cuadros y su señora, los propietarios de la tienda de *Las Tres Rosas*.

—Ahí tenéis unas personas sin educación, pero que saben hacer bien las cosas.

Y doña Manuela, después de esta reflexión hija del agradecimiento, siguió enseñando las tarjetas. Don Eugenio García, una tortada... no estaba mal; la otra era de «las magistradas»; y los demás pasteles no llevaban señales de procedencia; pero doña Manuela adivinaba que eran de Juanito, aquel hijo que la obsequiaba con tanto cariño como si fuese su novia.

—¿Y Juanito, dónde está mamaíta?

—En la tienda; pero vendrá antes de las doce. Rafael también ha salido.

En la puerta de la escalera sonó un campanillazo, que denotaba el tirón brutal de una mano burda.

Nelet salió rápido de la cocina, y haciéndolo retemblar todo con sus zapatos, corrió a abrir. Hubo en la antesala exclamaciones como berridos y caricias que parecían golpes, cual si alguien riñese a brazo partido.

—¿Qué es eso? —dijo doña Manuela, avanzando hacia la puerta.

Pero se detuvo al oír la voz cascada y chillona que sonó en la antesala.

—¡Es el ama...!, ¡el ama! —gritó Amparito con ingenua alegría.

Pero inmediatamente se contuvo, ruborizada, como si hubiese cometido una terrible inconveniencia.

Precedida de Nelet, entró en el comedor, balanceándose y atronándolo todo con sus chillones «¡buenos días!», una labradora gruesa y hombruna.

Era la nodriza de Amparito, una huérfana de las inmediaciones de Alboraya, madre del cochero, y que había criado en su barraca a la señorita. Nelet era un retoño digno de tal árbol, pues en el rostro pecoso, mofletudo y de tirante piel que mostraba la tía Quica bajo su pañuelo de hierbas notábase la misma brutalidad jocosa y resuelta de su rústico vástago. Abultaban su volumen una docena de zagalejos bajo la rameada falda, y cuando se sentaba abría las piernas de tal modo, que, combándose las ropas, formábase entre sus muslos de yegua rolliza un abismo insondable. Iba siempre a todas partes con la cesta al brazo; una enorme cesta, siempre blanca, que no soltaba ni al tomar asiento, y por lo íntimamente unida a su persona, parecía un nuevo miembro de su cuerpo.

Abrumó a Amparito con abrazos asfixiantes y besos y lagrimones, que la arrebataron una parte del colorete; y después de esta molesta expansión, que dejó aturdida a la niña e hizo torcer el gesto a doña Manuela, dejóse caer de golpe en una silla, que crujió tristemente bajo las gigantescas posaderas.

Dio dos o tres bufidos de cansancio —sin soltar la cesta—, y rompió a hablar en un castellano fantástico, ya que en casa de doña Manuela no era permitido otro lenguaje.

¡Cómo se cansaba una en Valencia...! Parecía imposible que las gentes quisieran vivir en semejante pudridero. Allá, en la huerta, se estaba bien, y por esto a ella le costaba mucho decidirse a entrar en Valencia.

Había venido únicamente por felicitar a la señora en sus días, y eso haciendo un esfuerzo, pues su deber era no apartarse de su hermana menor, que vivía en una barraca inmediata a la suya.

—¡Calle, siñora! ¡Cuan apurada está la pobre! Su marido nos ha salido un borrachín, un bufao, que todos los domingos vuelve de la taberna de *Copa* a cuatro patas, como un burro, y lo han de meter en la cama para que duerma la mona un par de días. ¡Y qué pausas, Virgen santa! Mi pobre Pepeta pasa la vida de Santa Catalina de Sena, y la muy bestia, erre que erre, sin aborreser a ese pillo de *Pimentó*, que no vale ni un papel de fumar.

Y en este tono seguía la tía Quica la relación de todas sus desdichas de familia; pero a lo mejor deteníase, y al ver a Amparito, que la contemplaba silenciosa, prorrumpía en un «¡filla meua!» estruendoso; y sin soltar la cesta —eso jamás—, volvía a abrazarla y besuquearla, llevándose en los labios los blancos polvos.

¡Cuan guapa estaba! Miradla; parecía una reina. ¡Quién podría figurarse, al verla con aquellos trajes, que la había tenido en su barraca, y en las tardes de Sol jugaba en la cuadra con Nelet y otros chicos, entre el macho, el novillo y los dos cerdos!

Aún se acordaban todos de ella y eran muchos los que le preguntaban por su salud. No; de aquel año no pasaba. Aunque se opusiera la mamá, ella se la llevaría a la fiesta mayor de Alboraya, para que todos vieran cómo estaba su Amparito y qué aire de señorío gastaba. Y... a propósito; el hijo del tío «Pallús» —¿te acuerdas, Amparito...? aquel chico que andaba a cuatro patas y hacía el burro para que tú le montases—, pues bien, ése venía ahora a Valencia con el carro a recoger el estiércol de las casas, y quería que Nelet le dejase limpiar la cuadra. Cuando viniese por el estiércol ya subiría a ver a Amparito, y de paso, si no les servía de molestia, podían darle cualquier cosilla: unos pantalones viejos de los señoritos, algo de ropa blanca, pues a los pobres todo les sirve.

La tía Quica se dio cuenta del mal efecto que su conversación causaba en doña Manuela, y se apresuró a manifestar el objeto de su embajada, echando mano a la inseparable cesta. En ella llevaba algunas cosas para obsequiar a la señora en sus días; regalos de pobre, pero que ofrecía con la mejor voluntad del mundo. Rosquillas de una pasta con cierto dejo amargo, cubiertas con una capa tersa de azúcar; tortas que parecían de cartón, pegadas a un papel grasiento, y confites agridulces, que se deshacían en la boca y llevaban en la huerta el extraño nombre de «suspiros». La señora dio las gracias, con una risita de conejo. Bien sabía lo que costaban esos productos de la confitería rústica. Ya lo decía su astuto padre: «El bollo del labrador cuesta cahizada de trigo».

Después que la tía Quica depositó majestuosamente sobre la mesa sus regalos, la señora, como compensación, metió en su cesta la media docena de pasteles que «Miss» había aplastado en su caída, y además le dio un duro, no sin antes luchar con la labradora, que juraba y perjuraba que nada quería, mientras en sus ojos brillaba la codicia.

Cuando tuvo en su poder los regalos, entonó un interminable himno de gracias, desbordándose en elogios, que, en forma de consejos, dirigía a su hijo.

—Mira, Nelet; bien puedes servir a las siñoras. A ver si te portas bien; tu padre, el tío Sènto, tendrá un disgusto si faltas a la obligasión. Bien puedes trabajar. Estando en casa, tendrías que ir en el carro a llevar vino, durmiendo mal y trabajando como los machos. ¿Y aquí qué te hase falta? Tienes papusa buena y segura, trabajas poco, vas vestido como un siñor... Nelet, no seas bruto y a ver si das gusto a las siñoras...

Y así hubiese seguido desarrollando este capítulo de consejos, a no ser porque un campanillazo le cortó la palabra.

Una visita. Doña Manuela y las niñas pasaron al salón, donde estaba don Eugenio García, el fundador de *Las Tres Rosas*.

Por él no pasaban los años. Era el mismo viejecillo de siempre, regordete y sonriente, con el rostro colorado, la mirada viva y la cabecita blanca y sonrosada. Aseguraba que tenía gran semejanza fisionómica con Pío IX, y algo había en él que recordaba al difunto Papa, a pesar de su capita azul sin esclavina y del bastoncillo muleta, que no soltaba ni aun en las visitas.

Besó a las niñas como si fuese su abuelo, y a doña Manuela diole algunas palmadas en la espalda con una alegría de viejo campechano, asegurando que cada vez estaba más gorda y hermosota. Venía de oír misa de San Juan, su querida parroquia; y cumpliendo la obligación de todos los años, quería saludar a Manuela y a las niñas, y desearles mil felicidades en el día del santo. Él no pensaba salir del próximo año; en él caería, estaba seguro de ello, a pesar de que todos los años había dicho lo mismo. Y hablaba de la muerte con la serenidad de una vejez tranquila y honrada, bromeando, riéndose y dejando escapar agudos chillidos por entre sus encías desdentadas.

Amparito escuchábale complacida, riéndose malignamente del ceceo del viejo y de sus preguntas.

¿Que si tenían novio? No, señor; aún eran jóvenes y podían esperar.

Concha sí que tenía algo, pero ella nada... Nadie la quería... ¡era tan fea...! Y el travieso bebé experimentaba satisfacción al oírse llamar hermosa por aquella boca de ochenta años.

—Pero quédese usted a comer, don Eugenio —dijo la señora—. Desde que salimos de la tienda, ningún año ha querido usted honrar nuestra mesa.

—No puedo, Manolita. Soy ya muy viejo, y quien me saca de mis sopitas me mata. Además, vaya un regalo: un convidado de mi clase. Masco como una cabra, y divierte ver un viejo entre la gente joven. A cada cual lo suyo.

La visita se prolongó una media hora, y por fin, el viejo, con ayuda de su bastón, púsose en pie.

—Me voy, hijas mías —dijo con expresión melancólica, a pesar de su carita siempre alegre—. El año que viene os acordaréis de mí al veros sin mi visita. Ya tendré entonces lo que me falta: el reposo eterno... No digáis que no... ¿Creéis que no tengo ganas de descansar...? Pero mientras llega la hora, don Eugenio siempre firme en su tienda del Mercado. ¡Comerciante hasta la muerte!

Y después de repetir estas palabras golpeándose el pecho, salió del salón escoltado por las señoras.

La nodriza se había ido, y Nelet continuaba en la cocina ayudando a las muchachas. Era día de gran banquete. Don Juan, el tío de las señoritas, aquel erizo intratable, había accedido a comer en casa de su hermana, y eran de ver los preparativos. Juanito iría a las doce por el tío; y Rafael, antes de salir, había sufrido un sermón de su madre recomendándole que estuviera en casa a la una en punto, hora de la comida. A los postres vendría Andresito Cuadros y algún amigo de Rafael.

La campanilla de la escalera sonaba cada cinco minutos. Eran tarjetas de felicitación, que se amontonaban en el velador de la antesala, y sobre las cuales se abalanzaban las dos hermanas, ávidas de curiosidad.

A las once, otra visita, don Antonio Cuadros y su mujer, con la ropa de las grandes solemnidades. Teresa, con vestido negro de seda, grueso y crujiente, sólido aderezo con más oro que piedras, mantilla de blonda y los dedos cargados, como siempre, de sortijería barata. Él, de levita atrasada de tres modas, guantes negros, sombrero de copa con alas microscópicas y en el chaleco una verdadera maroma de oro. Los dos, tiesos, majestuosos, dentro de estos trajes que, al través de innumerables reformas, venían subsistiendo desde su boda y solo salían a luz en visitas de días o entierros.

El matrimonio tomó asiento en el sofá, lugar preferente del salón, honra que hizo enrojecer de orgullo a la antigua criada.

—Pues sí, Manuela —dijo el marido—; en un día como éste, nosotros no podíamos prescindir de hacer a ustedes la consabida visita. Gozamos de la felicidad de ustedes, porque, aunque me esté mal el decirlo, nosotros les apreciamos mucho.

Y así seguía el tendero del Mercado, ensartando sus frases rebuscadas ante la admiración ingenua de su esposa, que veía en él un ser superior. Y mientras seguía su curso la conversación, sonaba a cada instante la campanilla de la puerta. Eran tarjetas de felicitación, que la señora miraba satisfecha, dejándolas sobre el velador de modo que pudiesen leerlas sus visitantes.

La familia dio las gracias al señor Cuadros por el obsequio que había enviado.

—Quédense ustedes a comer con nosotros. Hoy tenemos a la mesa a mi hermano Juan.

Estas palabras hicieron que la conversación recayese sobre el hermano de la señora. El comerciante era irresistible cuando se lanzaba a hablar del prójimo. ¡Vaya un señor raro el tal don Juan! Para él no existían teatros ni diversiones. Se le calculaba una fortuna de más de 100.000 duros, y sin embargo vivía como un hurón en la gran casa heredada de su padre, sin otra compañía que una vieja criada, y arrastrando su fastidio por los talleres abandonados, que parecían cementerios. Tenía manías, y la más principal era combatir la debilidad de la vejez con un régimen de continua actividad. Todas las tardes pasaba horas enteras visitando las obras del Ensanche, las reformas que el Municipio emprendía en los caminos vecinales. Los peones le conocían, como si fuese un contratista o maestro de obras; y cuando le faltaban estas distracciones emprendía atroces caminatas: iba a pueblos distantes, andando siempre con una regularidad mecánica; el cuadrado sombrero sobre las cejas, flotante el paleto, que no abandonaba ni aun en el verano, y bajo el brazo el bastón de su juventud, una caña vieja y resquebrajada, con puño redondo de marfil que casi era una bola de billar.

Hablábase con misterio e interés de las preciosidades que amontonaba en sus polvorientos salones. Figuraba en todas las almonedas como comprador de fuerza, y si algún corredor le proponía la adquisición de alhajas antiguas o muebles raros —siempre, se entiende, con considerable ventaja—, aceptaba sin vacilación, pues no era dinero lo que faltaba en el enorme *secrétaire* del siglo pasado, que ocupaba todo un paño de su alcoba, mostrando el menudo mosaico de sus tres filas de cajoncitos. De este mueble también se hablaba con respeto en casa de doña Manuela. ¿Quién podía saber todo lo que contenía? De allí salían largos pendientes en forma de uva, cuajados de diamantes antiguos; sortijones con brillantes como lentejas; piedras sin montar, de valor considerable; cincelados de gran mérito artístico; todo adquirido a fuerza de calma y de regateos en el naufragio de las grandes fortunas.

—Dice usted bien, Antonio. Mi hermano es un ente raro, un extravagante, que pudiendo estar bien con los suyos, prefiere vivir casi solo en aquella casa, contando sus miles de duros y adorándolos como si los hubiera de llevar a la fosa. Yo no viviría con tranquilidad... Dicen que por la noche, al menor ruido, se levanta y recorre la casa con unas pistolas viejas; pero aun así, es extraño que no le roben. Su tacañería me disgusta. Pero entre hermanos hay que vivir en paz, ¿no es verdad? y por esto sufro que a espaldas mías hable mal de mis costumbres. Afortunadamente, una tiene lo que necesita para pasarlo bien, y no se ve obligada a buscar los auxilios de ese avaro.

Una nueva visita entró en el salón. Eran «las magistradas», una mamá y tres hijas, íntimas de las niñas de la casa. El papá había muerto siendo magistrado, y esto bastaba para que en casa de doña Manuela, con el afán de grandezas que todos sentían, no designasen a la familia por su apellido, sino por el título del difunto.

Los señores de Cuadros sentían una oculta satisfacción al rozarse con las amistades de doña Manuela, que para ellos eran gente de la clase más elevada. Teresa miraba con su respeto de antigua criada a aquellas señoras, y sonreía con bondad estúpida cada vez que alguna de ellas se dignaba mirarla.

Las dos viudas hablaban afectuosamente, y doña Manuela, a pesar de que estaba bastante bien de salud, expresábase con cierta languidez que a ella le parecía la última palabra del buen tono.

—Salgo poco, querida; el frío y la lluvia me matan. Aún no he visto este año la feria de Navidad. Y eso que teniendo carruaje se puede salir de casa sin miedo al tiempo.

Y lo de tener carruaje acentuábalo doña Manuela como si fuese la ejecutoria de la distinción, el signo único que marcaba la diferencia de castas.

Las niñas hablaban entre sí, haciéndose preguntas sobre sus trajes o lo que habían hecho durante el día anterior, y nadie se acordaba del matrimonio Cuadros, que permanecía en el sofá como clavado, mirándose los pies y sin saber cómo salir de allí, por no molestar a los que hablaban. Amparo era la única que de vez en cuando volvía la cabeza para sonreírles. Por fin, se fueron.

—Son unos antiguos amigos —dijo doña Manuela a «la magistrada»—. Buenas gentes, pero ordinarias. Nos están agradecidos: a él le protegió mucho mi primer marido.

Cuando la familia dio por terminada su visita, doña Manuela y las niñas fueron hasta el rellano de la escalera, para cambiar allí los últimos besos.

—Crea que me dan un disgusto no quedándose a comer.

Desaparecía en los últimos peldaños el extremo de las elegantes faldas, cuando sonó una tos que todos conocían en la casa. Era el tío que llegaba, anunciándose, como siempre, con un carraspeo que le cortaba las palabras, y que, según doña Manuela, solo tenía por objeto el darse tiempo para pensar las contestaciones.

El cuadrado sombrero y el flotante paleto, que parecía una sotana, fueron remontando lentamente la escalera, con acompañamientos de golpes de bastón en cada peldaño.

—¡Buenos días, tío...!

Viose por fin desde el rellano la cara de don Juan, animada por su falsa risita, que recordaba la de los conejos. Iba de gran gala. Traje, el de siempre; pero su chaleco escotado dejaba al descubierto una botonadura maciza, enorme, con diamantes antiguos de gran valía, y en los dedos sortijas pesadas, de complicada labor, que evocaban el recuerdo de los suntuosos marqueses del pasado siglo.

—¿Me aguardabais, hijas mías...? ¡Ejem, ejem...! Pues he sido puntual. Son las doce.

Y mostraba su reloj, una joya rococó, que con sus esmaltes mitológicos hacía pensar en las fiestas pastoriles de Versalles. Tras él subía la escalera Juanito, el hijo mayor, con un enorme ramo de flores.

—¡Este chico... este chico! —murmuró la señora, sin conmoverse gran cosa por el cariño extremado que Juanito le demostraba en todas ocasiones.

Y se dejó besar por su hijo, que después corrió al comedor con el ramo, y no encontrando un jarrón capaz de sostener aquella pirámide de flores lo colocó entre dos sillas.

Don Juan fue casi llevado en triunfo al salón por sus sobrinas. Tío por aquí, tío por allá; la una le quitaba el sombrero, la otra tomaba su bastón, y las dos tiraban a un tiempo de su paletó, sonriendo ligeramente al ver el chaqué, que quedaba al descubierto, y que con sus cortos faldones dábale el aspecto de un pájaro desplumado.

Las pobrecillas ya sabían vivir. Aquel tío era la esperanza de la familia; representaba el cebo capaz de atraer novios con la tentación de una herencia, y aunque lo encontraban poco simpático, por su carácter y la ruindad de sus regalos, sonreíanle y le adulaban, con gran contento de la mamá.

A pesar de esto, doña Manuela no se hacía ilusiones. Al único que quería él era a Juanito; con los hijos de Pajares mostraba siempre cierta ironía, sin duda para darse el gusto de mortificar a su hermana.

—Juan, quédate en el salón mientras yo voy a la cocina a vigilar los preparativos. Vosotras, niñas, entretened al tío. Ahora verás cuánto ha adelantado Conchita en el piano.

La hija mayor levantó la tapa del instrumento, quedando al descubierto el blanco teclado, semejante a la dentadura de un monstruo. Sus dedos, larguiruchos y extremadamente abiertos por un continuo ejercicio, corrieron sobre las teclas, produciendo complicadas escalas.

—¿Y tú, no tocas? —preguntó don Juan a Amparo.

—Nada, tío. El profesor dice que soy demasiado aturdida, y me ha declarado incapaz. La verdad es que yo quisiera tocarlo todo enseguida, y al ver que no puedo y que he de fastidiarme mucho con ejercicios y escalas, me enfurezco y me entran ganas de dar puñetazos al piano.

Y el travieso bebé decía esto con tonillo irritado, levantando el puño.

—Pero ahora —continuó en tono más dulce—, ya que no puedo ser pianista, me dedico al canto. Mamá dice que hay que hacer algo, para no estar en sociedad parada como una tonta. Ya canté el otro día en una reunión de «las magistradas»... Ahora me oirá usted.

Mientras tanto, doña Manuela expulsaba del comedor a Juanito. Aquel chico no desmentía su sangre; era ordinario, y su mayor placer consistía en charlar con las criadas.

—Juanito, hijo mío, deja a Visanteta que ponga la mesa. Marcha al salón. El tío se incomodará, porque te olvides de él.

¿Olvidarse de su tío? Ante tal suposición, le faltó el tiempo para correr en busca de don Juan. Visanteta acababa de tender el mantel adamascado, brillante de blancura, sobre la mesa del comedor, pieza de ebanistería moderna, tallada a máquina, que con su color oscuro imitaba al roble de un modo discreto.

—¿Está todo bien preparado, Visanteta?

—Todo, señora. Nelet se ha encargado de que el capón no se queme; solo faltan unas cuantas vueltas. Adela cuida del puchero. La sopa la pondremos cuando avise la señora.

Y continuó la conversación entre el ama y la sirvienta, mientras ésta, con delantal blanco y haciendo crujir los bajos almidonados y tiesos de su saya, iba del aparador a la mesa, colocando el centro de plata Meneses con sus grupos de flores, las pilas de platos de charolada blancura, las botellas talladas del agua y el vino, y las copas esbeltas, casi aéreas, con su pie azul, y tan frágiles, que sobre el mantel no trazaban sombra alguna.

Aquella Visanteta, con su peinado de la huerta, su perpetuo ceño y sus contestaciones secas y desabridas, era una gran criada, que se ganaba a conciencia el salario. Lo mismo preparaba en la cocina una gran comida, que arreglaba una mesa «a estilo de fonda», arte que había aprendido sirviendo a una familia inglesa.

Al comedor llegaba la música que hacían en el salón las niñas de doña Manuela para entretener al tío. Amparo cantaba, y su vocecita fina, tenue y quebradiza como un hilo de araña soltaba una lamentación melancólica, en italiano, para mayor claridad:

«Quando le rondinelle il nido fanno,
quando di nuova flor s'orna il terreno.»

El tío se divertía, como hay Dios, oyendo a la sobrina cantar con su carita de Pascua estas atrocidades de la melancolía. «Vorrei moriré!», repetía la muchacha con acento de desesperación, saltando su voz sobre los trémolos del piano. ¡Vaya un aperitivo para antes de la comida!

Doña Manuela hablaba a la criada distraídamente, oyendo aquella música que nunca podía comprender.

—Hoy trabajarás mucho, Visanteta. Mi gusto hubiese sido encomendar, como de costumbre, un par de platos a la fonda. Pero tengo convidado a mi hermano, que es un rancio y me requema la sangre como si fuese una despilfarradora. Por esto he querido que la comida fuese casera. A ver si aun así encuentra motivo para murmurar.

La mirada de doña Manuela iba tras las manos de la criada. ¡Vaya una gracia la de aquella chica! Cogía las servilletas adamascadas, rígidas por el planchado, y las doblaba caprichosamente con una rapidez de prestidigitador. Quedaban sobre las pilas de platos en forma de mitra, barco, bonete o flor, y en el centro, como toque maestro, colocaba un pequeño «bouquet».

La señora estaba orgullosa. Solo en una casa como la suya había una criada capaz de arreglar la mesa con tanto arte.

Visanteta, insensible a las miradas agradecidas del ama y contestando a sus palabras con gruñidos, seguía trabajando. Abrió el armario del aparador y puso sobre la mesa los entremeses: pepinillos destilando vinagre, aceitunas grises mezcladas con salitrosas alcaparras, sardinas de Nantes con su casaquilla plateada, rodajas de salchichón finas y transparentes, y frescos rábanos de encendido ropaje y tiesos moñetes de hojas, todo en verdes pámpanos de porcelana.

Buen golpe de vista presentaba la mesa. Demasiado bueno, si se tenía en cuenta el carácter raro del que estaba allá dentro. Por esto doña Manuela dijo con expresión dolorosa:

—Mira, Visanteta, no te extremes mucho. Mi hermano es capaz de comer de mala gana si ve aquí lo que él llama lujos. Con lo puesto hay bastante.

Ahora saca del cajón los cubiertos de plata. Los antiguos, ¿sabes...? no te equivoques. Cuando sirvan el pescado puedes sacar la pala de plata, pero no pases de ahí. Sería capaz de darnos un escándalo si viera lo demás que reservamos para los convidados de otra clase.

Los cubiertos de plata antigua, piezas soberbias labradas a martillo y heredadas del «Fraile», fueron colocados junto a los platos.

Todo estaba bien. Visanteta a la cocina, a dar a la comida el último punto, y ella al salón, a mimar al hombre temible y preparar el golpe para después de la sobremesa.

El piano seguía sonando; pero ahora, de la romanza sentimental se había saltado a la ópera.

«Come una damicella
mi trovare piú bella»...

Al entrar en el salón vio a Juanito contemplando al tío, y éste con la vista fija en el techo, contando sin duda las flores doradas que tenía el papel, como hombre que se aburre y busca desesperadamente la distracción.

—Vaya, niñas, basta de cosas tristes. Cantadle al tío algo alegre.

Don Juan hizo un gesto como indicando que le era igual y no valía la pena molestarse.

—Pero mamá —dijo Amparo—, si esto que cantaba es el «Aria de las joyas». Muy bonita...

—Pues fuera el aria. Canta algo más alegre. Eso de «El dúo de la Africana», que gustó tanto en casa de «las magistradas».

—Bueno —exclamó Concha con rudeza—. Ahora «El dúo». Una cosa que están cansados de tocar todos los organillos.

—Pues sí señora, eso. Tu tío no va al teatro, y tendrá gusto en oírlo.

Don Juan hizo el mismo gesto de antes. Para él, cualquier cosa estaba bien. Y volvió a mirar al techo, bostezando de vez en cuando y moviendo un pie con nervioso temblorcillo.

«Yo nací muy chiquitita
y nací muy avispa.»

Bueno; pues a pesar de estas declaraciones que sobre su nacimiento hacía Amparito con su hilillo de voz y su expresión picaresca, el tío don Juan, aquel monstruo de aburrimiento y rudeza, no se conmovía, tal vez por estar mejor enterado de cómo había nacido que la propia interesada. E igual indiferencia mostró al oírla cantar que el puente tenía seis ojos, y ella dos «solamente».

Otra cosa le preocupaba y le hacía removerse en su sillón. Sacó su reloj, la hermosa pieza cincelada del siglo anterior, e interrumpiendo a la cantante dijo a doña Manuela:

—Bien está todo; pero ¿a qué hora se come aquí?

—Cuando venga Rafaelito. A la una.

—Ya es; mira mi reloj. Te advierto que yo como siempre a las doce, y bastante sacrificio es esperar una hora. Con tales desarreglos se pierde el estómago, y eso en la vejez es llamar a la muerte.

—¡Jesús, hombre! No te incomodes por eso... Niñas, basta de música. A comer.

La graciosa sevillana paró en seco, y las dos niñas abandonaron el salón seguidas del tío, que se detuvo en la puerta del comedor sonriendo al ver el aspecto de la mesa.

—Manuela, por lo que se ve, esto promete. Siempre has sido notable en estas cosas.

Pero la señora estaba preocupada por la tardanza de su hijo menor y no podía contestar.

—¡Este Rafaelito...! La una y cuarto y no viene. ¡Habrá que empezar sin él...! Visanteta, la sopa.

Todos se sentaron. Don Juan en la cabecera, con las dos niñas, y en el extremo opuesto doña Manuela, teniendo a la derecha a Juanito y a la izquierda la silla destinada a Rafael.

La humeante sopera descansó en el centro de la mesa, con el cucharón de plata metido en las entrañas, y rápidamente se llenaron los platos.

¡Soberbia sopa! Flotaban en su superficie las lunas de grasa, y entre las rebanaditas de pan impregnadas de suculento líquido, los menudillos de la gallina, las tiernas yemas de color de ámbar y los negruzcos hígados, que se deshacían al entrar en la boca. Todos comían con apetito, especialmente don Juan, que, a pesar de su sobriedad de avaro, era un tragón terrible al entrar en mesa ajena.

Finalizaba la sopa cuando entró Rafaelito, sudoroso, sofocado, como si hubiese corrido mucho para llegar a tiempo.

—¡Vaya una hora de venir! —dijo la mamá, frunciendo el ceño.

Era un ser insignificante y de aspecto pretencioso. El cuerpo flacucho y pobre; la cabeza charolada a fuerza de cosmético, partida por una raya que con rectitud geométrica iba desde la frente a la nuca; en la cara enorme nariz, bigotillo afilado y patillas de chuleta, y bajo la barba, asomando por entre las dos alas de un cuello «a la pajarita», esa protuberancia horrible llamada nuez, que parece la condecoración de la juventud raquítica. Afectaba en sus gestos y palabras la indolencia de un hombre cansado de la vida, para el cual el mundo nada nuevo puede ofrecer a los veintidós años; miraba con insolente fijeza, y cuando escuchaba a alguien, lo hacía con aire protector y desdeñoso. Era el tiranuelo de la casa, y a este privilegio unía el de excitarle la bilis a su tío don Juan siempre que se ponía en su presencia.

Hacía tres años que estaba abonado al segundo curso de la Facultad de Medicina, consecuencia heroica de la que no estaba arrepentido; y tan amante era del trabajo y de la actividad, que por no estarse en los cafés charlando como un necio, pasaba los días y gran parte de las noches en los círculos recreativos, unas veces peinando barajas y otras sacrificando pesetas, para que no se dijera que en España todo decae, hasta el respetable gremio de los «puntos».

Fuera de esto, era un muchacho encantador; y en caso de duda, bastaba con preguntarlo a su mamá. ¿Quién llevaba con más garbo que él el gabán sin costuras, ancho y deforme como un saco? ¿Quién, en verano, iba más mono con el trajecito de franela y la marinera de paja? ¿Quién daba mejor sombrerazo rígido, moviendo al mismo tiempo la cabeza y levantando un pie? Rafaelito, y nadie más que Rafaelito; y para atestiguarlo estaban también las amigas de la mamá, que se hacían lenguas en su presencia de lo elegante que era el chico.

¡Estudiar...! Ya lo haría más adelante. Por ahora, era un muchacho distinguido, con buenas relaciones; y en cuanto a saber, algo sabía, pues apenas se iniciaba una discusión sobre toreros o pelotaris, dejaba a todo el mundo con la boca abierta. Bajo su frente calva, adornada con las dos puntitas lustrosas del peinado, había algo, así como bajo los hombros de su americana había algo también: mucho pelote para suavizar lo puntiagudo de sus clavículas, que agujereaban la pobre piel.

Al entrar saludó al tío con cierto desparpajo, sin querer fijarse en la sonrisita del viejo, y después se excusó con la mamá. Quería venir antes, pero en la feria le habían entretenido. El paseo estaba muy bien; trajes magníficos, sobre todo abrigos. Y hacía una relación de periódico de modas ante sus hermanas, que prestaban oído sin dejar de engullir, y la mamá, que admiraba el talento de observación de su hijo y la gracia con que se burlaba de los defectos. Era el fiel retrato de su padre.

Rafael, en cuatro cucharadas, se tragó su ración, poniéndose al nivel de los demás cuando salió el cocido, dos fuentes magníficas, que exhalaban un vaho consolador, un tufillo alimenticio que se colaba hasta el fondo del estómago. En la una, las patatas amarillentas, los reventones garbanzos sacando fuera del estuche de piel su carne rojiza, la col, que se deshacía como manteca vegetal, los nabos blancos y tiernos, con su olorcillo amargo; y en la otra fuente las grandes tajadas de ternera, con su complicada filamenta y su brillante jugo; el tocino temblón como gelatina nacarada; la negra morcilla reventando, para asomar sus entrañas al través de la envoltura de tripa; y el escandaloso chorizo, demagogo del cocido, que todo lo pinta de rojo, comunicando al caldo el ardor de un discurso de club.

Nadie hablaba aún. Oíase únicamente el sordo ruido de las mandíbulas; todos masticaban y engullían; los tenedores verificaban correrías devastadoras sobre la mesa. Destrozábanse los panecillos, iban vaciándose los platos de los entremeses, y las copas de vino llenábanse, reflejando sobre el blanco mantel purpúreas e inquietantes manchas.

Don Juan rumiaba, moviendo sus desdentadas encías a derecha e izquierda como una cabra vieja, y sus ojillos alegrábanse al ver comer a la familia, y especialmente a Juanito.

Podían decir lo que quisieran ciertas gentes; pero él, don Juan Fora, propietario y paseante perpetuo, sostenía que nada hay como la cocina casera y el comer en familia. ¡Vaya un modo de tragar, hijos míos! En una fonda estarían ya siendo objeto de críticas, y el dueño pondría mala cara al ver cómo ganaban el precio del cubierto; las niñas se harían las interesantes, comiendo poco para no parecer feas, y él mismo tragaría a disgusto creyendo que se burlaban de su modo de mascar. Pero allí estaban en su casa, podían atracarse hasta el gañote con todo lo que iría viniendo, y nadie podría ir a contarle al vecino cómo se las arreglaban para hacer por la vida. Esto era la verdad; lo demás pamplinas, modas estúpidas y sufrir... ¡Hola! Ya se presentaba la gallina del puchero. ¿Que quién la parte? Juanito mismo.

Y el buen muchacho, obediente a la voz de su tío, púsose en pie, y empuñando un enorme tenedor y el afilado trinchante, hizo una carnicería que elevó protestas. Doña Manuela le miró severamente. Pero ¡cuán desmañado era!

Don Juan intervino, viendo que su sobrino se conmovía:

—Vaya, otra vez lo hará mejor el chico, ahora... a lo que estamos.

Y pasaron a los platos los trozos de la gallina: la jugosa pechuga, el cuello cartilaginoso, los melosos muslos y el armazón chorreando grasa, que chupaba doña Manuela con un regodeo de gata golosa.

La animación iba surgiendo en la mesa. Todos hablaban. Don Juan comenzaba a mostrarse más alegre; y como si olvidase las antiguas preocupaciones, miraba con igual cariño a todos los que estaban en la mesa, sin pensar si eran hijos del antipático Pajares y si su hermana era una derrochadora.

Ahora, ¡voto a Dios! venían bien dos deditos de vino, para acompañar dignamente a la gallina en su bajada al estómago. Y se apuraron las copas, y circuló de nuevo la ventruda botella llena de vino de la bodega de los Escolapios, un caldillo rojo del llano de Cuarte, que pasaba dulcemente por el paladar, y una vez dentro, el muy traidor causaba un trastorno de mil demonios. Las dos niñas bebían haciendo remilgos, pero el tío las excitaba aplaudiéndolas; y ellas, que no estaban acostumbradas a ver tan alegre al viejo, volvían a gustar el vinillo para no enojarle.

Nelet, con la gravedad de un «maître d'hôtel», muy circunspecto desde que veía en la mesa al tío millonario, sacó de la cocina el plato del día, la obra maestra de Visanteta, un pescado a la bayonesa que arrancó a todos un grito de admiración.

—¡Caballeros...! ¡Ni en la mejor fonda! —dijo Rafael—. ¡Ole por la cocinera!

Don Juan encontró de mal gusto la felicitación, pero admiró la obra.

Era una merluza de más de tres libras, que parecía de plomo brillante, con el escamoso vientre hundido en la salsa, un fresco cogollo de lechuga en la boca, y en torno de la cola unos cuantos rabanillos cortados en forma de rosas. La fuente tenía una orla de rodajas de huevo cocido, y sobre la capa amarillenta que cubría el apetitoso animal, tres filas de aceitunas y alcaparras marcaban el contorno del lomo y la espina. Don Juan miraba, con la pala de plata en la mano. ¡Vive Dios, que le remordía la conciencia destrozar aquella obra de arte! Pero la cosa se había hecho para comer; y al poco rato, la blanca carne de la merluza, revuelta con los sabrosos adornos, estaba en todos los platos.

—Y ya que dimos fin con la pobre, ahora otro traguito.

Decididamente, el tío se ponía alegre. Las niñas recordaban como un sueño la cara irónica y glacial de otras ocasiones. Ahora sonreía con bondad, tenía las mejillas muy coloradas, y cautelosamente se aflojaba el talle, como para dejar un huequecito a lo que viniese después.

Otro plato ligero, pero éste era francamente indígena: lomo de cerdo y longanizas con pimiento y tomate, un guiso al que daba siempre Visanteta una gracia especial, que hacía a todos mojar el pan en la roja salsa.

Don Juan y su sobrino predilecto se entendieron con él, pues doña Manuela apenas lo probó. Rafaelito fumaba, costumbre detestable que irritó al tío, pues no podía comprender tales interrupciones en la digestión.

Las dos niñas habían ido un momento a su cuarto: cuestión de aflojarse los corsés. Las ballenas se doblaban y parecían próximas a estallar con la presión de sus vientrecillos cada vez más redondeados. Al pasar junto a un balcón, hiriólas el frío que entraba por las rendijas. Llovía, y la gente pasaba chapoteando en el fango, con el paraguas calado. ¡Qué bien se estaba allí dentro, en el caliente comedor, ante una mesa tan abundante! Había que reconocer que Dios es bueno y proporciona ratos muy agradables a los que tienen casa y cocinera.

Cuando volvieron al comedor, Nelet sacaba el héroe de la fiesta: un soberbio capón, panza arriba, con los robustos muslos recogidos sobre el pecho y la piel dorada, crujiente, impregnada de manteca.

Don Juan contemplábalo con miradas de amor. No; una pieza tan hermosa no la destrozaría el desmañado Juanito. A ver, Rafael, que, como aprendí de médico, entendería de estas cosas.

Las niñas protestaron, recordando las espeluznantes relaciones que su hermano las había hecho varias veces, para asustarlas, describiendo sus hazañas en el anfiteatro anatómico.

—No, Rafael no —gritó Amparito—. Si él toca el capón no comemos.

¡Vaya un asco! ¡Como si aquel estudiante honorario hubiese asistido al curso de anatomía media docena de veces...! Al fin, el tío, en vista de las protestas, se decidió a destrozar la pieza, pues en su calidad de solterón sabía un poco de todo... ¡Brava manera de masticar! Confesaban que la comida les subía ya a la garganta; pero a pesar de esto, era tan excelente la carne tierna y jugosa, con su corteza tostada crujiendo entre los dientes, que todos despacharon su ración, masticando con lentitud y emprendiéndola después con los huesos. El tío se mostraba como un valiente.

—Juan, come ese pedazo —le decía su hermana—. Es lo mejor del plato.

—Bebe más, Juan. Hoy son mis días, y hay que alegrarse.

Las niñas imitaban la solicitud de la mamá; todo era: «Tío tome usted esto; tío, coma usted lo otro»; y el tío, cada vez más encarnado y alegrote, engullía cuanto le ponían en el plato, y como le llenaban el vaso así como lo dejaba vacío, el resultado era que empinaba continuamente el codo.

Aparecieron los postres. Cubrióse la mesa de tajadas de melón, peras y manzanas, avellanas y nueces; pero esto pasó sin gran éxito, atreviéndose el tío solo con algunos pedazos de fruta que le mandó Juanito.

Después, la clásica «sopada», sin la cual don Juan no comprendía los banquetes: una gran fuente de crema, en la que se empapaban apretadas filas de pequeños bizcochos. Esto era lo mejor para los que, como él, carecían de dentadura. Sabía a gloria; pero a pesar de tantos elogios, recibió como en triunfo el turrón de Jijona y los pasteles de espuma.

También era esto del género de don Juan, adorador de las cosas blandas, que se escurren dulcemente sin roce alguno hasta el fondo del estómago.

Con la boca llena de merengue contestaba a sus sobrinas, que estaban cada vez más alegres, y aprobaba bondadosamente los cuidados de su hermana por tenerle contento. Ahora había que retirar el vino de los Escolapios: «no estaba en carácter»; y por esto el viejo saludó alegremente la aparición en la mesa de las botellas de licor de diferentes formas y clases.

Las cepitas talladas de color rosa, que parecían flores, iban y venían sobre la mesa, tan pronto llenas como vacías. La temperatura subía en el comedor. El vaho ardoroso de la comida, el calor de los cuerpos, en los que empezaba la digestión, y lo agitado de las respiraciones, parecían caldear el ambiente. Los rostros se enrojecían, y a pesar de que llovía en la calle y los transeúntes soplábanse las manos para ahuyentar el frío, se sudaba en el comedor. Doña Manuela, con la majestuosa nariz inflamada, como si fuese un pavo, hubo de pasarse la servilleta por la húmeda frente.

—¡Al salón! —dijo la señora—. Allí nos servirán el café.

El tío prefería quedarse en la mesa. El café entraba también en la comida; ¿por qué habían de moverse? Pero para su hermana era un detalle de suprema elegancia tomar el café en el salón, y don Juan tuvo que acceder y abandonar el comedor, jugando con sus sobrinas como si fuese un niño.

¡Vive Dios, que él no estaba borracho, pero a nadie podría negar que se encontraba un poco alegre por culpa de aquellas pícaras, de su hermana y de los dos sobrinos! Todos estaban bien. Sentados en los mullidos sillones del salón, encontrábanse como en la gloria, sacando hacia fuera los rellenos vientres, que hervían como calderas al fuego de la digestión, y sintiendo subir al cerebro un humillo tenue que al pasar por los ojos tomaba un delicioso tinte rosa.

Don Juan dábase cariñosas palmaditas en el vientre. Tal vez aquella calaverada le costase después crueles desarreglos de estómago y una semana de purgas; pero ¡váyanse al diablo los escrúpulos! un día es un día, y a ver quién le quitaba lo gozado... Nada, que aquel día era un calavera; se burlaba de todo; y en prueba de ello, encendió el puro que le ofrecía Rafael, a pesar de que el fumar aumentaba su tos crónica.

Ya estaba el café. Servíalo Adela, una muchacha remilgada y no mal parecida, que imitaba a sus señoritas en el peinado, afectando un aire de aristócrata caída en la desgracia.

Don Juan, a fuer de mirar el servicio, que era de porcelana antigua, y compararlo con otro más rico arrinconado en su casa, acabó por fijarse en la criadita. Decididamente, no tenía la cabeza bien. ¡Mire usted que pensar un hombre de su carácter y sus años que estaría mejor servido con una chica así que con su vieja Vicenta...! Vaya; el «Chartreuse», con su calor de falsa juventud, hace pensar locuras... «¡A tomarte el café, viejo verde...!» Y se bebió la taza de un trago.

Sonaba la campanilla de la puerta.

—Será Roberto —dijo Concha.

—Tal vez sea Andresito —exclamó Amparo—. Le prometió a Juan venir a la hora del café.

Eran los dos, que se habían encontrado en la escalera.

Roberto del Campo, el amigo íntimo de Rafael, su mentor, que le guiaba en el camino de la distinción y el buen gusto; un chico elegante, hijo de una gran familia arruinada, uno de esos vástagos inútiles y perniciosos que nacen inesperadamente en la tranquila burguesía a las dos o tres generaciones de bienestar y riqueza, para castigar con sus locuras y despilfarros el egoísmo y la rapacidad de sus antecesores. Era un muchacho guapo, moreno, con nariz aguileña, barba negra y lustrosa; una de esas cabezas gallardas, audaces y de enérgica belleza varonil que se ven con frecuencia en las tribus bohemias. En su porte y en su traje notábase la tendencia «flamenca» amalgamada con la fría corrección burguesa. La educación del hogar confundíase con las costumbres de una vida de estúpidas aventuras. Vestido de señorito, tenía algo de gitano; cuando se disfrazaba de chulo, todos reconocían en él al señorito. Era un ser doble, que flotaba entre la decencia y el encanallamiento.

Según decían sus amigos, causaba sensación entre las mujeres. La gitanería femenina le adoraba como un ídolo, pensando en sus conquistas de señoritas; y éstas mirábanle como un ser extraordinario, como un Don Juan irresistible, recordando ciertas historias de cantadoras flamencas que, por sus desdenes, se habían tragado cajas de fósforos, y de hermosas carniceras que abandonaban al marido para seguir a un mozo tan adorable.

En casa de doña Manuela, Roberto era muy bien acogido, especialmente por Conchita. Era un chico que tenía muy buenas relaciones; es verdad que su fortuna era poca, pues gran parte de la herencia de sus padres estaba ya enterrada en los garitos o entre las uñas de los usureros, pero esto no impedía que fuese un partido aceptable para las jóvenes de la clase media, que, colgadas de su brazo, podían entrar en un reducido círculo que ellas se imaginaban como el paraíso de la aristocracia.

Junto a este hermoso ejemplar de la burguesía próximo a la decadencia, Andresito Cuadros, el hijo del dueño de *Las Tres Rosas*, aparecía empequeñecido y aplastado, con la delgadez amarillenta de un crecimiento rápido y ese aire aviejado de todos los hijos únicos, a quienes las atenciones exageradas de sus padres no dejan robustecerse. Era el hijo del comerciante emancipado del mostrador y dedicado al estudio por la ambición del papá. Docto y pedantuelo, algo engreído con los sobresalientes de su carrera y acostumbrado a hacerse oír en casa como un oráculo, asombrábase de que fuera de ella no le rindieran tributos de admiración, y esto le producía tal cortedad, que muchos le tenían por tonto.

Los recién llegados, después de saludar a la mamá, deseándola felicidades y ensartando los lugares comunes propios del caso, sentáronse cerca de las dos niñas, que se mostraban complacidas y ruborosas.

Rafael voceaba en la puerta del salón para que trajeran pronto el café a sus dos amigos, y Juanito, a falta de mejor ocupación, jugueteaba con la traviesa «Miss», cuyos movimientos iban acompañados por el repicante cascabeleo de su pequeño collar.

Don Juan, hundido en su butaca, con la nariz cada vez más roja y el cigarro apagado entre los labios, seguía sonriendo beatíficamente. Su hermana no le abandonaba. Acosábalo con atenciones, y hasta había logrado hacerle tragar una copa de coñac.

Visanteta acababa de servir el café a los dos señoritos recién llegados, cuando la llamó su ama.

—Di a Adela y a Nelet que entren.

Toda la servidumbre de la casa se plantó a estilo de coro de zarzuela ante el sillón de la señora. Entre los tres cruzábanse alegres miradas, sonrisas de satisfacción.

Era la ceremonia anual, el acto de dar los aguinaldos a los criados, por ser el día de la señora. Con majestad teatral, doña Manuela dio un duro a cada uno, más un pañuelo de seda a Visanteta, por lo satisfecha que estaba de su mérito como cocinera. El ceño de la habilidosa muchacha se dilató por primera vez en todo el día, y los tres salieron apresuradamente con la alegría del regalo, oyéndose el ruido de sus empellones y corretos.

Esto oscureció un poco la sonrisa de don Juan. Decididamente, su hermana era una loca, que odiaba el dinero. ¡Mire usted que tirar 3 duros tan en tonto! ¿No hubiera quedado lo mismo con 3 pesetas?

Pero su digestión de esquimal harto no le permitía indignarse, y escuchó con expresión amable a su hermana, que, inclinada sobre él, apoyándose en su misma butaca, le hablaba mimosamente, como si fuese una niña.

—Hay que seguir las costumbres, Juan; si no, los criados, en vez de respetarla a una, se encargan de desacreditarla. A ti de seguro que no te parece bien dar un duro a cada criado; a mí tampoco, pero hijo mío, la costumbre es la costumbre, y si una hace ciertas economías, la gente cree que va de capa caída, suposición que a nadie gusta. ¿No crees tú lo mismo?

Él lo creía todo, con tal que le dejasen tranquilo en su digestión. Y movió varias veces la cabeza en señal afirmativa.

Doña Manuela se animaba y seguía hablando. No es que ella fuese derrochadora; había tenido su época de apuros, como él sabía muy bien, y conocía el valor de un duro. Pero había que quedar con dignidad, sostener la honra de la casa, ahora que las niñas iban siendo casaderas, y esto, ¡ay, Juanito mío! esto exigía grandes apuros y no menores sacrificios. ¿Qué le pasaba a don Juan? ¿Había parado en seco su digestión? La gozosa sonrisa desaparecía; sus ojos, entornados voluptuosamente, volvían a entreabrirse para lanzar punzantes miradas, y se agitó varias veces en la butaca, como huyendo de ocultos alfileres. ¡Todo sea por Dios! Él también tenía apuros y hacía sacrificios. El mundo es así. Y probó dormirse, como hombre a quien no interesa la conversación.

Pero la hermana no calló. Ella economizaba, privándose de todo para sostener la apariencia de la casa, hasta que las niñas encontrasen «un buen partido»; pero a veces se tropieza con escollos insuperables y no sabe una cómo salir a flote.

—Pero... ¿duermes, Juan? ¿No me escuchas?

Un gruñido dio a entender a doña Manuela que su hermano la oía con los ojos cerrados. Esto bastó para que continuase.

Ahora mismo se hallaba en una de esas situaciones difíciles; algunas deudas antiguas las había satisfecho con la paga de Navidad de sus arrendatarios de la huerta, pero necesitaba con urgencia 8.000 reales, pues el invierno exige grandes gastos. Ya que en la familia se habían suavizado antiguas asperezas, a ella tenía que acudir en sus apuros. ¿Y quién era su familia? Su hermano, y nadie más que su hermano. Su Juan, a quien ella siempre había querido tanto, respetando sus sabios consejos.

—Tú no me abandonarás en este apuro, ¿verdad, Juan? Tú me prestarás esa cantidad, y yo te la devolveré a San Juan, cuando cobre los otros arriendos. ¿Quedamos en eso...?

¡Qué habían de quedar! No había más que ver el mal humor con que don Juan salió de su turbada digestión.

—Pero, desgraciada, ¿de dónde quieres que saque yo 8.000 reales? Tú te figuras, por lo menos, que yo apaleo las onzas.

Doña Manuela protestó. Vamos, que 8.000 reales no son una cantidad para arruinar a nadie. Además, ella prometía devolverlos a San Juan; y al ver que su hermano sonreía irónicamente, lo juró con la mano puesta en el exuberante pecho.

—Y si no tienes los 8.000 reales (cosa que dudo), eso no importa, Juanito mío. Con que firmes por mí, salgo de apuros.

¡Adiós digestión! Ahora sí que don Juan salía de la placentera calma, despertando de su amodorramiento.

—Ya has enseñado la oreja. ¡Firmar...!, ¡firmar...! ¿Tú crees que una persona como Dios manda pone la firma, porque sí, al primer judío que se presenta? Eso solo lo hacen las locas como tú, que has firmado más papel que un escribano, y miras con la mayor tranquilidad cómo tu nombre anda por el mundo en pagarés siempre renovados, con condiciones que solo admiten las personas tramposas y sin crédito.

Y además, ¿qué era aquello de la paga de los arriendos y de devolver los 8.000 reales el día de San Juan? Mentiras y nada más que mentiras.

—Yo lo sé todo, Manuela. No conservas un campo de los que heredaste de papá que no tenga la correspondiente hipoteca. El dinero de tus arrendatarios se va todo en intereses. Si se juntan todos tus acreedores y exigen que les pagues las deudas, más los intereses disparatados que les has reconocido, te verás en medio de la calle, perdiendo hasta la camisa que llevas puesta. ¡Eh...! ¿qué tal? ¿Creías que yo no estaba enterado de tus cosas?

Doña Manuela estaba pálida e inquieta. Era una imprudencia expresarse así a pocos pasos de aquel grupo donde estaban Roberto y Andresito, dos extraños que no podían imaginarse la verdadera situación de la casa. Por fortuna, Concha y Amparo atraían la atención de los dos; además, las niñas, a ruegos de los pollos, iban a hacer un poco de música y canto.

Tal vez el piano amansase a don Juan; pero... ¡quia! éste formaba parte de las fieras, a quienes domina la música, y con gran pesar de su hermana no salía de su indignación.

—¿Para esto me has convidado...? Tú has dicho: «Le daremos bien a comer, procuraremos emborracharlo, y después, cuando esté tierno... ¡el sablazo!». Pues hija, te equivocas. Ni ahora ni nunca conocerás el color de mi dinero. No pienso hacer nada por ti. Cuando murió tu segundo marido me prometiste ser un modelo de economía y prudencia; y yo fui tan tonto, que perdí el tiempo y hasta algún dinero para poner a flote tu fortuna, que hacía agua por todas partes como un barco viejo... Déjame acabar, Manuela; no me interrumpas. ¿Quieres hacerme creer que aún lo conservas todo libre de trampas, tal como yo te lo entregué? ¡Quia, hija mía! En este siglo no hay milagros, y con 15.000 duros de capital no se sostiene un carruaje ni el boato que tú gastas. Lo sé todo; y si no, escucha.

Y don Juan, con gran abundancia de detalles, como hombre versado en los negocios, fue describiendo a su hermana el estado de su fortuna. No tenía un pedazo de tierra libre del peso de una hipoteca; las rentas apenas si daban para los réditos, y hasta la misma casa en que ella vivía era una finca que producía poco, por culpa de su vanidad.

—Cuando al quedar viuda te pusiste en mis manos, vivías en una de las dos habitaciones del piso segundo y tenías alquilado este principal. Un duro diario es una gran cosa, y más en tu situación. Pero tú no podías acostumbrarte a ser señora de muchos escalones, como dices en tu jerga; querías tu salón y tu carruaje, como en los tiempos de loco despilfarro, y con el pretexto de que las niñas crecían y era preciso pollear y mentir, bajaste a este piso, y bajó la renta también aumentando los gastos. Ya que no podías tener un tronco, carretela y berlina, como en otra época, vendiste un campo para comprar la galerita y el caballo y mantener a ese bigardón, hijo de la tía Quica, que os roba la cebada y las algarrobas... Sé que te fastidia oír todo esto, pero te lo digo para que sepas que no me chupo el dedo ni se me engaña fácilmente... Nunca me he forjado la ilusión de convertirte. Tú serás siempre la misma Manuela, la loca, la pretenciosa, y morirás cuando gastes el último céntimo. Cada uno nace con su carácter, y tú eres de aquellos a quienes el pobre papá cantaba la antigua copla:

«Arrós y tartana,
casaca a la moda,
¡y ròde la bola
á la valensiana!

Y como si la cancioncilla del tío fuese la señal para que comenzase la música de las niñas, éstas atronaron el salón con el tecleo del piano y los gorjeos esforzados.

Don Juan cobró ánimos con este estrépito. Al ver que los muchachos solo atendían al piano, siguió hablando, pero levantó más la voz, con gran alarma de su hermana.

—Marchas a tu perdición, Manuela. Cuando estés en la miseria, siempre me acordaré de que soy tu hermano, y tendrás donde comer tú y los tuyos... Pero dinero, ¡ni un céntimo!

Doña Manuela levantó la cabeza con altivez, mostrando la mirada ardiente y las mejillas rubicundas.

—Gracias por la limosna —dijo con ironía—. Pero aún no he llegado ahí.

—Llegarás, llegarás —repuso don Juan sin perder la calina—. Estás en el camino. Hoy todavía puedes sostenerte, y al ver que te niego los 8.000 reales, buscarás a doña Clara, esa bruja prestamista, o a otra persona de la clase, y firmarás un pagaré por 12 o 14.000. Estás metida en el barro y no saldrás nunca de él; por más esfuerzos que hagas te hundirás. Si no te conociera tanto, te daría la mano; pero no: «una y no más, Santo Tomás»; me acuerdo mucho de la atención con que seguiste mis consejos.

La señora estaba indignada por el lenguaje rudo de su hermano. Era muy dueño de no darle aquella miseria; al fin, resultaba lo que ella había creído siempre: un avaro sin corazón. Pero su demanda no le autorizaba para aburrirla con tanto sermoneo.

—Cállate, Juan; me pones nerviosa con tus groserías.

—Callaré, hija; no quiero molestarte en un día como éste. Pero solo me resta hacerte una advertencia. Los que están tan ahogados como tú, se agarran a un clavo ardiendo. Juanito posee una finca que vale algo: el huerto de Alcira, que has tenido que respetar en calidad de bienes reservables. Como ahora el chico es mayor de edad y te quiere tanto, te advierto que si para hacer dinero lo mezclas en tus líos tendrás que vértelas conmigo. Yo soy su tutor, por encargo de su pobre padre, y aunque mi misión ha terminado legalmente, me creo en el deber de defenderlo, pues es un bonachón al que engaña cualquiera... Y no te digo más.

Los dos hermanos callaron. Se hundió él en su sillón, mirando a los chicos, y ella quedó con los ojos fijos en el suelo, el ceño fruncido y las mejillas de un rojo violáceo, como si la rabia le produjese erisipela.

Rafael había salido del salón, Juanito jugueteaba con «Miss», cada vez más inquieta y ladradora, y Roberto, apoyado en el piano, hablaba con Concha, que sonreía, tecleando nerviosamente, haciendo escalas que parecían cabriolas e iniciando temas conocidos, que se confundían fantásticamente.

—¿Dónde diablos están los otros? —pensaba el tío, paseando su vista por el salón.

Y los otros, o sea Amparo y Andresito, estaban en un balcón, mirando a la calle con la nariz pegada al vidrio y protegidos por los cortinajes. El bebé, con sus ingenuidades de loquilla, tenía una habilidad diabólica para salirse siempre con la suya. Había maniobrado hábilmente para llevarse al hijo de Cuadros hacia aquel balcón, donde estaba la niña como en su casa, lejos de miradas indiscretas y oídos curiosos.

Primero, habían hablado del tiempo, riéndose de los arabescos caprichosos que trazaban las gotas de lluvia escurriéndose por el cristal; pero el joven, pálido y tembloroso, como si le atormentase algún pensamiento oculto, guiaba la conversación insensiblemente, y Amparito se dejaba arrastrar, segura de que por cualquier camino llegaría siempre adonde ella deseaba.

El tío miraba atentamente el cortinaje del balcón y las piernas de Andresito, que era lo único visible de la pareja. En un momento que Concha cesó de teclear, oyó la voz de Amparo, que sonaba lejana, como amortiguada por las cortinas.

—Pero Andresito... ¡si somos tan jóvenes!

¡Jóvenes! ¿Y qué importaba eso? Para el amor no hay edades, así como tampoco existían clases. Lo aseguraba él, que era persona competente en tal materia, por ser poeta y no inédito, pues sus triunfos había alcanzado en la Juventud Católica. Además, él no era ningún niño; dentro de cuatro años sería abogado, y después, ¿quién sabe...? Su imaginación veía confusamente en lontananza ese algo que acarician todos los aprendices de legistas. Un sillón de magistrado, una poltrona de ministro o un taburete de escribiente... cualquier cosa; lo importante era sentarse en algún sitio.

No, no eran jóvenes para amarse. Ya lo había dicho él en un soneto y media docena de quintillas escritas con el pensamiento puesto en Amparito. El amor no tiene edad. Él la adoraba con la inmensa pasión de los grandes poetas; y hablaba de Dante y Beatriz, de Petrarca y Laura, de Ausias March y Teresa. Amparito escuchaba sonriente, complacida por esta letanía de poetas. Todos muy señores míos, pero que los oía mentar por vez primera, a excepción de Ausias March, por ser su nombre el de la calle donde ella tenía su modista.

A él le era imposible vivir si Amparito se negaba a amarle; necesitaba, para no aborrecer la vida, que ella se decidiese a ser su musa, su inspiración. Y el lindo bebé, aunque por costumbre seguía riendo, sentíase muy satisfecha en su interior de ser musa de alguien, honor que jamás alcanzaría su hermana Concha. La consideración de hacerse superior a su hermana era lo que más la empujaba a decir que sí. Además, un novio no se presenta a cada instante, y aunque existe el inconveniente de que ella era hija de un doctor famoso —según afirmaba la mamá—, y los padres de Andresito eran unos ordinarios —también según doña Manuela—, confiaba que, con el tiempo, la brillante posición que se proponía conquistar el chico lo allanaría todo.

Y cuando con más calor hablaba Andresito de sus tormentos amorosos, la niña le interrumpió, diciéndole con su tonillo bromista, como quien accede a tomar parte en un juego:

—Bueno; seremos novios... pero ¡por Dios! que nada sepa la mamá.

IV

El Carnaval de aquel año fue muy alegre para la familia de doña Manuela.

Las niñas se divirtieron. Rafaelito era socio de todos los círculos distinguidos y decentes donde se baila, mientras arriba, en una habitación con luces verdes, guardada y vigilada como antro de conspiradores, rueda la ruleta con sus vivos colorines o se agrupan los aficionados en torno de las cuatro cartas del «monte».

¡Qué noches aquéllas de emociones, de nerviosas alegrías, de mareos voluptuosos, y después de aplastamiento, de brutal cansancio...! Juanito era el encargado de abrir la puerta cuando la familia volvía del baile.

En la madrugada, cerca de las cuatro, oía chirriar los pesados portones, entraba el carruaje en el patio, con gran estrépito, y él saltaba de la cama metiéndose los pantalones. La entrada de la familia le deslumbraba, sintiendo el infeliz una impresión de vanidad. Las hermanitas, vestidas unas veces con trajes de sociedad, obra de una modista francesa, y que todavía estaban por pagar; graciosamente disfrazadas otras de labradoras, de «pierrots» o de calabresas; Rafael, de etiqueta, embutido en un gabán claro, tan corto de faldones que parecía una americana; y la mamá satisfecha del éxito alcanzado por sus niñas, y a pesar del cansancio, sonriente y majestuosa con su vestido de seda, que crujía a cada paso, y encima el amplio abrigo de terciopelo, Juanito contemplaba con el cariño de un padre este desfile desmayado que iba en busca de la cama, arrojando al paso en las sillas los adornos exteriores. La mamá era siempre para él un ídolo, un ser superior, y los hermanos, al verlos tan elegantes, le hacían recordar la época en que él, pequeño, pero avispado por el desvío maternal, les servía de niñera cuidadosa, llevándolos en sus brazos y sufriendo con sublime abnegación sus infantiles caprichos.

Levantábase mal arropado, tosiendo y tembloroso, a abrir la puerta, pues era preciso dejar dormir a las criadas, para que al día siguiente el cansancio no las entorpeciera en sus trabajos. Además, la vista de su familia parecía traerle algo de los esplendores de la fiesta, el perfume de las mujeres, los ecos de la orquesta, el voluptuoso desmayo de las amarteladas parejas, el ambiente del salón, caldeado por mil luces, y el apasionamiento de los diálogos. Y después de aspirar ese perfume fantástico de un mundo desconocido que su familia parecía traerle entre los pliegues de sus ropas, el pobre muchacho volvía a la cama, para dormir tres horas más y emprender después el camino de la tienda, mientras la mamá y los hermanos roncaban su primer sueño con la fatiga propia de las noches de baile.

Después, a la hora de la comida, eran los comentarios, los recuerdos agradables, los berrinches por supuestas ofensas que en el primer instante habían pasado inadvertidas, y que, agrandándose ahora en la imaginación, pedían venganza. Las dos niñas recordaban la ligera sonrisa de las de López al examinar sus disfraces de calabresas. ¡Reírse de ellas! ¡Las muy cursis! Mejor harían en darse una vueltecita alrededor de ellas mismas, pues no es muy chic ir siempre a los bailes con el mismo dominó blanco, de modo que al entrar con la careta puesta, toda la pollería gritaba: «¡Ya están ahí las de López!».

Aparte de estos disgustos colectivos, las dos niñas los sufrían también particularmente. Conchita estaba furiosa contra Roberto del Campo, «el pollo bonito», como le llamaban algunas. Mucha palabrería, requiebros a granel; pero de declaración seria y formalmente... ¡ni esto! Bailaba con ella, y a lo mejor abandonaba a su pareja y salía del salón, para no reaparecer hasta la hora del «galop» final. Su excusa era siempre la misma: tenía algo que arreglar con Rafaelito.

—¿Dónde os metéis, condenados? —preguntaba la hermana al día siguiente—. ¿Qué diversión es esa que os hace tan groseros?

—Mujer, son cosas de hombres. Mientras vosotras bailáis, nosotros nos dedicamos a ocupaciones más serias.

Serias, sí; tan serias eran, que Rafaelito tenía frita a la mamá —según propia expresión—, pidiéndola 5 duros al día siguiente de los bailes. El Carnaval tenía para él mala pata, y al susurro de la orquesta que sonaba abajo, salía bailoteando siempre la carta contraria y se llevaba al montecillo del banquero las pesetas de mamá.

Amparo también tenía sus disgustos. Lo que a ella le pasaba no podía ocurrirle a nadie. Aquello no era tener novio ni tener nada. Vamos a ver: ¿para qué tiene novio una muchacha? Para lucirlo, para que lo vean las amigas y rabien un poco... ¿no es verdad? Pues ella no podía darse tal placer. Andresito no tenía un cuarto y no era socio de los círculos donde iba ella. Sus papas lo llevaban bastante elegantito, eso sí, pero limitábanse a darle los domingos 3 pesetas y un sermón encargándole que no fuese derrochador ni calavera, que mirase en qué gastaba su dinero... y mucho cuidadito con meterse en sitios malos. Mendigaba alguna invitación en las redacciones de los periódicos, y si la conseguía, iba al baile, pero solo hasta la una. ¿Ha visto usted? Hasta la una, la hora en que iban llegando las amigas y el baile comenzaba a animarse. Solo una vez consiguió que Andresito se esperase hasta las dos, pero al día siguiente sospechó con fundamento que en *Las Tres Rosas* habían estado a la espera, tras la puerta, unos ásperos bigotes y una vara de medir, para dar las «¡buenas noches!» en las costillas al bailarín rezagado... ¿Era esto un novio serio? Y luego, aunque se quede usted solita en el baile, mucho cuidado con aceptar invitación de tantos pollos amables, porque si el señor sabe que se ha bailado, pone un hocico inaguantable y habla de un tal Otelo, y dispara un soneto en que le pone a una de pérfida, perjura e infiel, que no hay por dónde cogerla... No señor; la cosa no puede seguir así. Ella se tenía la culpa, por no hacer caso de mamá, que decía que los de *Las Tres Rosas* eran unos ordinarios. Andresito era un buen chico, pero ella no podía estar en ridículo y que las amigas le preguntasen irónicamente por su novio. Como se decidiera otro que estaba a la vista, era cosa hecha: plantaba a Andresito.

Llegaron los tres días de Carnaval. Por las mañanas, entre las estudiantinas y comparsas que corrían las calles, pasaban las familias ostentando a algún niño infeliz enfundado en la malla de Lohengrin, el justillo de Quevedo o los rojos gregüescos de Mefistófeles. Los ciegos y ciegas que el resto del año pregonan el papelito en el que está todo lo que se canta iban en cuadrilla, guitarra al pecho, vestidos de pescadores u odaliscas, mal pergeñados, con mugrientos trajes de ropería.

Muchachos con pliegos de colores voceaban las *Décimas y cuartetas, alegres y divertidas, para las máscaras*, colecciones de disparates métricos y porquerías rimadas, que por la tarde habían de provocar alaridos de alegre escándalo en la Alameda. En la puerta del Mercado vendíanse narices de cartón, bigotes de crin, ligas multicolores con sonoros cascabeles, y caretas pintadas, capaces de oscurecer la imaginación de los escultores de la Edad Media, unas con los músculos contraídos por el dolor, un ojo saltado y arroyos de bermellón cayendo por la mejilla; otras con una frente inmensa, espantosa; caras de esqueletos con las fosas nasales hundidas y repugnantes; narices que son higos aplastados, o que se prolongan como serpenteante trompa con un cascabel en la punta; sonrisas contagiosas que provocan la carcajada y carrillos rubicundos a los que se agarra un repugnante lagarto verde.

Los estudiantes, con el manteo terciado, tricornio en mano y ondeante en la manga el lazo de la Facultad, corrían las calles como un rebaño loco, asediando a los transeúntes para sacarles el dinero en nombre de la caridad. Por la plazuela de las de Pajares desfilaron los de Medicina y Derecho, y en torno de la enhiesta bandera amarilla o roja, las músicas rompieron a tocar alegres valses, que rápidamente poblaban los balcones.

La expansión ruidosa de la juventud libre y sin cuidados invadía la plaza como una atronadora borrachera. Volaban los tricornios a los balcones; cada cara bonita provocaba floreos interminables, en los que la hipérbole dilatábase hasta lo desconocido; y había muchacho que, impulsado por alguna copita traidora, despreciaba la vulgar invitación de las escaleras y se encaramaba por la fachada, agarrándose a las rejas, para entregar un ramo de flores a la niña y pedirle un duro a la mamá. Concha y Amparo recibían una ovación y doña Manuela, roja de orgullo, repartía sonrisas y pesetas a todo el enjambre de diablos negros, voceadores y gesticuladores que se agolpaba bajo el balcón. A espaldas de ellas estaba Andresito Cuadros, que acababa de entrar en el salón con el manteo terciado, una bayeta infame que tiznaba de negro la camisa y la cara. Llevaba ramos para la mamá y las niñas, y estuvo locuaz, atrevido, aunque, con gran desencanto de Amparito, no intentó como los otros, subir por la fachada, sistema que a ella le parecía muy interesante.

Por la tarde, Nelet enganchaba la galerita, y a la Alameda, donde la fiesta tomaba el carácter de una saturnal de esclavos ebrios.

El disfraz de labrador era un pretexto para toda clase de expansiones brutales; y acompañados por el retintín de los cascabeles de las ligas, trotaban los grupos de zaragüelles planchados, chalecos de flores, mantas ondeantes y tiesos pañuelos de seda. Un berrido ensordecedor, un «¡che...e...e!» estridente, prolongado hasta lo infinito, como el grito de guerra de los pieles rojas, conmovía las calles. Las criadas, endomingadas, huían despavoridas al escuchar el vocerío; y pasaba la tribu al galope, dando furiosos saltos, con sus caretas horriblemente grotescas y esgrimiendo por encima de sus cabezas enormes navajas de madera pintada con manchas de bermellón en la corva hoja. Revueltos con ellos, iban los disfraces de siempre: mamarrachos con arrugadas chisteras y levitas adornadas con arabescos de naipes; bebés que asomaban la poblada barba bajo la careta y al compás del sonajero decían cínicas enormidades; diablos verdes silbando con furia y azotando con el rabo a los papanatas; gitanos con un burro moribundo y sarnoso tintado a fajas como una cebra; payasos ágiles, viejas haraposas con una repugnante escoba al hombro, y los tíos de «¡al higuí!» golpeando la caña y haciendo saltar el cebo ante el escuadrón goloso de muchachos con la boca abierta.

Toda esta invasión de figurones que trotaba por la ciudad, voceando como un manicomio suelto, dirigíase a la Alameda, pasaba el puente del Real envuelta con el gentío, y así que estaban en el paseo, iban unos hacia el Plantío para dar bromas insufribles, sonando las bofetadas con la mayor facilidad. La galerita de las de Pajares, a pesar de su cubierta charolada, de los arneses brillantes y de sus ruedas amarillas, tan finas y ligeras que parecían las de un juguete, aparecía empequeñecida y deslustrada en el gigantesco rosario de berlinas y carretelas, faetones y dog-carts que, como arcaduces de noria, estaban toda la tarde dando vueltas y más vueltas por la avenida central del paseo.

Rafaelito habíase disfrazado de «clown», y con otros de su calaña ocupaba un carro de mudanzas, sobre cuya cubierta hacían diabluras y saludaban con palabras groseras a todas las muchachas que estaban a tiro de sus voces aflautadas. ¡Vaya unos chicos graciosos!

El carruaje de doña Manuela llevaba escolta. Un buen mozo con negro dominó, montando un caballo de alquiler, marchó toda la tarde como pegado a la portezuela, hablando con Concha, mientras la mamá y Amparo miraban las máscaras. Era Roberto del Campo, el cual, a pesar de su gallardía, iba resultando un posma, que solo sabía decir floreos, sin llegar nunca a declararse. La mamá comenzaba a no encontrar tan seductor a aquel espantanovios. Dios sabe cuántas proposiciones habría perdido la niña por culpa de aquel hombre, que gozaba todas las intimidades de un novio, sin decidirse nunca a serlo. Pero Conchita se mostraba sorda a los consejos de mamá. Ella lo pescaría; los hombres que las echan de listos caen cuando menos lo esperan: todo era cuestión de tiempo y de presentar buena cara.

Pasó el Carnaval y doña Manuela se vio en plena Cuaresma. Era la hora de purgar los derroches y las alegrías de la temporada anterior. La modista francesa presentaba la cuenta de los trajes de las niñas, y además hacía falta dinero para los gastos de la casa. Total, que doña Manuela necesitaba 3.000 pesetas.

Su amiga doña Clara, la corredora de los prestamistas, de la que don Juan hablaba pestes, no encontraba dinero para la viuda de Pajares.

—Francamente, doña Manuela: ¡tiene usted por ese mundo tantos pagarés renovados y con intereses que no siempre se cobran...! Mis amigos se niegan a dar un céntimo.

¡Si usted encontrase una persona con garantías que quisiera avalar su firma...!

¡Persona con garantías...! No era tan fácil encontrar esto, que los prestamistas pedían con tanta sencillez. Allí estaba su hermano, que solamente con una palabra podía sacarla del apuro; pero no había que pensar en semejante miserable, capaz de dejar perecer a toda su familia antes que desprenderse de una peseta. ¡Qué angustiosa situación! ¡Y que una persona distinguida como ella tuviera que verse en tal aprieto por unas cuantas pesetas, cuando tantos miles había arrojado por la ventana en otros tiempos...!

Había que pagar a la modista; la idea de que ésta podía decir la verdad a sus parroquianas, todas señoras distinguidas, horrorizaba a la viuda, a pesar de que no tenía la menor amistad con ellas. Y a fuerza de cabildeos, acabó por encontrar la solución. La tenía al alcance de su mano. Juanito, propietario y mayor de edad, era la firma con garantías que ella necesitaba. En cuanto a las amenazas de don Juan, que había previsto el caso, se burlaba de ellas. ¿No era Juanito su hijo?

Nunca vio el pobre muchacho tan dulce y complaciente a su mamá. La escuchó, como siempre, embelesado, deleitándose con el eco de su voz, y la madre tuvo necesidad de repetir sus peticiones para que Juanito se diese cuenta de lo que decía. A pesar de su fanática adoración, el muchacho experimentó cierto sobresalto al enterarse de que se le pedía una firma por valor de 3.000 pesetas. No lo podía remediar. Estaba amasado con pasta de comerciante, y en cuestiones de dinero reaparecía en él lo que tenía del padre y del abuelo.

—Pero mamá, ¿tan mal estamos de fortuna?

Doña Manuela estuvo elocuente. La vida cada vez más cara, las exigencias del rango social muy costosas, y sobre todo, los hijos, ¡ay, los hijos...! ¿Tú sabes, Juanito, lo que me costáis?

Y Juanito callaba, a pesar de que tenía razones de sobra para responder. Desde la muerte de su padre se había comido la viuda la renta de su huerto; lo llevó vestido hasta los veinte años con los desechos de su padrastro; había ahorrado a su madre el gasto de una criada, cuidando fervorosamente a sus hermanitos, aguantando sus rabietas de criaturas nerviosas, y hacía ya diez años que ganaba su salario en *Las Tres Rosas*, entregándolo íntegro a la mamá. ¿Qué gastos hacía él, vamos a ver? En cambio, los otros... Pero a los otros había que dejarlos en paz. Él los quería lo mismo que a mamá, y su pena era no poder darles más. Y el pobre muchacho callaba, sufriendo pacientemente las irritantes mentiras de doña Manuela, que seguía hablando de los sacrificios por los hijos. En fin, que necesitaba 3.000 pesetas, y esperaba que Juanito, su niño querido, salvaría la casa.

—Pero mamá, podíamos hablarle al tío. Él nos dejaría esa cantidad sin intereses.

¿Al tío...? ¡Horror! Ni una palabra. Era un egoísta, un grosero, un hombre sin educación.

—Cuidado, Juan, con decirle una palabra. Darías un disgusto a tu mamá.

—Pues entonces, puedo pedirlas a mi principal. Aunque don Antonio anda ahora muy ocupado en eso de la Bolsa, siempre tendrá 3.000 pesetas para favorecer a unos buenos amigos.

Tampoco. A ése, menos. No quería adquirir compromisos con unas personas así... tan ordinarias. Justamente había sabido el día anterior que Amparito tenía relaciones con el hijo de Cuadros, y había experimentado un verdadero disgusto. Unas relaciones sin «sentido común». ¡Casar a Amparito, a la hija del doctor Pajares, con el hijo de Teresa, que había sido criada de doña Manuela! No; la familia no había llegado aún tan bajo, y aunque apurada, no estaba para emparentar con una fregona. Ya se sabía que Antonio Cuadros se había lanzado en plena Bolsa, y aunque con timidez, hacía sus operaciones; pero cuando tuviera muchos miles de duros, ¡muchos! entonces podía volver Andresito... y veríamos. Decididamente, no quería pedir préstamos a una gente inferior, que la trataría con desdeñosa confianza al conocer sus apuros.

Y descartados don Juan y el comerciante, doña Manuela volvió a la carga; el hijo intentó resistirse, pero al fin le aturdieron las caricias maternales y firmó cuanto quiso la mamá.

La consideración de que parte de aquel dinero era para pagar el abono de las tres butacas que la familia tenía en el Principal a turno impar le hizo decidirse. Sin teatro, ¿qué iban a hacer sus hermanitas? ¿Para qué aquellos trajes que tan caros costaban? Allí podían encontrar buenas proposiciones que asegurasen su porvenir, y sería una crueldad que él cortase la carrera a las dos muchachas.

Y Juanito sintióse feliz, en aquella temporada de Cuaresma, cada noche que cenaba con la familia, puesta de veinticinco alfileres, comiendo incómoda con la «toilette» de teatro y estremeciéndose de impaciencia, mientras abajo sonaban las coces del caballo contra los guijarros del patio y los tirones que daba a la galerita.

Cantaba un tenor «eminencia», uno de esos tiranuelos de la escena que cobran por noche 5.000 francos para entonar una romanza o un dúo y estar de cuerpo presente en el resto de la obra. Era signo de distinción y de buen gusto dejarse robar por la eminencia; se congregaba para cruzar sonrisas y saludos lo mejorcito de Valencia, y las dos niñas pasaban el día siguiente hablando con entusiasmo del «do» de pecho del tenor y de los vestidos escotados de las del palco 7; de los diamantes de la tiple y de la facha ridícula del director de orquesta, un tío melenudo, con gafas de oro, que en los momentos difíciles braceaba como un loco, se levantaba del sillón y parecía querer pegarles a los músicos, a los artistas y hasta al público.

El gran tenor y sus triunfos figuraban en todas las conversaciones, y al fin, el pobre muchacho cayó en la tentación, no de oír el «Otello» de Verdi, sino de ver el bicho raro que abriendo la boca se tragaba 5.000 francos de una sentada. Él, que sin remordimiento había firmado por 3.000 pesetas, tuvo que reflexionar y hacer un esfuerzo supremo para gastarse 4. ¡Alguna vez había de ser calavera! Y empujado por la muchedumbre, asaltó las alturas, el «paraíso» de fuego, donde, acoplándose cada espectador entre las rodillas del vecino inmediato, formaba el público un mosaico apretado y sólido. Allí permaneció toda la noche, confundido con la demagogia lírica, sin entender una palabra, fastidiándose horriblemente, diciendo en su interior que aquella música era como la de las iglesias, pero sin valor para estornudar ni mover pie ni mano, por miedo a aquellos señores que oían con la boca entreabierta, los ojos puestos en el techo, inertes y extasiados como fakires en el «nirvana», y que, al menor ruido, ponían el mismo gesto que si un ratero les hurtase el bolsillo. Al terminar el acto, armaban una algarabía de mil diablos, discutiendo e insultándose en un «caló» ininteligible, y sacando a colación la madera, el metal y la cuerda, como si tratasen de construir un navío.

Juanito, contagiado por el ardor de pelea que reinaba en las alturas, sentía tentaciones de gritar que aquello era fastidioso y lo de los 5.000 francos un robo; pero callaba, por miedo a los energúmenos artísticos, y consolábase mirando abajo las rojas filas de butacas, donde se destacaban los lindos sombreros de sus hermanas y la majestuosa capota de mamá. Un sentimiento de orgullo le invadía al contemplar a su familia tan esplendorosa en aquel ambiente cargado de luz y de perfume, y hasta ciertos instantes le faltó poco para llamar a Amparito y hacerle un cariñoso saludo.

¡Y pensar que en casa se pasaban tantos apuros para sostener aquel lujo! ¡Quién lo diría viéndolas tan elegantes y risueñas, especialmente la mamá, que lucía brillantes en pecho, orejas y manos, y que antes quería pasar hambre que deshacerse de ellos...! Y el pobre muchacho, siguiendo la corriente de la lógica, pensaba con horror si todas las señoras que allí estaban cargadas de flores y joyas, exhibiendo sus sonrisas de mujer feliz, habrían tenido que pedir prestado como su madre... El recuerdo de esta noche quedó en la memoria de Juanito con una impresión de calor asfixiante y aburrimiento inmenso. Al avalar el pagaré de su madre, había pensado revelar a su tío esta debilidad, pues incapaz de hacer nada por cuenta propia, se lo consultaba todo a don Juan. Pero esta vez fue perezoso; transcurrió el tiempo sin encontrar ocasión para ir a casa de su tío, y al fin nada le dijo.

Además, su posición en *Las Tres Rosas* tenía a Juanito pensativo y preocupado. Desde que su principal se dedicaba en cuerpo y alma a la Bolsa, animado por ciertas jugadas de fortuna, Juanito era de hecho el dueño de la tienda. La mañana pasábala don Antonio conferenciando con los corredores en la trastienda, leyendo los despachos bursátiles de los periódicos, haciendo comentarios y sosteniendo disputas con ciertos amigos nuevos que formaban corro a la puerta del establecimiento y hablaban con calor de la alza y la baja, los enteros y los céntimos. Por la tarde íbase a la Bolsa, de donde volvía al anochecer, sudoroso, enardecido, llevando en su mirada la fiebre de los conquistadores.

Aquel hombre parsimonioso, de costumbres morigeradas, estaba en plena revolución. Vivía inquieto, nervioso, y en sus palabras y ademanes notábase cierto tono de grandeza, sin duda por la costumbre adquirida de hablar de millones y más millones con tanto desprecio como si fuesen pañuelos de 2 pesetas docena. Las cosas de la tienda tratábalas ahora con indiferencia, como asuntos sin importancia, dignos solo de una capacidad vulgar. Encargó a Juanito de la dirección de la casa, y cada vez que éste le consultaba, respondía con displicencia:

—Haz lo que quieras, hijo mío. Allá tú. Aunque salga mal algún negocio, no me arruinaré. Yo estoy ahora en mi verdadero terreno; he encontrado el filón.

Y pasando por él una ráfaga de confianza, desarrollaba un panorama tan encantador a los ojos de su dependiente, que los instintos de comerciante rapaz despertaban en éste y se estremecía de pies a cabeza con el escalofrío de la ambición. ¡Vaya un negocio ruin el de la tienda! Trabajar rudamente, exponerse a pérdidas, sufrir la mala educación de los compradores, todo para juntar, céntimo tras céntimo, unos cuantos miles de reales a fin de año. Para negocios, los suyos. Daba sus órdenes a los corredores, se acostaba tranquilo y al día siguiente levantábase con la noticia de haber ganado 1.000 duros sin trabajo alguno. Era verdad que se corría el peligro de perder mucho, muchísimo; pero cuando se tenía una cabeza como la suya, buenos amigos, excelente información y un acertado golpe de vista, no había cuidado.

Y el infeliz mortal poseedor de tantas cualidades paseaba por la tienda ante su asombrado dependiente, con toda la prosopopeya de un hombre que tiene agarrada la fortuna por los pelos y no piensa soltarla... Y todo porque con unas cuantas operaciones tímidas, yendo a la zaga de otros más expertos, había ganado 1.000 duros.

Todo quiere empezar; y él, puesto ya en el camino de la suerte, aseguraba a su dependiente que antes de un año tendría millones, sí señor, millones no nominales ni de mentirijillas como los que compraba y vendía en la Bolsa, sino reales y efectivos, prontos a convertirse en fincas o en acciones. ¿Dónde estaban ahora esos ignorantes capaces de asegurar que en la Bolsa se encuentra la ruina? Buenos ejemplos tenía a la vista para convencerse de su error. Todo el mundo jugaba. Gentes que un año antes no tenían sobre qué caerse muertas gastaban ahora carruaje propio; comerciantes que no podían pagar una letra de 25 pesetas jugaban millones, dándose una vida de príncipes; y la Bolsa, «aunque a él le estuviera mal el decirlo», era una gran institución, porque gracias a ella corría el dinero y había prosperidad, y un hombre podía emanciparse de la esclavitud del mostrador, haciéndose rico en cuatro días. Y si lo dudaba Juanito, que mirase a López, ése cuya señora era amiga de la mamá. Pues el tal López no tenía un céntimo, pero metió la cabeza en la Bolsa, y ahora no se dejaría ahorcar por 80.000 duros, ni por 100.000. En resumen: que a él le importaba un bledo la tienda, y se burlaba de aquel comercio a la antigua, que solo servía para que los hombres de capacidad financiera se matasen trabajando como unos burros, para comer sopas a la vejez.

Justamente, en la época que don Antonio abandonaba su tienda, cada vez más atraído por los negocios, fue cuando Juanito comenzó a sentirse dominado por una preocupación.

Entre las parroquianas de la casa había una joven que los dependientes designaban con el apodo de «la beatita». Era una criatura tímida, dulce, encogida, que hablaba con los ojos bajos y sonreía a cada palabra, como pidiendo perdón. Evitaba entenderse con los dependientes, sin duda por molestarla sus exagerados cumplimientos, ese afán de decir a toda parroquiana, con voz automática, que es muy bonita, para despachar mejor la mercancía; y apenas entraba en la tienda, buscaba con los ojos a Juanito, muchacho juicioso, tan tímido como ella y que no se permitía el menor atrevimiento.

Los dos se entendían perfectamente. Discutían con gravedad el precio y la clase de las telas; y tan grande era la simpatía, que si aquel grandullón de enormes barbas osaba decir una palabra un poco alegre, «la beatita» sonreía con toda su alma, mostrando una dentadura igual y brillante.

Iba con frecuencia a *Las Tres Rosas*, por ser los géneros baratos, y Juanito, insensiblemente, recogiendo hoy una palabra y uniéndola con otra tres días después, se enteró de quién era.

Llamábase Antonia. Trabajaba de costurera a domicilio, y tenía tan buenas manos, que se la disputaban las parroquianas, señoritas de escasa fortuna, que acogían como una felicidad el confeccionar en sus casas vestidos iguales a los de las modistas. Era huérfana. Su padre había sido cochero en una casa grande; su madre, portera. La difunta señora, una condesa anciana, había sido su madrina, costeando su educación en un colegio modesto, y todavía Antonia iba a visitar algunas veces a «las señoritas», las hijas de su protectora, que se habían casado. Vivía con una amiga de su madre, vieja y casi ciega, antigua criada durante veinte años de un señor enfermo y malhumorado, que al morir le legó una renta de 2 pesetas, lo suficiente para no morirse de hambre. Tonica —así la llamaban sus parroquianas— comía en casa de éstas, cosía once horas, cuando no tenía que salir para comprar tela, hilo o botones, y por la noche regresaba a su habitación de la calle de Gracia, un piso tercero de una casa vieja y pequeña, que las dos mujeres tenían como «taza de plata», según expresión de las vecinas.

Juanito miraba a la joven con tierna simpatía. ¡Era tan buena muchacha...! Para convencerse, bastaba verla por la calle con el velo caído sobre los ojos bajos, andando con paso menudo y gracioso, arrimada siempre a la pared, como si quisiera evitar la atención de los transeúntes.

Su belleza no era gran cosa. La cara redondita y pálida, la nariz algo corta, pero con unos ojos hermosos, cobijados por las grandes cejas, que, pobladas de sobra, tendían a juntarse, formando una sola línea.

Pero lo que a Juanito le encantaba más en su parroquiana era la sonrisa y aquella dentadura que en el fondo carmesí de la boca brillaba nítida, igual, sin una picadura, sin una pieza saliente, como esas muestras perfectas que los dentistas colocan en sus escaparates.

Esta amistad, que se estrechaba por encima del mostrador, iba siendo una necesidad para los dos. Tonica, al entrar, no hacía caso de las palabras de los dependientes, e iba recta en busca de aquel barbudo tan tímido como ella, que muchas veces le enseñaba las muestras con manos temblorosas; y Juanito experimentaba un verdadero disgusto cuando se ausentaba de la tienda y al volver le decían que había estado «la beatita».

Examinaba el menor detalle de su persona, alabando la delicadeza de sus gustos. Era una pobre costurera y llevaba siempre guantes. Aseguraba que no podía prescindir de ellos, así como de otras costumbres superiores a su clase, adquiridas cuando niña en casa de su madrina. Rendida del trabajo, dedicaba las horas de la noche y los domingos enteros a la lectura de novelas, devorándolas, sin predilección, pues bastaba para su gusto que la hiciesen llorar mucho, pero mucho. Ganando 7 reales por once horas de trabajo, era una sedienta de ideal; y acostumbrada al lenguaje de las madres sin ventura, de las mártires del amor, de todas aquellas señoras pálidas, ojerosas y vestidas de blanco que saludaba en las obras favoritas, hablaba en la intimidad con cierto sabor sentimental de novela por entregas.

En casa de doña Manuela notaron que algo extraño ocurría a Juanito, y eso que no se fijaban en él gran cosa. Ciertas mañanas, llegaba muy contento a la hora de comer; sus hermanas le oían cantar paseando por las habitaciones, y ¡caso raro! él, tan despreocupado en materias de adorno, enfadóse dos veces porque le planchaban mal las camisas, y pidió seriamente a la mamá que le comprase una corbata, pues la que llevaba era un asco, de deshilachada y mugrienta.

Amparito reíase en las narices de su hermano. Ahora que era un viejo, le daba por presumir... ¿Tenía, acaso, novia? Pues hijo, debía creerla a ella, que, aunque joven, tenía experiencia. Eso de los noviazgos solo servía para disgustos y lloros. Bastante requemada la tenían a ella los amores. Por un lado, la mamá con sus sofoquinas y pellizcos, ordenándole que rompiese las relaciones con el hijo de Cuadros, por ser una proporción desventajosa y denigrante para la familia; y por otro, el tal señorito acosándola, enviando carta tras carta, unas veces en prosa y otras en verso, pero siempre repitiendo lo del corazón de hielo, pérfida, cruel, etc., etc.

—Ya ves, Juanito mío, que esto no es vivir. Dile a ese chico que no sea machacón. Al fin, dos meses de relaciones no dan derecho para tanto. La mamá le dijo con muy buenas palabras que no volviese por aquí, que no pensase más en mi persona; pero ¡que si quieres...! Me asomo al balcón, y ¡cataplum! allí está en la esquina mi hombre, con una cara tan desmayada, que da risa; salgo a paseo, y siempre que vuelvo la cabeza veo tras de mí al moscardón, con un aspecto que no parece sino que cualquier día va a subir al Miguelete para tirarse de cabeza, ¡Pero, hombre, tú que tienes amistad con él y te hace caso, dile que no sea tan pesado! Dile que yo le querré siempre como un buen amigo, pero que no me importune más, pues su testarudez la pago yo. A mí no me incomoda, pero mamá se pone furiosa al verle; cree que yo aliento esa constancia, que nos entendemos sin que ella lo sepa, y la otra tarde, al volver de paseo, me dio un par de bofetones. Ya ves, Juanito... pegarme a mí... y por culpa de ese mico. Que no vuelva: dile que no vuelva, o le aborreceré.

Pero lo que la traviesa muñeca no decía era que le importaban muy poco las cóleras de mamá y que deseaba la desaparición de Andresito por propio interés. En los bailes de Carnaval había conocido a Fernando, un teniente de artillería, esbelto, con cintura de señorita, que en el teatro, durante los entreactos, rondaba por cerca de sus butacas buscando ocasión de saludarla con gracia marcial que encantaba a Amparito.

Era amigo de Rafael; pensaba llevarlo a casa lo mismo que a Roberto del Campo, y la niña se temía que la tenacidad del antiguo novio detuviera una declaración que tanto esperaba.

Llegó la fiesta de San José, que aquel año tuvo para la familia excepcional importancia. Desde una semana antes, la granujería corría las calles arrastrando sillas rotas y esteras agujereadas, pidiendo a gritos, con monótona canturía: «¡Una estoreta velleta...!».

La plazuela de las de Pajares tenía un vecindario bullicioso y alegre: gente de pura sangre valenciana, que vivía estrechamente con el producto de sus pequeñas industrias, pero a la que nunca faltaba humor para inventar fiestas. La paternidad de la idea fue del dueño del cafetín establecido frente a la casa de doña Manuela, un sujeto panzudo y flemático, que gozaba en el barrio fama de chistoso y había heredado el apodo de «Espantagosos», sin duda porque alguno de sus antecesores no estaba en buenas relaciones con la raza canina. Era una vergüenza para los vecinos de la plaza no levantar en ella una «falla» que compitiese con las muchas que se estaban arreglando en varios puntos de la ciudad, y la proposición del cafetinero fue acogida con entusiasmo por toda la gente de los pisos bajos.

El iniciador asocióse a dos zapateros y un carpintero, que, por tratarse de San José, se creía con derecho propio, y todos juntos formaron algo que bien podía llamarse Comité de Vecinos, teniendo por principal objeto dar sablazos en todo el barrio para el arreglo de la «falla». Como doña Manuela era la vecina más encopetada y su casa la mejor de la plazuela, los pedigüeños pusiéronse bajo su protección, y elogiaron rastreramente su riqueza, la belleza de las niñas y hasta la suya propia: todo para sacarla 5 duros.

La proyectada hoguera entusiasmaba a los vecinos, siendo el eterno tema de conversación en las porterías y establecimientos de la plazuela. Todos se animaban, con ese entusiasmo valenciano que se inflama al pensar en fiestas y bullicios. La «falla» es la fiesta popular por excelencia: una costumbre árabe, transformada y mejorada a través de los siglos hasta convertirse en caricatura audaz, en protesta de la plebe. Primero, los moros, en los ruidosos «alalíes» con que solemnizaban sus festividades, gozaban en hacer grandes hogueras; los cristianos adoptaron después esta costumbre, como muchas otras; lentamente, el número de «fallas» fue limitándose en el año, hasta quedar las de San José, que hacían los carpinteros para solemnizar la fiesta de su patrón y la llegada del buen tiempo, en el que ya no se trabaja de noche; hasta que por fin, el espíritu innovador del siglo hermoseó la «falla», dándole un aspecto artístico, encerrando el montón de esteras y trastos viejos entre cuatro bastidores pintados y colocando encima monigotes ridículos para regocijo de la multitud. Al principio, las figuras groseras y mal pergeñadas representaron escenas de la vida privada, murmuraciones de vecinos; pero después la sátira se remontó, metiéndose de rondón en la política, y las «fallas» se convirtieron en burlas al gobierno y caricaturas de la autoridad.

Las niñas de doña Manuela despreciaban la fiesta que se preparaba. Era una cursilería, como organizada por la gente ordinaria de la plazuela, buena únicamente para divertir a los de escaleras abajo. Pero la víspera de San José, impulsadas por la curiosidad, se asomaron al balcón muy temprano y experimentaron una agradable sorpresa, pese a su anterior indiferencia de muchachas distinguidas.

En el centro de la plazuela, sobre una gruesa capa de arena, elevábase todo un edificio de lienzo, con pintura que imitaba a la piedra: un gigantesco dado, en cuya cara superior elevábanse ocho figuras de tamaño natural.

Los balcones y puertas estaban adornados con centenares de banderitas rojas y amarillas, que daban a la plazuela el aspecto de un buque empavesado; y este derroche de ondeante percalina extendíase por las calles adyacentes. A trechos, en las paredes, mostrábanse, clavados, grandes carteles con versos valencianos en letras de colores, ante los cuales el público de las primeras horas —obreros que iban al trabajo, criadas, barrenderos, etc.—, después de deletrear trabajosamente, soltaba ruidosa carcajada.

Pero lo que a las dos hermanas les llamaba la atención era la «falla». No estaba mal aquello, para ser obra de gente tan ordinaria como el cafetinero y sus cofrades.

Los monigotes eran siete bebés colosales, que componían una orquesta abigarrada, y en el centro, un caballero de frac y batuta en mano. ¿Qué intención oculta tenía aquello? Pero Amparito soltó la carcajada inmediatamente. El tupé descomunal y grotesco del director de orquesta se lo explicó todo. Aquél era Sagasta, y los otros los ministros. Estaba segura de ello. En los periódicos satíricos que compraba Rafael había visto aquellas caras convencionales, destrozadas por el lápiz de los caricaturistas; y partiendo del descubrimiento del famoso tupé, fue señalando a su hermana cada bebé por su nombre, riéndose como una loca al ver que el ministro de Hacienda tocaba el violón.

Pero cuando su alegría subió de punto fue al ver que algunos chicuelos, escondidos entre los biombos, tiraban de cuerdas, poniendo en movimiento a los monigotes. ¡Qué gracioso era aquello...! Las dos hermanas reían contemplando las contorsiones del señor del tupé, que a cada movimiento de batuta parecía próximo a partirse por el talle, la rigidez automática y grotesca con que los bebés tocaban en sus instrumentos una muda sinfonía, que causaba gran algazara en el gentío.

Amparito se sintió tan entusiasmada, que hasta envió una sonrisa amable al cafetín de enfrente, donde el padre de tal obra despachaba copitas tras el mostrador, mientras su mujer, lavada y peinada como en días de gran fiesta, con los robustos brazos arremangados y delantal blanco, estaba en la puerta sentada ante un fogón, con el barreño de la masa al lado, arrojando en la laguna de aceite hirviente las agujereadas pellas, que se doraban al instante, entre infernal chisporroteo. Eran los buñuelos de San José, el manjar de la fiesta; como frutos de oro, colgaban muchos de ellos de un colosal laurel, que recordaba el Jardín de las Hespérides.

Bien entendía sus negocios el cafetinero. La tal «falla» iba a acabar con todo el aguardiente de sus barrilillos, mientras su mujer fabricaba los buñuelos por arrobas.

Toda la familia de doña Manuela se entusiasmó con el aspecto de la «falla». Había que avisar a las amigas. Por la tarde tendrían música en la plaza; y la rumbosa viuda pensaba ya con placer en el «brillante» aspecto que presentaría su salón, bailando las niñas y sus amiguitas, mientras las mamás pasarían al comedor a tomar un chocolate digno del esplendor de la familia.

La casa de doña Manuela llamó la atención por la tarde casi tanto como la «falla». Entre las banderolas nacionales de los balcones asomaban una docena de airosos cuerpos y graciosas cabezas, elegante escuadrón de muchachas, que, cogiéndose de la cintura, jugueteando o riendo, miraban al gentío que rebullía abajo.

Detrás de las niñas de doña Manuela y sus amigas asomaban algunas veces cabezas de hombres: Rafaelito, su amigo Roberto y Fernando, el teniente de artillería, que por fin había sido presentado en la casa por el hermano de Amparito. La brillante pollada del balcón agitábase con gran algazara, sin importarle las miradas curiosas de los de abajo; dominaba en ella esa nerviosa alegría de las jóvenes cuando, libres momentáneamente del sermoneo de las mamás, sienten una oculta comezón, un vehemente deseo de cometer diabluras. Con el anhelo de su libertad, iban de una parte a otra sin saber por qué. Asomábanse al balcón; de repente, una, por hacer algo, corría a la sala, y todas la seguían con alegre taconeo, riendo, formando parejas, hasta que al poco rato iniciábase la fuga en sentido opuesto, y el gracioso trotecillo las devolvía otra vez al espectáculo de la plaza.

Un olor punzante de aceite frito impregnaba el ambiente. El fogón de la buñolería era un pebetero de la peor especie, que perfumaba de grasa toda la plazuela, irritando pegajosamente los olfatos y las gargantas. En la puerta del cafetín amontonábase la granujería, siguiendo con mirada ávida el voltear de los trozos de pasta entre las burbujas del aceite, y dentro del establecimiento, los hombres, formando corrillos ante el mostrador, hablaban a gritos o se impacientaban al ver que el cafetinero, según propia afirmación, no tenía bastantes manos para servir a todos.

En un ángulo de la plaza estaba la tribuna de la música, un tablado bajo, cuyas barandillas acababan de cubrirse con telas de colorines manchadas de cera, como recuerdo de las muchas fiestas de iglesia en que se habían ostentado.

—¡Música...!, ¡músicaaaa! —gritaba la gente.

Y los músicos, azorados por el vocerío, iban hacia el tablado abriéndose paso en la muchedumbre. Era la banda de un pueblo de las cercanías; rústicos gañanes que, enfundados en un uniforme mal cortado, faja de general y ros vistoso con pompón de rabo de gallo, andaban con cierta dificultad —como si los pies, acostumbrados a alpargatas en el resto de la semana, protestasen al verse oprimidos en botitos de gomas—, mientras el sudor de su cuerpo sano y vigoroso rezumaba por todas las costuras de la guerrera.

La primera mazurca de la ruidosa banda puso en conmoción a toda la plazuela. Algunos granujas con tufos y blusa blanca bailaban íntimamente agarrados con femenil contoneo, empujando a la muchedumbre curiosa, chocando muchas veces contra el tablado de la música. Las alegres notas de los cornetines parecían esparcir por toda la plaza un ambiente de alegría. ¡Adiós el invierno! La primavera se acercaba con sus tibias caricias, y en los balcones sonreían las muchachas, mirando de soslayo a los que se detenían para contemplarlas.

Amparito era la única que estaba seria. ¡Pero cuán desgraciada era! ¡Para ella toda fiesta había de traer el consiguiente disgusto! ¡Allí estaba él...!, ¡«él»! el «posma», aquel Andresito, que de novio era un estúpido, y de amante despreciado y terco una insufrible calamidad.

Le veía apoyado en la pared de enfrente, cerca del cafetín, de puntillas algunas veces para dominar mejor el agitado río de cabezas que en corriente interminable atravesaba la plazuela, y lanzando al balcón de Amparito miradas de inmensa desesperación, que ella... ¡la ingrata! decía que eran de cordero degollado.

Ame usted; pase las noches de claro en claro, estrujando la inspiración para fabricar sonetos amorosos; expóngase usted a los arrebatos de un papá indignado que quiere que la familia se retire pronto... ¿y todo para qué? para que ahora, despedido y olvidado sin justificación alguna, «ella», la mujer de los ensueños e inspiraciones, la décima musa, le mirase con cara de pocos amigos, diciéndole con sus ojos desdeñosos: «¡Largo de aquí, trasto...! ¡No me importunes más!».

Y si Amparito no pensaba esto mismo que suponía el antiguo novio, era algo parecido lo que expresaban sus miradas fieras y sus gestos desdeñosos para espantar a aquel moscardón molesto, que no la dejaba «ni a Sol ni a sombra».

¿Y aún seguía allí, tieso como un poste, importunándola con sus miraditas? ¿No tenía bastante con tantos desdenes? Pues ahora verás. Y se puso a coquetear con el teniente, con el gallardo Fernando, que estaba en el balcón, de uniforme, al aire la rapada y morena cabeza, asediando a la niña con la media docena de palabritas galantes que tenía en su repertorio para los casos de conquista.

Amparo y el teniente, en un extremo del balcón, volviendo casi la espalda a la plaza y aislados del grupo juvenil que hablaba y reía junto a ellos, tenían el aspecto de verdaderos novios; él, serio, solemne, llevándose la mano al tercer botón de la guerrera, que es donde suponía estaba el corazón, mirando algunas veces al cielo, todo para dar más fuerza y sinceridad a lo que decía; y ella, con cierta sonrisilla irónica, negando con graciosos movimientos de cabeza y volviendo algunas veces la mirada para ver si el «posma» seguía allí. Nada le importaba Andresito; pero a pesar de esto, sentía cierta satisfacción pensando que estaba a sus espaldas viéndolo todo. ¡Proporciona tanto gusto hacer sufrir...!

El poeta sufría como uno de los condenados de aquel poema de Dante, cuya lectura nunca había podido terminar. Gracias a que era un «vate aplaudido» en la Juventud Católica y tenía ideas muy cristianas; que si no, a la vista de tamaña traición hubiera sido capaz de ahogar su dolor cometiendo la más atroz barrabasada, por ejemplo, dando un adiós patético a la ingrata, y arrojándose después de cabeza en aquel caldero de aceite hirviendo donde volteaban los buñuelos.

Pero no se mataría; ante todo, las creencias y el ser poeta. La muerte frita no figura entre los suicidios de los hombres de genio. Pero si no se mataba, sabría vengarse; él era un hombre, y cuando bajase aquel teniente ya le exigiría cuentas. Le mataría, sí señor, le mataría; y después, ¡qué escena tan trágica! el teniente a sus pies, atravesado de una estocada; Amparito, desmelenada, sollozante, increpando al cielo; y él erguido como gigantesco fantasma, el ensangrentado acero en la mano, y en el rostro una sonrisa desesperada, infernal, loca; algo que recordase el último acto del *Don Álvaro*. Y el pobre muchacho apretaba con mano crispada su junquillo, que para su imaginación era «toledano acero», y pensaba desordenadamente en Lope de Vega, Quevedo, Cervantes y Lord Byron; en todos los grandes hombres que, según frase de Andresito, habían tenido malas pulgas, y lo mismo escribían que daban una estocada.

¡Bailad tranquilos, granujas alegres e insolentes; mirad la «falla», burgueses bondadosos; reíd como gallinas cacareadoras, mujercillas que celebráis las contorsiones de los monigotes! Todos ignoráis que el volcán ruge a pocos pasos de vosotros; no sabéis que hay un hombre que prepara la más horrible de las tragedias; y mañana, cuando salga en los periódicos la extensa relación de lo ocurrido, no podréis imaginaros que la fiera en figura humana que mató al rival, a la novia y hasta a la mamá, si es que se decide a bajar, era el joven «dulce y simpático» que, pálido como un muerto, estaba hecho un poste cerca del cafetín.

Sí; mataría y moriría después; estaba decidido. Y miró al balcón, procurando dar a sus ojos la más insolente expresión de reto; pero se fijó con insistencia en el teniente. Tenía buenas espaldas, su cabeza morena no era de víctima, le colgaba del talle un espadín y además, según informes de Andresito, tenía entre sus amigotes fama de bruto.

Él no tenía miedo, ¡vive Dios! ¿qué había de tener? Pero bien mirado, era una vulgaridad, un detalle de mal gusto, el enredarse a golpes en medio de la calle con un majadero sin otra sociedad que la de las mulas de su batería. No señor; su belicoso plan quedaba desechado. ¿Qué dirían en la Juventud Católica? Un autor que había provocado delirios de entusiasmo con aquella oda dulcísima a la Virgen:

> «Señora,
> tú que sabes
> el secreto del canto de las aves»...

Un hombre que tantas lindezas sabía fabricar, no se peleaba con aquel mozo de cordel.

Los poetas se vengan de otro modo. Les basta encerrarse en su inmenso dolor, lanzarlo en tristes estrofas al rostro de la ingrata, para que ésta desfallezca bajo el más terrible de los castigos... Estaba decidido: abominaría del mundo y sus «vanas pompas»; se retiraría a un desierto, sería fraile, pero no como aquellos barbudos, malolientes y zarrapastrosos que iban por las calles, alforjas al cuello, sino con arreglo a figurín: frailecillo blanco y melancólico, vestido con franela fina, la cruz roja al pecho y los ojos en alto, como si «filase» el lamento tierno, interminable, de las almas heridas: una fiel imitación de Gayarre en el último acto de *La Favorita*.

Y Andresito, como si se viera ya vestido de blanco, errante por poética selva, con el pelo cortado en flequillo y los brazos cruzados sobre el pecho, canturreaba con voz dulce y lacrimosa: «Spirito gentil...».

Algunos se detenían sonriendo al oír el canto tristón y apagado, que parecía salirle de los talones; pero ¡valiente caso hacía él de los curiosos! ¡Como si una alma grande no estuviera, en sus dolores, por encima de la vulgaridad!

Y miró al balcón. Ya no estaban allí. Los infames se habían metido en el salón, y estarían en aquel instante arrullándose, con la primera delicia del amor naciente, vacilando en usar el confianzudo tuteo. Y él... abajo, solo con su desesperación; pero sabría vengarse. Sus ilusiones de venganza le conmovían tanto, que se sentía próximo a estallar en sollozos. Y lloraba, sí señor; habíase llevado un dedo a los ojos y lo retiraba mojado de lágrimas. ¡Llorar un hombre como él! ¡Ah, la ingrata...! Pero un golpe de tos seca, espasmódica, asfixiante, le volvió a la realidad.

Estaba envuelto en el humo azulado, sutil y picante que se escapaba del fogón de los buñuelos; un vaho grasoso, inaguantable, capaz de hacer llorar y toser a los monigotes de la «falla». Y lo primero que vio al volver de sus ensueños fue un par de viejos que, asomados a la puerta del cafetín, le miraban con sonrisa burlona. Eran dos buenos parroquianos, con la gorrilla caída sobre la frente, los ojos vidriosos y lagrimeantes, y la nariz violácea y húmeda; una yunta alegre, unida por el yugo fraternal del alcohol, que, mientras hubiese cafetines abiertos, declaraban, como el doctor Pangloss, que este mundo es el mejor de los mundos posibles.

Con el sucio pañuelo de hierbas en la mano, accionaban dando gritos ante el mostrador de «Espantagosos»; pero las rarezas de aquel señorito que hablaba solo y miraba al balcón de enfrente llamaron su atención, y con la cariñosa insolencia de los borrachos alegres, pusiéronse a contemplarle, riendo de sus gestos dolorosos.

Al ver que Andresito les miraba, hiciéronle amistosas señas como si le conociesen de toda su vida. ¡Vaya una gente francota...! ¿Que si aceptaba una copita? No señor, muchas gracias; no tenía la costumbre de beber... Bueno; pues eso se perdía; conste que ellos la ofrecían de buena voluntad, al verle tan triste. ¡Buena suerte y que saliese pronto de cuidado! Y los dos viejos, que solo necesitaban unas cuantas copas para ser dueños de la «falla», de la plaza y del mundo entero, metiéronse en el cafetín a continuar la obra.

Andresito seguía tieso en su puesto, sin mover los pies, con las piernas entumecidas y el cuello dolorido de mirar a lo alto. ¡Y la ingrata no reaparecía! Las amigas, en el balcón; Concha, la hermana, coqueteando con Roberto; y ellos dentro, buscando la soledad y la discreta penumbra... ¡Dios mío! ¡Qué cosas le diría aquel bruto de las dos estrellas, para tenerla tan embobada lejos del balcón, a pesar de la música y de lo animada que estaba la plaza...!

Para mayor tormento del pobre muchacho, los dos viejos cínicos del cafetín hablaban a gritos, y por más esfuerzos que hacía, sus palabras le obsesionaban, le hacían olvidar su papel de poeta desesperado e infeliz, del que en el fondo se hallaba satisfecho. Estaban en la misma puerta del cafetín, jugueteando como dos chavales, dándose golpecitos en el abdomen y obsequiándose mutuamente con buñuelos, que acompañaban de latines y signos en el aire, como si se administrasen la comunión. ¡Vaya un par de «puntos» alegres! Todos los parroquianos se reían, y hasta el mismo cafetinero desarrugaba el ceño, a pesar de que conocía el final de tales bromas y lo mucho que costaba ponerlos en la calle.

Pero al beber otra vez, tornáronse melancólicos. Miraban al trasluz el aguardiente, y con los vasitos en alto y los ojos elevados, como si les hipnotizase el blanco líquido, hacíanse mutuas confidencias, arrastrando las sílabas trabajosamente. El más viejo estaba desengañado; le habían «lacerado» el corazón; lo juraba y perjuraba, dándose terribles puñetazos sobre el pecho, que sonaba como un tambor. Su compadre debía creerle a él, que era hombre de experiencia y había visto mucho. ¿La política...? una farsa; un oficio de volatineros. ¿El Ayuntamiento...? una cueva de ladrones; todos los que entraban en la «casa grande» era para robar. El otro le interrumpió... ¡El Ayuntamiento...! Ahí estaba el toque. ¡Que le fueran a él con Ayuntamientos! Había trabajado como un perro por la candidatura del partido repartiendo papeletas a las puertas de los colegios, tuvo una disputa con un municipal que le quería llevar atado, y lo sufrió todo... todo por el partido y el candidato... y ahora le ofrecían como recompensa un puesto de peón en el adoquinado, nueve horas de trabajo al Sol y 7 reales. Muchas gracias; él quería ser empleado de los que están a la fresca y fuman. Antes que partirse el espinazo en el adoquinado, prefería vivir sin trabajar. El hambre no le importaba... Mientras hubiese «petróleo refinado» como el de casa «Espantagosos», el estómago iría bien... Ahora, tras el chasco, se había «retirado a la vida privada», y podía decir muy alto, como su compañero, que todos los de la casa del pueblo eran unos ladrones.

Y para que quedase bien sentada esta afirmación, se tragaron el aguardiente de un sorbo.

—¡«Espantagosos»... «mesura»!

¿Quién...? ¿él? ¡Estaban frescos! Allí no se daban más copas. Le desacreditaban el establecimiento con sus feas palabras; los guardias le tomarían ojeriza por consentir en su casa tales blasfemias contra la excelentísima corporación, y además —esto era lo principal—, conocía de antiguo a aquellos parroquianos, que, cuando se alumbraban de veras, costaba un disgusto sacarles el dinero. Ya tenían bastante; si querían algo más debían pagarlo por adelantado.

¡Qué falta de respeto! ¡Tratar así a personas que han hecho concejales, retirándose después a la vida privada...! Y miraban fieramente al cafetinero, mientras rebuscaban con furia en sus andrajos, con la indignación de una ofensa irreparable y mortal.

Del bolsillo de la blusa salía una moneda mohosa; del sudador de la gorra otra de dos céntimos, y por las ventanas de los rotos zapatos sacábanse alguna pieza de cobre mugrienta y sudada. Era la rebusca furiosa de los céntimos escamoteados antes de salir de casa, a espaldas de sus mujeres, rabiosas de hambre y enemigas de que dos hombres de bien se diviertan en la taberna.

Con altivez de grandes señores, arrojaron su puñado de cobre sobre el mostrador, como abofeteando al dueño. Si quería más podía ponerse a cuatro patas, que a ellos aún les quedaba dinero para taparle, si era preciso. Y decían esto con desdén olímpico, como si tuviesen a mano todos los millones del Banco de España en calderilla.

Andresito percibía a medias esta escena, coreada por las risas de los parroquianos. La ingrata no reaparecía, y él estaba extenuado por el dolor y por un plantón de tantas horas. No le vendría mal sentarse, aunque fuese en el cafetín; pero no; ¡firme allí! aunque muriese de pie, como los antiguos romanos.

Oscurecía. La plaza estaba llena; las calles adyacentes seguían vomitando nuevas muchedumbres, y todos cabían a fuerza de codazos y empujones, como si fuesen elásticas las paredes de las casas. En torno de la «falla» agitábase un oleaje de relamidos peinados, de gorras con visera amarilla y de blusas blancas. Las señoras refugiábanse en los portales, empinándose sobre las puntas de los pies para ver mejor; los maridos cogían a sus pequeñuelos por los sobacos y los sostenían a pulso para que contemplasen las últimas contorsiones de los monigotes.

Aún era de día y ya se impacientaba la muchedumbre.

—¡Fueeego...!, ¡fueeego...! —gritaban a coro los de la blusa blanca.

Y los dos borrachos, agarrados fraternalmente de los hombros, con las húmedas narices casi juntas, asomábanse a la puerta del cafetín con risita maligna al pensar que molestaban al dueño.

—¡Fuego...!, ¡fuego...!

Y después de gritar se metían apresuradamente en la taberna, fingiendo susto, como chicuelos que acaban de hacer una travesura.

Los organizadores de la «falla» se resistían. Había que esperar a que cerrase la noche. Pero la muchedumbre estaba dominada por esa impaciencia que, entre la gente levantina, basta que sea manifestada por uno para que los demás se sientan contagiados.

—¡Fueeego..!, ¡fueeego...! —seguían aullando de los cuatro lados de la plazoleta.

Y de la desembocadura de un callejón sin adoquinar salió una pedrada certera, que dejó trémulo al monigote del centro, llevándosele medio tupé. Aplausos y carcajadas, y a los pocos minutos servían de blanco todos los bebés de la orquesta. Había que comenzar enseguida. El cafetinero lo ordenaba a gritos desde su puerta, y los cofrades braceaban y se desgañitaban en torno de la «falla» pidiendo un poco de calma, mientras un compañero se introducía en el cuadrado de lienzo con dos botellas de petróleo. Cuando los biombos transparentaron una mancha roja que rápidamente se agrandaba entre incesante chisporroteo, la muchedumbre lanzó un «¡oh!» de satisfacción. Comenzaban a arder las esteras viejas, las sillas cojas y demás muebles recogidos en los desvanes del barrio y amontonados en el interior de la «falla». El rojo resplandor iluminaba la parte baja de los figurones.

—¡Que toquen la *Marsellesa*! —gritó un vozarrón anónimo con acento imperioso.

Un estremecimiento pareció correr por la muchedumbre, saltando después de balcón en balcón.

—¡Sí, la *Marsellesa*... venga la *Marsellesa*! —repitieron miles de voces con expresión amenazante, como si alguien se negase por anticipado a sus exigencias.

Los músicos, que enfundaban sus instrumentos, miraron asustados al amenazador gentío. Intentaban negarse; pero el pensamiento de que quedaban piedras en el callejón desvaneció sus propósitos de resistencia. La música rompió a tocar, chillaron los cornetines, sonaron el bombo y los platillos como una tempestad lejana, y por toda la plaza se esparció un ambiente de bienestar, reflejándose en los rostros.

La *Marsellesa*... ¡y el gobierno en la hoguera! ¿Qué más podían pedir? Y el entusiasmo meridional, caldeando los cerebros, hacía pasar ante los ojos risueños espejismos. Todos se sentían dominados por un optimismo meridional.

Las lenguas de fuego comenzaban a salir del interior de la «falla», lamiendo la ropa de los monigotes.

—¡Bravooo...! ¡Vítooor!

Nadie pensaba que aquello era madera y cartón. El entusiasmo les hacía feroces; creían que era el mismo gobierno lo que quemaban al son de la *Marsellesa*, y los industriales soñaban despiertos en la rebaja de la contribución; los de las blusas blancas en la supresión de los Consumos y el impuesto sobre el vino, y las mujeres, enternecidas y casi llorosas, en que acabarían para siempre las quintas.

La música seguía rugiendo la *Marsellesa*, y en la multitud, alguno de los ardorosos, trastornado por la ilusión y por el himno, creyendo que la cosa ya estaba en casa, gritaba a todo pulmón: «¡Viva la República!», lo que azoraba a los pobres municipales y les hacía mirar en derredor, buscando un hueco en el gentío por donde escapar.

La hoguera crecía rápidamente. Las inquietas llamas, moviéndose de un lado para otro, agitaban como abanicos los faldones del frac, los bajos de blanca muselina y las cintas de raso de los bebés. El fuego jugueteaba como una fiera con sus víctimas antes de devorarlas. De repente, hizo presa en aquellos adornos, y en un segundo los devoró, escupiéndolos después como negras pavesas, que revoloteaban sobre las cabezas de la muchedumbre. Los monigotes, firmes y en pie, ardían como grandes antorchas con un inquieto plumaje de llamas. Andresito recordaba los cristianos embreados que iluminaban con sus cuerpos el camino de Nerón.

Había llegado la hora de destruir, de ayudar al incendio, y los organizadores de la «falla» con pesados puntales, golpeaban el armazón de los bastidores o daban tremendos palos a los ardientes monigotes para que cayeran en el rojo cráter.

La muchedumbre, legítima descendiente del pueblo que dos siglos antes presenciaba los autos de fe, aplaudía con gozosa ferocidad la caída de los monigotes en la hoguera. Cada vez que, volteando en el aire sus piernas y sus brazos chamuscados, se zambullía uno en las llamas, oíanse risas y berridos.

La «falla» se derrumbó con todo su armazón medio carbonizado, y un torbellino de chispas y pavesas se elevó hasta más arriba de los tejados. El enorme brasero daba a la plaza una temperatura de horno, tiñéndolo todo de color de sangre. La gente, tostada, con las ropas humeantes, retirábase a las inmediatas calles; los de los pisos bajos cerraban las puertas, huyendo de aquella atmósfera ardiente que abrasaba los ojos y esparcía por la piel intolerable picazón, y en los balcones las vidrieras se cerraban, y los cristales flojos, caldeados por el ambiente abrasador, saltaban con estrépito.

Más de media hora ardió con toda su fuerza el informe montón de leños ennegrecidos, que al carbonizarse se cubrían de rojas escamas. Algunos maderos estaban erizados de innumerables y pequeñas llamas, como si fuesen cañerías de gas.

La muchedumbre se alejaba, con la esperanza de ver algo en las otras «fallas». La temperatura bajaba, el incendio iba achicándose, la frescura de la noche penetraba en la plazuela, y balcones y puertas volvían a abrirse.

En casa de doña Manuela, terminado el espectáculo público, había su poquito de fiesta, sin duda para amenizar el chocolate «suntuoso» que la rumbosa viuda daba a sus amigos. La gran lámpara del salón, reservada para las solemnidades, había sido encendida; y Andresito, desde la plaza, veía los trajes claros y los *bouquets* de las amigas pasar por el iluminado balcón, moviéndose con el ritmo del baile.

El pobre muchacho estaba firme en su puesto. El fuego le había empujado a un extremo de la plaza; pero apenas se refrescó el ambiente, volvió a la puerta del cafetín, cerca del laurel cargado de buñuelos, cuyas ramas se habían tostado.

La «falla» seguía ardiendo, con sus estallidos de leña vieja, que sonaban como tiros.

La plaza quedaba en poder de la gente menuda, chiquillos desarrapados, que, tomando carrera, saltaban la hoguera con agilidad de monos, cayendo al lado opuesto envueltos en las chispas. Los municipales intentaban oponerse a tan peligroso ejercicio; pero la pareja de pobres hombres era impotente ante tales diablillos, y al fin adoptó la sabia determinación de sonreír con tolerancia y retirarse a un portal.

Andresito seguía con mirada triste las evoluciones de aquellas bulliciosas salamandras con blusa, que saltaban por entre las llamas como si tal cosa, sacudiéndose las chispas como los perros.

La plazuela estaba solitaria y el rojo ambiente del incendio hacía más lóbregas las calles inmediatas. Algunos chuscos arrojaban en la hoguera manojos de cohetes, que salían como rayos, culebreando su rabo de chispas, arrastrándose de una pared a otra y remontándose en caprichosas curvas hasta la altura de los balcones, para estallar con estampido de trabucazo. Los municipales no veían los cohetes, pues al fijarse en el aire matón de la chavalería que los disparaba, permanecían metidos en el portal, sordos y ciegos. Andresito pensaba que si alguno de aquellos rayos baratos le pillaba en su sitio, no le dejaría ganas en una temporada de ser frailecito blanco y llorar los desdenes de su hermosa; pero permaneció inmóvil. Irse de allí era renunciar a su venganza. Él esperaba algo, sin saber qué; y allí permanecía mirando el balcón, a pesar de que sus piernas apenas podían sostenerle, y en la cabeza y el estómago sentía un vacío anonadador.

Ahora cantaban arriba. Era Amparito, que acometía con su vocecita de seda una romanza de Tosti, coreada por el estallido de los cohetes y los berridos burlones de la pillería, a quien le hacían gracia los lamentos musicales, verdaderos chillidos de ratita asustada.

Las llamas iban extinguiéndose, la plaza estaba cada vez más oscura y los chiquillos desertaban en grupos, buscando otras «fallas» que no hubiesen llegado al período de la agonía.

Dos hombres salieron del cafetín agarrados del brazo, con paso lento y vacilante. Eran los viejos borrachos, con la gorrilla en la nuca y el eterno pañuelo de hierbas en la mano. Volvieron el rostro al cafetín, y como personajes de tragedia, lanzaron una eterna maldición sobre la cabeza de «Espantagosos», un ladrón que, al quedarse sin dinero dos hombres honrados, les echaba a la calle sin más miramientos.

El humo de la «falla», denso y pegajoso, les hizo toser; pero se detuvieron ante el rescoldo enorme como un brasero de gigantes.

Soltáronse del brazo y saltaron la «falla», uno tras otro, con una agilidad inesperada y ademanes tan grotescos, que los municipales reían y hasta el desconsolado poeta dejó de mirar al balcón. El cafetinero y sus vecinos estaban en las puertas, celebrando aquel espectáculo grotesco e inesperado.

Las carcajadas del público enardecían a los borrachos, les hacían sonreír con orgullo, y los dos redoblaban sus saltos y contorsiones. Corrían en torno del gran montón de brasas, saltaban por todos los lados, y en el furor del movimiento que les dominaba, ninguno de los dos se acordaba del otro.

¡Ahora iba lo bueno! Y saltando al mismo tiempo los dos, cada uno por lado distinto, encontráronse en lo más alto de su salto; chocaron los cuerpos como proyectiles y cayeron en el rescoldo, hundiéndose entre las brasas la parte más carnosa del individuo.

La plazuela pareció animarse, lanzando interminables carcajadas. A patadas y puñetazos los sacaron los municipales, y una vez libres del rescoldo, empujáronlos fuera de la plaza. ¡A sus casas o al Asilo...! ¡Lo que quisieran!

Andresito vio cómo se alejaban los dos viejos, mostrando una nueva cara por el revés chamuscado de su pantalón, riendo su postrera hazaña, dándose besos y abrazos para afirmar la fraternidad del cafetín y hablando a gritos para que quedase bien sentado que la «casa grande» era una cueva de ladrones, y ellos, desengañados, se retiraban a la vida privada.

Y el poeta, envidiando su alegría, seguía en su puesto, iluminado por la última crepitación de la hoguera, desfallecido de hambre y de dolor, llorando de veras ahora que comenzaba a verse en la oscuridad, esperando algo vago e indeterminado, sin fuerzas para hacer nada y estremeciéndose al oír aquella voz tenue como un hilillo de seda, que se quebraba al llegar a lo más alto de la romanza, ahogándola con sus aplausos los complacientes convidados de la mamá.

V

Juanito era feliz. Próximo al ocaso de su juventud, a los malditos treinta años de que hablaba Espronceda, en vez de tristes desengaños experimentaba la alegría de saber que en el mundo hay algo más grato que adorar a la mamá como un ídolo y plegarse a todos los caprichos de los hermanitos.

El entusiasmo de la juventud, el ansia de vivir, manifestábanse en él con extraordinaria fuerza, como frutos tardíos del árbol de su vida, que había pasado invierno tras invierno sin conocer hasta ahora la primavera.

Al reunir y ordenar sus recuerdos, no se daba cuenta de cómo había ocurrido su transformación. Sin duda, el amor era más fuerte que su característica timidez. En la soledad, al recordar a Tonica, avergonzábase como el que ha cometido una acción punible; las palabras intencionadas que había deslizado en la conversación martilleábanle después los oídos, y tan pronto las consideraba ridículas como exageradamente audaces.

—¡Dios mío...! ¡Qué dirá de mí esa chica!

Pero cuando estaba cerca de ella, el rubor desaparecía y sentía en su interior audacias que le asombraban.

Ya no se conformaba con esperar que Tonica fuese a la tienda de *Las Tres Rosas*. Enterábase de dónde trabajaba, y con una astucia de las más torpes, salíale al paso por la mañana al ir al trabajo y por la noche al regresar a su casa; hacíase el encontradizo y le desesperaba la dificultad de su lengua tímida, que parecía rebelarse, no queriendo ser conductora de sus pensamientos.

Pasó más de una semana para Juanito sin adelantar gran cosa en su propósito. Tonica le hablaba como un amigo y le hacía confidente de todos sus pensamientos: las exigencias de sus parroquianas, los consejos de «las señoritas», que eran las hijas de su difunta protectora, y hasta las dolencias de aquella mujer casi ciega que vivía con ella, sirviéndola de madre. Con estas confidencias, Juanito iba penetrando lentamente en la vida de la joven y la consideraba ya como algo propio, a pesar de que todavía la pícara lengua seguía negándose a obedecerle.

Tonica tenía en ciertos momentos rasgos de ingenuidad, que turbaban al joven, sin dejar por esto de experimentar alegría.

Llegó a relatarle las aficiones de su infancia, el placer indefinible que experimentaba pasando horas enteras arrodillada ante un Cristo, rezando rosarios tras rosarios. En aquella época, llevarla a la capilla de la Virgen de los Desamparados era para ella la mayor de las diversiones, y rezaba con tal devoción, que las viejas beatas se la comían a besos, asegurando que iba para santa.

—¡Qué época aquélla! —decía la joven con ligera sonrisa—. Ahora la recuerdo con cierta extrañeza y no menos envidia. Las estampitas de mi devocionario me hablaban; y por la noche, una Virgen que tenía en mi cuarto bajaba de su cuadro para arrullarme hasta que me dormía. Usted, Juanito, se burlará seguramente de que yo fuese tan tonta... En fin, cosas de niñas. Pero mi madrina la condesa, en vista de tan ardiente devoción, quería hacerme monja; y el otro día, «las señoritas», recordando los deseos de su mamá, todavía me ofrecieron costearme el dote para que entrase en un convento.

—¿Y usted acepta? —preguntó el joven con visible ansiedad.

—¡Yo...! No pienso en ello por ahora. Aquella santidad voló, creo que para siempre. Ahora soy mala, muy mala. Rezo cuando estoy triste, oigo misa los domingos, tengo mucho miedo al diablo, pero me gusta bastante el mundo y voy siendo algo impía, pues algunas veces me digo que no es tan pésimo como lo pintan los predicadores... Además, ¿quién cuidaría de mi pobre Micaela, sola y casi ciega? Sería cometer un horrible pecado de ingratitud por salvar mi alma. No señor, no pienso hacerme monja; prefiero ser pecadora y cuidar de mi pobre amiga.

Juanito tenía en los labios una pregunta audaz. ¿Qué hacía? ¿La soltaba...? Tembló; pero vacilando, diola curso, al fin, con voz de agonizante.

—¿Y no piensa usted casarse?

Tonica contestó con una carcajada.

—¡Casarme yo...! ¿Y quién ha de ser el valiente? Se necesita mucho corazón para cargar con una mujer sin otra renta que la aguja y que lleva tras sí el bagaje de una amiga vieja y enferma.

Juanito estuvo a punto de gritar que ese valiente era él; pero, por su desgracia, se detuvo. Tonica estaba seria y decía con triste ingenuidad:

—Reconozco que si encontrase un hombre honrado, trabajador y humilde como yo, que quisiera admitir a mi desgraciada amiga, me tendría por muy feliz... Pero en fin, hoy por hoy no hay que pensar en tonterías.

Y cambió con tal arte el curso de la conversación, que a Juanito se le quedó en el cuerpo lo que quería decir, y antes llegaron a la pobre escalerilla de la calle de Gracia, que pudo manifestar su valor para ser esposo de Tonica y encargarse de la pobre ciega.

Aquella noche fue cruel para Juanito. La pasó en vela, revolviéndose inquieto en su cama, y declarando en voz alta que era el más cobarde de los hombres. Parecía imposible que un mocetón con unas barbas que causaban espanto fuese tímido como un seminarista. ¡Y pensar que todos tenían valor en tales casos, todos, hasta Andresito, aquel pazguato que se declaró a Amparo con la mayor facilidad...! ¡Cristo! ¡Cómo se reirían de él sus hermanas si conocieran sus timideces! Solo esto faltaba para que todos los de casa le creyesen un imbécil... Pero pronto se sabría quién era él. Y animado por una resolución hija del amor propio, pasó todo el día siguiente en la tienda distraído, sin atender a las ventas, ansiando que llegase la hora de acompañar a su casa a Tonica.

Caía una lluvia fina cuando fue a apostarse en la calle de Serranos, cerca de la casa donde trabajaba la joven. A las ocho la vio salir, andando con su paso ligero y gracioso, rozando la pared y casi oculta en la penumbra de un alumbrado macilento, que en vez de luz parecía esparcir tinieblas.

Bien comenzaba la entrevista. Tonica se resistió a aceptar el paraguas de Juanito; no podía consentir que el joven se mojase por complacerla a ella; y en cuanto a ir los dos juntos bajo aquella cúpula de seda... solo en pensarlo la producía rubor y hacía que echase su cuerpo atrás, como para huir de un peligro.

Pero la expresión de angustioso ruego de Juanito pareció convencerla.

Bueno; aceptaba su invitación porque le creía un joven formal y honrado. Pero ¡Dios mío!, ¡qué diría la gente...! Y comenzó a andar con timidez al lado del joven, que no se sentía menos conmovido. Nunca había estado tan próximo a Tonica. Rozaba al andar un lado de su busto, se sentía envuelto en el ambiente embriagador que exhalaba su cuerpo sano, y veía cerca de sus ojos el rostro de Tonica, su boca fresca, mostrando la brillante dentadura con graciosas sonrisas.

Juanito, entusiasmado por su buena fortuna, no pensaba ya en la resolución que tan inquieto le había tenido durante todo el día. Bastábale para ser feliz y considerarse dueño de

Tonica oír su voz, trémula por la emoción que le causaba un paseo tan íntimo.

De pronto, Juanito pareció despertar. ¡Qué diablo! Ya estaban casi en la mitad del camino, cerca del Mercado, y él callaba, sin atreverse a decir lo que tan pensado tenía.

Pero la maldita timidez retardaba con ridículos pretextos su declaración.

Bueno; aguardaría a llegar a aquella esquina, y una vez en ella, ¡zas! soltaba su demanda, aunque cortase a Tonica en lo mejor de sus confidencias.

Ya estaban en la esquina. ¡Allá va...! Pero no; no hablaba. Iba tras ellos un señor por la acera, resguardándose de la lluvia; podía oír su declaración... ¡y quién sabe de lo que son capaces esas gentes burlonas, que miran el amor como cosa de risa!

Esperaría a que el molesto transeúnte se fuese por otra calle. Y mientras tanto, escuchaba a Tonica, cuidando de ladear el paraguas para que la cubriera bien, y mirando al suelo, como encantado por el trozo de enagua blanca al descubierto y las pequeñas botinas que saltaban los charcos con una graciosa ligereza de pájaro.

Ella hablaba mientras tanto, desahogando el enfado que le causaban sus parroquianas. Solo una pobre como ella podía sufrir tantas exigencias. Era costurera, y querían que trabajase como una modista famosa. Por 2 pesetas diarias la explotaban las parroquianas de un modo irritante; mostraban un ansia furiosa para exprimir todas sus habilidades; la hacían cortar y probar como una maestra y coser o zurcir como una oficiala; obligábanla, con falsos mimos, a no levantar la cabeza del trabajo ni un solo instante; se mordían los labios con rabia y dudaban de su laboriosidad cuando no podía convertir en vestido flamante un guiñapo viejo; y después de todo, cuando la costurera terminaba, despedíanla sin cariño alguno, como un mueble inútil, y no se acordaban de ella al darse tono en paseos y teatros, asegurando que era de una modista francesa el vestido cuya confección les costaba unas cuantas pesetas.

—¿No es verdad, señor Peña, que eso es una ingratitud? —preguntaba Tonica muy animada, olvidando los escrúpulos que había manifestado antes de admitir el paraguas.

Juanito contestaba con vehemencia, pero su pensamiento se hallaba a cien leguas de lo que decía. Sí señor, era una infamia; personas tan ingratas nada merecían. Y al mismo tiempo miraba atrás, viendo con gozo que el transeúnte importuno había desaparecido.

Ahora sí que se lanzaba; esperaría a pasar la plaza del Mercado, y así que entrase en la calle de Gracia, soltaría su declaración. Tonica vivía en esta calle, poco tiempo le quedaba para espontanearse, pero cuando se lleva una cosa bien pensada, basta con pocas palabras. Y mientras atravesaban el Mercado con pasos tímidos, resbalando en el barro pegajoso que cubría las losas, el joven oía a Tonica con la falsa atención del cómico en la escena, que finge escuchar mientras piensa en lo que va a decir.

Juanito se indignaba sin saber por qué. ¡Qué manera de explotar aquellas señoras a la pobre Tonica! ¡Era insufrible! Y mientras matizaba con sus exclamaciones la relación de la joven, pensaba con alarma que ya estaban en la calle de Gracia y él todavía guardaba en el cuerpo, completamente inédita, la declaración que tanto le inquietaba.

En cuanto llegasen a la próxima esquina, interrumpía a la joven, aun a riesgo de ser descortés. Bueno, ya estaban en la esquina, pero por un poco más nada se perdía; prolongaría el plazo hasta un farol que estaba tan próximo. Pero en llegando allí no había excusa. Hablaba, o era capaz de arrancarse la lengua.

Y así pasaba la pareja por todas las etapas que la maldita timidez de Juanito iba marcando, sin llegar a decidirse. En la imaginación del joven, aquella calle había sido mutilada de un modo horroroso; le parecía extremadamente corta, y la pequeña puerta por donde desaparecía Tonica todas las noches estaba ya a la vista.

Para mayor desgracia, la joven seguía hablando; pero Juanito tembló, pensando que podía quedarse solo y desesperado dentro de pocos minutos por culpa de su timidez, y al fin se sintió hombre.

—¡Tonica!

Dijo esto con acento tan ahogado y angustioso que la joven calló, mirando en derredor, como si les amenazase un peligro.

—¿Qué ocurre?

—Que la quiero a usted mucho; que...

—¡Ah!, ¡era eso...! —exclamó Tonica sonriendo—. Yo también le quiero a usted como un buen amigo, como un joven formal; sobre todo como formal. No siendo así, no consentiría que me acompañase con tanta frecuencia, lo que puede dar lugar a suposiciones. Mire usted, el otro día decían las vecinas...

—No, no es eso. Yo no la quiero a usted solo como amigo: yo la amo... ¿sabe usted? la amo, y soy ese hombre valiente de que usted hablaba anoche, capaz de hacerla mi esposa sin dejar abandonada a la pobre Micaela.

Tonica mostrábase aturdida por la declaración. La presentía desde mucho tiempo antes, pero había llegado a dudar de ella en vista de la timidez de aquel niño grande. Intentaba sonreír como si tomase a broma las palabras de Juanito, pero estaba ruborizada; se había detenido mirando al suelo, y tan turbados estaban los dos en medio de la calle, que el paraguas los dejaba al descubierto y la lluvia caía sobre sus hombros.

El silencio era penoso. Juanito estaba asustado por la seriedad de Tonica. La costurera reflexionaba, y al fin habló.

Ella agradecía el ofrecimiento del señor Peña, pero no podía aceptar. Era el hombre honrado y modesto que deseaba; si no fuese más que un dependiente de comercio, tal vez aceptase... ¿pero es que ella ignoraba quién era su familia? Estaba enterada por una parroquiana amiga de su mamá y de sus hermanitas. Eran unas señoras de las que viven con verdadero lujo, sin apelar a costureras ni a adornos caseros; tenían carruaje... en fin, «una gran familia» —esto subrayado por una expresión entre admirativa y respetuosa—, y no era justo ni legal que ella, una pobre jornalera, aspirase a tanto.

Juanito sentía alegría y compasión a un tiempo. Regocijábale el saber que no era indiferente a Tonica y que en la posición de su familia estaba el único obstáculo. ¡Valiente posición! Compadeció la ignorancia de la joven y estuvo próximo a decirle que todo aquel lujo era imbécil fatuidad, pura bambolla; pero sintióse dominado por sus temores de niño sumiso y obediente, y hasta en el vacilante resplandor del inmediato farol creyó ver el rostro de mamá contraído por un gesto de indignación majestuosa.

No negaba que su familia estuviera en «buena posición»; pero ¿qué importaba esto? Él la quería, y no era necesario más. No pensaba dejar de ser comerciante; su porvenir consistía en ser dueño de una tienda; ¿y qué mejor que casarse con una mujer hacendosa, aleccionada en la escuela del trabajo y la economía, y que supiera ser ama de su casa? El pobre muchacho, roto el freno de su timidez, hablaba con vehemencia, meneaba los brazos para afirmar sus palabras, sin ver que hacía danzar locamente el paraguas, que conservaba abierto, y que varias veces estuvo próximo a meter una varilla por los ojos de la joven.

Pero Tonica no se convencía. Impresionábale el acento de verdad del dependiente; pero no podía dominar el temor respetuoso que le inspiraba una familia rodeada de los prestigios de la riqueza y de la elegancia. Por esto a todos los argumentos de Juanito contestaba moviendo la cabeza negativamente.

Así pasaron más de un cuarto de hora en medio de la calle, bajo la lluvia, llamando la atención de los escasos transeúntes, que ante una pareja tan olvidada de sí misma hacían comentarios maliciosos.

Por fin, la costurera pareció ablandarse. Lo pensaría; tal vez al día siguiente pudiera contestarle. Y tras esta promesa, que para Juanito fue una felicidad. Tonica dio seis golpes en la aldaba de su casa y desapareció, cerrando la puerta de la escalerilla.

El joven estaba deslumbrado. La última sonrisa de Tonica revoloteaba delante de él con sus alas de oro, alumbrándole el camino. Sentíase impregnado del indefinible perfume de la joven, y andaba con timidez, como si se hubiese adherido a su exterior algo precioso y frágil que podía desprenderse al acelerar su marcha.

La dulce borrachera del amor correspondido trastornaba a Juanito. En concreto, nada le había dicho Tonica; pero a pesar de esto, el joven, con instintiva confianza, creía en su felicidad, y aquella noche fue la primera de satisfacción y calma, después de las rabietas e inquietudes que le había producido la timidez de su carácter apocado. Ahora... ¡oh! ahora era todo un hombre, y así lo reconocía satisfecho y un tantico orgulloso de su audacia.

La costurera no fue más explícita al día siguiente. La «posición brillante» de la familia de Juanito era una idea que se le había atravesado en el cerebro. Ella no era nadie: una pobre costurera que, acostumbrada a sufrir las impertinencias de las señoras, no podía permitirse el lujo de mostrar susceptibilidad ni amor propio... pero eso de casarse para ser la víctima resignada y humilde sobre la cual cayeran los desprecios de la familia, estaba fuera del límite de su paciencia.

—No diga usted que no. Adivino lo que sucedería; como si lo viese. Las hermanas de usted, unas señoritas, se avergonzarían de tener por cuñada a la que remendaba los vestidos de sus amigas; su mamá, toda una señora, me consideraría un poquito más que a sus criadas. Y yo, aunque sea pobre, no tengo fuerzas para tanto. Para salir de esta vida, quiero vivir en paz con la familia de mi marido y que me respeten. ¿Qué menos puedo pedir? ¿No es verdad...?

No; no era verdad que ella corriese tantos peligros casándose con él. Lo juraba a fe de Juanito Peña. ¡Su familia...! ¿Pero es que hacía gran caso de él? Podría casarse con quien quisiera, sin miedo a disgustos ni protestas. Él formaba aparte, se sentía aislado en medio de los suyos. Y el pobre muchacho, como si de pronto apreciase toda la verdad de su situación, decía esto con tal amargura, casi con lágrimas en los ojos, que Tonica se conmovió, mostrándose más blanda.

Ella le apreciaba; se creía muy honrada con merecer su atención; no entendía de amoríos, pues solo los había visto en las novelas; pero le permitía seguir hablando con ella, como amigos más que como novios, y si el tiempo demostraba que sus caracteres se comprendían y compenetraban, entonces...

El rubor de la joven completó sus palabras. Juanito no necesitó más para soltar el chorro de su verbosidad comprimida; y atropelladamente, habló de su porvenir, trazando con furiosos brochazos el cuadro de su felicidad. Tenía dinero... venderían el huerto de Alcira... compraría una tienda.

Las Tres Rosas por ejemplo... se casarían... tendrían niños, muchos niños, porque él, con sus gustos de joven tímido, adoraba los muñecos... él sería un modelo de maridos... Pero paró en seco al ver que Tonica se ruborizaba, dirigiéndole miradas de reproche por la libertad con que formulaba sus ilusiones. En fin, ya vería lo que era bueno, y qué vida tan rica iban a darse cuando vivieran casados y fuera del círculo de estúpidas pretensiones de su familia.

Por de pronto, no era mala la vida que hacía Juanito. Pasaba el día pensando en su Tonica; abandonaba la tienda a las horas en que aquélla tenía que salir por algún encargo de sus parroquianas, y por la calle iba al lado de ella, orgulloso como un triunfador, temiendo que le viera la mamá y deseando al mismo tiempo encontrarse con sus hermanas, para que éstas aprendiesen «a distinguir» y no le tuvieran por un pazguato incapaz de tener novia. Por ella, por Tonica, reñía con la planchadora, él, que era antes tan descuidado, deseando ostentar unos cuellos duros y lustrosos como el mármol; y con gran asombro de las hermanitas, se emancipaba de la dirección de la mamá, siempre tacaña con él, y se hacía un traje igual a los de su hermano Rafael.

Todo iba bien: Juanito se encontraba más joven y fuerte. Le parecía que algo nuevo circulaba por su venas; era vino caliente y espumoso que arrollaba y barría la antigua horchata. Ya había conseguido que Tonica le llamase Juanito, y no señor Peña, con aquel acento ceremonioso que hacía reír; pero aún no se había decidido a corresponder a su tuteo, y le plantaba siempre un «usted» como una casa, asegurando que le causaba rubor hablarle de otro modo... ¡Qué inocente! ¡Como si él no fuese hijo de un antiguo tendero del Mercado! En fin, todo se andaría.

Lo que inquietaba algo a Juanito, en medio de su felicidad, eran las atenciones que con él tenía su mamá, las miradas cariñosas, los «¡hijo mío!» dichos en un tono halagador, con la suavidad mimosa de una caricia. ¡Malo, malo! Juanito temblaba viendo aproximarse la afligida demanda, el «sablazo» maternal, acompañado con lágrimas y conmovedoras lamentaciones sobre lo mucho que cuesta la educación de los hijos. Y la petición fue formulada, por fin, a principios de Semana Santa, una tarde en que Juanito, después de comer deprisa, iba a salir para avistarse con Tonica antes de entrar en la tienda.

El pobre muchacho quedó anonadado por las maternales confidencias... ¡Diablo! La situación era más grave que él imaginaba. Ya no eran 10 o 12.000 reales los que ponían a su mamá con agua al cuello; ahora se trataba de miles de pesetas, de miles de duros, y era preciso pagar o resignarse a que la situación de la familia se hiciese pública, pues los acreedores, gente grosera y sin entrañas, sin otra pasión que la del dinero, eran capaces de desacreditar por dos cuartos a una señora decente.

—Yo me muero de ésta, Juanito mío; estas cosas no son para mí. ¡Ay, Dios! ¡Cuánto cuesta criar a los hijos y sostener el rango de una familia! Tú, hijo mío, solo tú puedes sacar a tu madre de apuros... ¡Tres mil duros...! ¿Sabes lo que es eso? Pues los 3.000 duros he de tener a punto para el día siguiente de las Pascuas. Me han amenazado; me han llamado tramposa porque no puedo pagar... ¡tramposa!, ¡a una señora como yo...! No puedo sufrir tanta vergüenza. Y si mis hijos me abandonan, me moriré, sí señor... presiento que estos disgustos me van a quitar la vida.

Juanito, a pesar de que estaba en guardia para librarse de los halagos de su mamá, y se proponía no adquirir compromisos, sintió en su interior algo que se sublevaba, subiendo hasta su rostro como una ola caliente... ¡Tramposa su madre! No estaba mal aplicado el calificativo; pero el cariño ciego, que le hacía adorar a su madre, rebelábase ante tal ofensa; le conmovía hasta el punto de que sus ojazos tranquilos y bondadosos se velasen con lagrimones de ira.

Con movimientos de cabeza asentía a todas las afirmaciones de su madre. Sí; era preciso arreglar aquello; el honor de la familia no podía quedar a voluntad de cuatro usureros, que, merced a ciertos papelotes firmados por doña Manuela con tanta irreflexión como frescura, exigían 15.000 pesetas por un préstamo de 11.000. Había que pagar; pero... ¿y el dinero? ¿dónde encontrar el dinero?

Y la viuda, al llegar a esta conclusión, le miraba fijamente, dándole a entender que en él estaba la solución.

—Hay que buscar el dinero, mamá. Podía usted hablar a doña Clara, esa amiga que, según dice el tío, es la arregladora de todos estos enredos.

—¡Doña Clara...!, ¡valiente apunte! Hijo mío, tú, como eres tan buenazo, no conoces a las personas. Esa doña Clara es una tal, que solo va donde puede sacar, y vuelve las espaldas a una persona decente al verla en un apuro. Nuestra situación es muy mala, rematadamente mala.

Y en los oídos del joven agolpáronse en tropel las vergonzosas confidencias, hechas en voz baja, temblorosa, no por el remordimiento, sino por la humillación que suponía confesar la situación de la casa, aun a su propio hijo. Las fincas todas hipotecadas, y si las vendía, no llegaría su importe a la mitad de las deudas. Su firma en un sinnúmero de pagarés, y tan desacreditada, que a su mismo portero le prestarían un duro los usureros mejor que a ella. Vencimientos ineludibles que había que satisfacer, so pena que la familia se desacreditara... y nada con que pagar, absolutamente nada; la carencia más completa de medios para salvar la situación.

Las necesidades de la casa lo arrebataban todo. Ella había acudido ya a los procedimientos más penosos para su dignidad. Si ahora fuese la temporada de ópera, ni ella ni sus hijas podrían lucir las joyas que enorgullecían y admiraban al pobre Juanito. Estaban en una casa de préstamos. Y la vajilla de plata, que daba al comedor un aire tan señorial, los grandes candelabros del salón, no habían salido de casa para blanquearlos el platero; donde estaban era naciendo compañía a las joyas. Todo por unos cuantos miles de reales, que se habían escurrido como agua en aquella criba de deudas y gastos, de infinitos agujeros.

—Esto te lo digo, Juanito, porque eres el más formal de la casa y necesito tus consejos. Pero ¡por Dios! ni una palabra a las niñas; que no sepan las pobrecitas la situación. Se sentirían humilladas, y no quiero que mis hijas se consideren inferiores a sus amigas.

Lo que menos preocupaba a Juanito era lo que pudiesen pensar sus hermanas. Sus instintos de comerciante honrado, amigo de la regularidad, sublevábanse al pensar en un medio tan vergonzoso de adquirir dinero. Para él, las casas de préstamos eran antros horribles, guaridas de latrocinio; acudir a ellas era contaminarse, perder la propia dignidad.

—¿Y usted ha ido allí? —preguntó con expresión dolorosa—. ¿Ha entrado en esas casas?

Doña Manuela contestó con altivez. ¡Quién! ¿Ella...? ¿Por quién la tomaba su hijo? Aunque arruinada, no por esto había perdido su dignidad. Para tales comisiones se valía de doña Clara, que tenía amigos entre los prestamistas, y hacía las «operaciones» diciendo que los objetos eran de una señora distinguida cuyo nombre no podía revelar. Lo que doña Manuela callaba eran las sospechas vehementes de que su amiga explotaba sus apuros, guardándose los «picos» de las cantidades facilitadas por los prestamistas. La viuda tenía la altivez de los grandes señores que creen de buen tono dejarse robar descaradamente por sus criados.

Cuando terminaron las revelaciones sobre la situación de la casa, la viuda aguardó la respuesta de su hijo. Él era su única esperanza. Su hermano la detestaba; ¿a quién podía confiar sus penas? A Juanito únicamente, a su querido Juanito; pues Rafael, el pobre muchacho, metido en el mundo elegante, nada sabía de las «materialidades» de la vida, ni tenía bienes propios como su hermano mayor. Pero el bondadoso hortera se mostró más duro que su madre esperaba. El amor le había transformado; mas en vez de hacerlo soñador excitaba sus instintos de economía, predominando en él las aficiones de su padre, lo que su tío y don Eugenio llamaban «sangre comercial».

Que nadie le tocase su huerto de Alcira. Y no es que amase gran cosa una finca que solo veía una o dos veces por año. Deseaba convertirla pronto en dinero; pero los 8.000 duros limpios que pensaba sacar de ella eran la base de su porvenir, la realización de sus ilusiones, el medio de establecerse y convertir a Tonica en dueña de una gran tienda de telas.

Doña Manuela experimentó gran extrañeza al tropezar con una tenacidad que nunca había supuesto en su hijo. Se negaba resueltamente a firmar otro pagaré garantizando el crédito de su madre, y menos consentía aún en hipotecar su huerto para adquirir los 3.000 duros.

—No, mamá —decía tímidamente, pero con firmeza—; no puedo. Ya sabrá usted más adelante que eso no es posible. Necesito mi dinero; y además, a mí me repugna eso de hipotecas, pagarés y préstamos de los usureros. Como dice el tío, eso queda para las gentes perdidas.

Pero deseaba salvar a su madre del compromiso; encogíasele el corazón al verla tan hermosa, tan «señora», con los ojos llorosos y la frente surcada por dolorosas arrugas, y buscaba mentalmente un medio para sacarla de la situación.

Era posible que don Antonio Cuadros, que tan rápidamente se enriquecía... Pero no. El enérgico gesto de su madre le dio a entender que no consentía auxilios que lastimasen su amor propio. Tal vez más adelante ella no diría que no, cuando se reanudasen las amistades; ahora, desde la despedida de Andresito, eran bastante frías.

Y Juan, no atreviéndose a nombrar a su tío, dejó de proponer soluciones.

—Lo del huerto no lo consiento... Pero no llore usted, mamá... No llore... ¡Qué demonio! Para todo hay remedio en este mundo. ¡Si no se gastase tanto en esta casa...! No se enfade usted, mamá. Sí; ya sé todo lo que va a decirme; el decoro de la familia, la necesidad de sostener el buen nombre, la conveniencia de colocar bien a las niñas... La verdad es que se necesitan 3.000 duros, y que no se adquieren en unos cuantos días economizando. Lo del huerto no lo consiento, lo vuelvo a repetir... Pero en fin, para que usted no esté triste, le prometo encargarme del asunto. Yo lo arreglaré, y poco he de poder o la próxima semana tendremos ese dinero.

Pero Juanito, como enamorado, tardó en cumplir sus promesas. Sus amores con Tonica, aquella Luna de miel ideal, el afán de acompañarla a todas partes, hablando de su porvenir, le tenían tan distraído, que si no olvidó sus promesas, fue difiriendo su cumplimiento siempre para el día siguiente.

Su madre le lanzaba en la mesa miradas interrogantes; le llamaba aparte para saber cómo iba «aquello»; y cuando él se excusaba con sus ocupaciones en la tienda, estremecíase ante el gesto de dolor de doña Manuela.

Fue el Jueves Santo por la mañana cuando Juanito se decidió a emprender el asunto. La tienda estaba cerrada. Tonica saldría de casa con su vieja amiga; y él, no sabiendo qué hacer, decidióse a ir en busca de su tío.

A las once salió a la calle. La mamá y las hermanitas estaban dando la última mano al tocado de circunstancias: el crujiente vestido de seda, el velo de blonda, y al puño el rosario de oro y nácar. Iban a una de las principales iglesias a sentarse tras la mesa petitoria de una comunidad de origen extranjero, a la hora en que la gente elegante reza las estaciones.

Juanito, a pesar de la anual costumbre, sintióse impresionado por el aspecto de la ciudad. Las tiendas cerradas, el adoquinado silencioso, sin que una rueda lo conmoviese; las gentes vestidas de negro, con aire solemne. Parecía que por la ciudad pasaba una epidemia, despoblando las casas y ahuyentando el ruido de las calles. El profundo silencio turbábanlo de vez en cuando los tercetos de ciegos que, agarrados del brazo y golpeando el suelo con sus garrotes para orientarse, iban por el arroyo sin miedo a ser atropellados, prorrumpiendo en lamentaciones poéticas que, en tono quejumbroso, relataban la pasión y muerte del Redentor. Los pasos de los transeúntes sonaban en las aceras como un áspero y ruidoso frotamiento, y aglomerábase la gente en las puertas de los templos, negras y profundas bocas que lanzaban a la fría calle el denso vaho de su interior.

Los soldados, con uniforme de gala y las manos yertas dentro de los guantes de algodón, iban a visitar las estaciones, turbando el general silencio con el arrastre acompasado de sus pies e impregnando el ambiente de ese olor de salud, mezcla de carne sudada, cuero y lana burda. Los caballeros maestrantes lucían sus uniformes oscuros, los sanjuanistas su cruz roja, y hasta los oficiales de reemplazo y los del batallón de Veteranos se adosaban los arreos militares para acompañar a la señora en la visita a los templos y lucir de paso sobre el pecho las recién frotadas cruces. Era un desfile brillante de autoridades y uniformes, que admiraba a los papanatas; grupos de chicuelos y mujeres se agolpaban ante los Eccehomos que se exhibían en las calles sobre un pedestal: imágenes manchadas con brochazos de sangriento bermellón, la corona de espinas sobre las lacias y polvorientas melenas que agitaba el viento, una caña entre las manos y a los pies una bandeja con céntimos y un viejo pedigüeño.

Al llegar Juanito al barrio de las Escuelas Pías entró en una calle estrecha donde estaba el caserón de sus abuelos, una interminable fachada pintada de azul claro, en la cual, corrió por compasión, rasgaban el grueso muro algunos balcones y ventanas, a gran distancia unos de otros.

Juanito recordaba su niñez. Se veía muchacho pelón jugando con los chicos de la vecindad —los días en que su tío lo convidaba a comer— en aquel portal inmenso, oscuro, rezumando humedad por entre su empedrado de guijarros. Los recuerdos de la niñez seguían despertándose en él a la vista de la vieja escalera con su pasamano de caoba, rematado por un leoncito borroso y gastado, y de sus peldaños de azulejos del siglo anterior, en los cuales veíanse navíos sobre un mar morado, con banderas más grandes que el casco, embozados de gruesas pantorrillas blancas con sombrero de picos y huertanas con cestos de frutas, todo en colores tostados y chillones.

Vicenta, la vieja criada del tío, fue quien abrió la reja que obstruía la escalera. Juanito era el único pariente del señor a quien toleraba la vieja sirvienta. Le saludó con una sonrisa de su boca oscura y desdentada, y como de costumbre, no preguntó por su mamá ni sus hermanas. Aborrecía a aquellos parientes del amo, sabiendo la poca estima en que éste los tenía. Don Juan estaba arriba, en los porches, dando de comer a los palomos y a las gallinas.

La criada y el sobrino hablaban en un rellano de la escalera, desde el cual se veían algunas habitaciones. Él las conocía perfectamente, y subsistían en su memoria con todos sus detalles estrambóticos. Desde allí percibía el tufillo de las habitaciones cerradas años enteros; aquel ambiente rancio, húmedo, cargado de polvo, que con la diaria limpieza mudaba de sitio sin salir de la casa, y expulsado por la escoba de los rincones iba a caer un poco más allá.

La afición de don Juan a visitar almonedas, comprándolo todo con tal que fuese barato, había convertido su casa en una prendería. Las salas eran grandes como plazas, las alcobas podían servir de salones de baile; y a pesar de esto, no había un palmo de pared libre de muebles o adornos. Los armarios colosales se contaban a docenas, todos de roble viejo, con tallas tan complicadas como sus enormes cerraduras; los cuadros, buenos o malos, llegaban hasta el techo; las sillerías incompletas y de distintos colores, no encontrando espacio junto a las paredes, esparcíanse por el centro; todo estaba ocupado, como si la casa fuese un almacén, un depósito de rapiñas verificadas al azar; y aunque todas las piezas estaban abarrotadas, la casa sonaba a hueco, y la soledad despertaba esos ecos misteriosos de las grandes viviendas abandonadas. Mirando los salones interminables que parecían iglesias, pensábase involuntariamente en la noche, cuando las sombras ahogaban la macilenta luz de la candileja del avaro y los pasos del viejo y su criada sonaban como en el ulterior de una cripta, en un medroso silencio interrumpido por los crujidos de la madera vieja y las veloces carreras de las ratas.

La manía de adquirir todo lo barato daba a la casa un tono grotesco. Sobre la puerta de la escalera destacábase una testa de toro disecada, con unas astas que daban frío. Juanito tenía presente los enormes monos trepando por un tronco, con el lomo apelillado y calvo, y los pájaros vistosos, a quienes no se podía quitar el polvo sin que cayesen las plumas; adquisiciones de almoneda, que convertían en un arca de Noé el gran salón, con su techo al fresco, donde jugueteaban amorcillos descoloridos y macilentos por la pátina de un siglo entero, y con sus enormes consolas doradas sobre las cuales se ostentaban grupos de frutas contrahechas, uvas y melocotones, cuya cera perdía los vivos colores bajo la capa de los años.

—¿Conque el tío está arriba?

—En los porches lo encontrarás, Juanito... Sube, que yo voy a la cocina. Creo que se quema el potaje.

Y el muchacho siguió subiendo la escalera, que ya no era de azulejos vistosos, sino de tostados baldosines. Aquellos peldaños habían sido cincuenta años antes el camino de una gran industria. Centenares de obreros los pisaban todas las mañanas, y por allí descendían, recién salidos del telar, los floreados damascos, los brillantes rasos, la seda listada, todas las magnificencias de una industria oriental que daba a Valencia fama y prosperidad. Ahora era la escalera de un panteón, y se sentía malestar oyendo cómo el eco repetía y agrandaba los pasos.

Los porches eran inmensos. Un taller que se perdía de vista, ocupando todo el último piso del caserón; un bosque de maderos y cuerdas, invadidos por las telarañas; una confusión de telares que, inactivos y muertos, parecían siniestras guillotinas, complicadas máquinas de tormento.

Juanito tardó en ver a su tío, agachado entre dos telares, en mangas de camisa, ocupado en armar una ratonera. A pocos pasos de él, una docena de gallinas picoteaban en un barreño, y por encima de los travesaños y redes de los telares aleteaban los palomos, lanzando su arrullo adormecedor.

—¿Eres tú, Juanito? —exclamó el tío al levantar la cabeza—. No te esperaba. ¿Vienes para que hagamos juntos las estaciones? Pues no pienso salir hasta la tarde.

Y don Juan, abandonando la ratonera fue hacia su sobrino con la sonrisa paternal, bondadosa, que reservaba para Juanito aquel hombre duro y malhumorado con todos.

La mirada curiosa e interrogante del sobrino llamó su atención.

—¿Desde cuándo no has estado aquí...? Creo que desde que eras un chicuelo y subías a enredar con tus compinches. Lo menos hace veinte años... Está bien arreglado, ¿verdad? Las ventanas cerradas, los postigos de arriba alambrados, para que entre el Sol y el aire... Me he gastado una barbaridad de dinero: lo menos 12 duros; pero tengo un palomar en el que se criarían perfectamente todos los animales de pluma que entran en la plaza Redonda durante medio año. El único inconveniente son las malditas ratas. No hay ratonera ni polvos que puedan con ellas. Parece que los telares paran las ratas a montones. ¡Y qué atrevidas! ¡Degüellan a los polluelos, se comen las crías, y cualquier día creo que bajarán para devorarnos a Vicenta y a mí! ¿Y lo desvergonzadas que son...? ¡Mira... mira!

Y al mismo tiempo que señalaba a un extremo del vasto taller, cogió un pedazo de madera y lo arrojó con fuerza al lugar donde se agitaba el terrible roedor. El proyectil, pasando por entre los telares, rebotó sobre un poste, cayendo casi a los pies del tío.

—¡Se escapó...! ¡Figúrate lo que harán esas malditas cuando estén solas! Se comen más palomas y gallinas que yo, rompen los huevos, y resulta que hago gastos para mantenerlas regaladamente. El día menos pensado mato todos los animalitos, y se acabó la diversión.

Y mientras decía esto, por no estar inactivo, cogía de un telar la cazuela llena de granos, lanzando con voz de falsete un ¡«pul»!, ¡«pul»...! interminable, y arrojaba puñados al suelo, arremolinándose en torno de él las gallinas y palomos, escandalosas, agresivas, disputándose aquel maná con furiosos picotazos.

Juanito seguía contemplando el aspecto desolado del porche: el techo, de cuyas viguetas pendían largos pabellones de telarañas; los telares, que en sus superficies planas tenían capas de polvo cuya formación suponía docenas de años; las ventanas, con sus cerraduras enmohecidas y arriba unos enrejados por los que lanzaba el Sol barras de luz en cuyo interior danzaba un mundo de moléculas.

El joven recordaba confusamente las grandezas que había oído de boca de don Eugenio: los recuerdos gloriosos del arte de la seda, los brillantes trabajos de los *velluters* que cincuenta años antes hacían danzar las lanzaderas allí mismo, del amanecer hasta la noche; y sentía cierta pena, un malestar extraño, como si se encontrara ante las ruinas de una ciudad muerta y todavía vibrasen en el espacio los últimos estallidos de la catástrofe. Aquello era un panteón al que no se había quitado el andamiaje; la ruina y el silencio habían pasado por allí, petrificando el taller, antes ruidoso y ensordecedor.

La melancolía del joven parecía comunicarse a don Juan, que ya no arrojaba granos a sus aves.

—¡Cómo está esto! ¿No es verdad que entristece...? Y menos mal para ti, que no has conocido los buenos tiempos, cuando desde el amanecer reinaba aquí un estrépito de dos mil demonios, y abajo, tu abuelo y yo sentíamos temblar el techo al empuje de los telares, mientras arreglábamos cuentas o sacábamos de los armarios las ricas piezas para enseñarlas a los compradores... ¡Ah, qué tiempos aquéllos...!

Y el viejo se conmovía, coloreábase su tez, gesticulaba con entusiasmo, y sus ojos brillaban como si viese en movimiento aquel centenar de telares y una turba activa y laboriosa en torno de ellos.

—Aquí, en estos talleres, estaban la riqueza y la honra de Valencia; aquí trabajaban los *velluters*, aquella gente que por su tonillo docto era el prototipo de la pedantería, pero que resultaba respetable por ser la fiel guardadora de las costumbres tradicionales, la sostenedora de ese carácter valenciano, sobrio, alegre y dicharachero, que casi ha desaparecido. ¡Qué hombres aquéllos! Tenían sus defectos, Juanito; pero así y todo, no los cambiaría yo por los hombres de hoy. Su carácter era sutil como la seda; acostumbrados a las labores difíciles, menudas y complicadas, eran meticulosos, y tan amantes de la equidad, que hasta se cuenta como chiste que uno de los del gremio hizo parar una vez la procesión para recoger del palio una pasita que se le había caído comiendo en la ventana. Esto sería ridículo, pero a mí me entusiasma. Con hombres así no había miedo a ser robado, y la confianza entre amos y obreros era completa. El tejedor entraba de aprendiz en un taller, y solo lo abandonaba para irse al cementerio. Todos los trabajadores de la casa me vieron nacer. Eran como de la familia... ¡Oh, qué tiempos aquéllos...!

Y don Juan, animado por sus rancios entusiasmos, entornaba los ojos, como para ver mejor el hermoso cuadro del pasado.

—Ahora —continuó, apoyando sus palabras con paraditas nerviosas—, ahora, todo muerto por culpa del maldito Lyón, de esos gabachos que con sus máquinas endiabladas nos han arruinado... Ya no hay moreras en la huerta; en las barracas se ha perdido la memoria de las cosechas de capullo, y ha muerto una industria... industria no; un arte que nosotros, aunque cristianos viejos, heredamos directa y legítimamente de nuestros abuelos los moros... ¿Y en esto consiste el progreso? ¿En que unos pueblos roben a otros sus medios de vida...? Pues me *futro* en él y en los que le defienden.

Y el viejo, siempre circunspecto y bien portado, animándose con la imaginación, hacía ademanes tan enérgicos como incorrectos para manifestar el desprecio que le merecía el progreso condenado.

—Y no es que yo maldiga los adelantos —dijo después, como si se arrepintiese—; sobre todo me gusta que vayan a Madrid en menos de un día, cuando en mis tiempos se necesitaba nueve de galera y hacer testamento. Pero me enfurece que lo que estaba bien, y muy en su punto, venga el señor Progreso y lo eche a perder con su afán de revolucionarlo todo. Callaría si el arte de la seda hubiese ganado algo con nuestra ruina; pero me sublevo al ver que lo de allá, que es lo que priva, ni es arte ni nada. Industrialismo vil: estafa y nada más. ¿Dónde están los tejidos de pura seda que un puñal no podía atravesar? ¿Dónde los terciopelos que pasaban de abuelos a nietos, como si acabasen de salir de la tienda? Aquello acabó, y ahora solo queda la sedería de Lyón, «mírame y no me toques», algodón malo, géneros que no duran un año, porquerías con las que van tan orgullosas estas señoritas del día... ¿No es esto, Juanito? ¿No lo ves tú así?

Y el sobrino contestaba a todo con afirmativas cabezadas, muy preocupado en su interior por el modo como expondría la pretensión que le llevaba allí. La aprobación de Juanito templó las iras del viejo.

—No creas por eso que me forjo ilusiones. Esto está muerto y bien muerto. No es culpa de los de allá, sino de la gente de aquí. Se acabó el buen gusto. Hoy se tiene horror a lo que es rico y vistoso; los señores visten como los criados; todos van de oscuro, como sacristanes; el chaleco, que es la prenda que da majestad a la persona y pregona su clase, es de la misma tela que los pantalones; ya no se ostenta sobre el vientre el terciopelo floreado, aquellas rayas de cien colores que tanto golpe daban en mi juventud, y hasta los labradores se encajan la blusa y el hongo, como asistentes, y se ríen cuando sacan del fondo del arca el chupetín de raso de sus abuelos, la faja de seda y el pañuelo de flores, que tanto lucían en los bailes de la huerta... ¿Y las mujeres? No me hables de ellas... ¡Valientes imbéciles! Ni en las aleluyas del mundo al revés... Se visten como los hombres, con lanilla inglesa; van feas como demonios con esos colores de enterrador, apagados, sombríos; y en el verano gastan, cuanto más, percal de 3 reales, con lo que creen ir tan elegantes. ¡Oh, aquellos tiempos míos! Se estrenaba menos, era menor la variedad, pero se lucían cosas buenas y sólidas, que pasaban docenas de años en los roperos sin que hubiera polilla con valor para hincarlas el diente. ¡Todo se ha perdido! ¡Adiós, cortinajes de damasco! ¡Abur, seda chinesca! Ahora adornan los salones con unas telas ásperas, de tejido burdo y borroso; y cuando no, para que la cosa tenga «carácter» (¡vaya una palabra!), echan mano de las mantas jerezanas y arman una decoración de taberna.

Y el viejo, con el bigote un tanto erizado y los mongólicos ojos echando chispas, se movía y braceaba furioso, como si arrojara su indignación a la cara de un ser invisible. Su voz despertaba ecos en el inmenso porche, más silencioso que de costumbre por la calma en que estaban las calles; y a pesar de que las gallinas y las palomas picoteaban en torno de él, quitando grandeza a la escena, don Juan parecía un personaje bíblico, un profeta desesperado gimiendo lamentaciones ante las ruinas de la ciudad amada.

Pero no era el avaro hombre capaz de entregarse por mucho tiempo a esta indignación con arranques líricos.

—Pero vamos a ver, muchacho... ¿a qué has venido...? Algo te trae aquí. Lo adivino en tu preocupación.

Juanito balbuceó, sorprendido por esta pregunta inesperada. Sí... Algo tenía que decirle a su tío; pero le turbaban tanto los ojos interrogantes de éste, la calma con que esperaba su respuesta, que se le embrollaban sus pensamientos y no sabía cómo empezar.

—Es cuestión de la mamá... ¡Si usted supiera, tío...! Está en situación muy apurada.

Y rápidamente, sin tomar aliento, como si arrojara lejos de sí un peso asfixiante, disparó las pretensiones de doña Manuela, aquella demanda de 15.000 pesetas, cantidad necesaria para salvar la honra de la familia.

—Y bien, muchacho: ¿qué es lo que quieres decirme con todo esto?

—Que usted... como hermano... como tío mío que es, podía...

—Nada puedo, ¿lo entiendes...? Nada, absolutamente nada; y más tratándose de tu madre.

El viejo dijo esto con un acento que no daba lugar a dudas. No había que esperar que retrocediese en su negativa.

—¿Es que aún no conoces a tu madre? ¿No te he dicho muchas veces quién es...? ¿Que debe...? Pues que pague; y si no tiene con qué hacerlo, que sufra las consecuencias. He jurado no tenderle la mano aunque la vea con agua al cuello. Si fuese como Dios manda, una persona arregladita y económica, la sangre de mis venas le daría; pero a una derrochadora, que solo se acuerda de su hermano en los apuros, y cuando tiene cuatro cuartos desprecia sus consejos, a ésa no le doy ni esto.

Y metiéndose la uña del pulgar entre los dientes, tiraba con fuerza, produciendo un chasquido.

—De seguro que ella es la que te envía aquí.

—No, tío; puede usted creerme. Vengo por mi propia voluntad.

—Pues entonces —dijo sonriendo el ladino viejo— es que ella te ha pedido a ti el dinero, y vienes a ver si lo saco yo.

Enrojecióse el rostro de Juanito al ver que su tío adivinaba en parte la verdad.

—No niegues, muchacho; la cara te hace traición... Óyeme bien: si eres tan imbécil que te dejas explotar por tu madre, no cuentes con el cariño de tu tío. Lo que te dejó tu padre para ti es, y no para que se lo coman tus hermanitos los cachorros de Pajares. Vamos a ver; di la verdad: ¿No te ha metido Manuela en sus trampas? ¿No te ha hecho firmar algún pagaré? La verdad, y nada más que la verdad.

La mirada del viejo era fija, inquisitorial, escudriñadora; pero Juanito tuvo serenidad para mentir.

—No, señor; nada he firmado.

—Te creo, y lo celebro. ¡Mucho ojo, muchacho! Tu madre tiene hambre de dinero, y de seguro que no pierde de vista tu fortunita. No quiero que te roben. Cuando yo muera, tendrás más, algo más que ese huerto de Alcira; no quedarás en medio de la calle, como tu mamá, tus hermanas y el *perdis* de Rafaelito... Pero vuelvo a repetirlo: no quiero que te roben. Además, no tomes tan a pecho eso de la ruina de tu madre. Ella vive en la trampa como en su propio elemento, y ya sabrá salir de este apuro como de otro. Aún le queda algo para ir tirando; y cuando no tenga ni camisa, reventará, tenlo por seguro. Es de esas gentes que no mueren hasta gastar el último ochavo.

A Juanito le molestaba este lenguaje rudo que hería tan en lo vivo a su madre, a su ídolo; pero al tío le había profesado siempre tanto cariño como respeto, y fluctuando su carácter entre los dos afectos, limitábase a callar. Más de media hora estuvo oyendo los agravios que don Juan tenía con su hermana, el odio nacido al casarse ésta con el doctor Pajares, que sobrevivía a pesar del tiempo transcurrido.

—Adiós, Juanito, y no hagas caso de tu madre —dijo al despedirle en la escalera—. Lo que debes hacer es preocuparte menos de tu familia, que nunca ha pensado en ti, y preparar tu porvenir. Ve pensando en establecerte, y si encuentras una muchacha buena, hacendosa y modesta, lo que no es fácil, tampoco será de más que te cases. Para ser comerciante necesitas familia. Adiós, muchacho. Ven a la tarde y haremos juntos las estaciones.

El muchacho salió de la casa, llevando sobre sus hombros una verdadera olla de grillos. Era verdad lo que decía el tío: le querían explotar. Los lujos y prodigalidades de la familia tenía que pagarlos él, ¡él, que en su casa había ocupado un lugar intermedio entre los criados y sus hermanos! No daría un céntimo; que se arreglase su madre como pudiera. Nada le debía, pues le entregaba íntegro el salario de la tienda, satisfaciendo con creces sus gastos.

Pero todos sus propósitos de energía desvaneciéronse ante las miradas suplicantes de su madre. ¡Qué hermosa estaba! Con sus ojazos lagrimeantes y tiernos, parecía la Virgen que tiene el corazón erizado de espadas. Él no la abandonaba; sería un mal hijo si correspondía con el desdén al cariñazo maternal que le mostraba la buena señora tan pronto como se veía en apuros de dinero.

—Bueno, mamá; no llore usted. No encuentro quién nos preste; pero estoy dispuesto a firmar lo que usted quiera, dando en garantía el huerto. Crea usted que me cuesta mucho desprenderme de ese dinero.

—Yo te lo devolveré, hijo mío; te lo devolveré pronto —dijo la arrogante señora abrazando a Juanito y mojándole el rostro con sus lágrimas.

Y lo decía con toda su alma, con la buena fe de los tramposos cuando se ven salvados, que confían ciegamente en el porvenir y creen mejorar su fortuna en lo futuro.

—Está bien, mamá —dijo Juanito, que en medio de su enternecimiento no se cegaba—. Firmaré, pero solo por 15.000 pesetas.

Larga pausa.

Doña Manuela, pensativa:

—Mira, hijo mío, 15.000 pesetas justas no han de ser. Puedes firmar por 16.000. No digas que no, rico mío. Completa tu sacrificio. Necesito algún dinerillo para pagar ciertas cuentas, y además, las Pascuas vamos a pasarlas en nuestra casa de Burjasot; vendrán amigos, y hay que quedar bien. Ante todo, el decoro de la familia y no caer en el ridículo. Conque no tuerzas el gesto, niñito mío; quedamos en que serán 16.000... ¡Ay, qué peso me has quitado de encima...!

VI

Había abandonado la mesa la familia y aún duraban los elogios a Visanteta por el mérito de la «paella» que les había servido, cuando comenzaron a llegar los amigos.

—Mamá —gritaba Amparito desde la puerta de la calle—, las de López, que vienen en su faetón. ¡Calle! El tranvía ha parado en la esquina... ¡Si son «las magistradas»! ¡Ay, y también el papá de Andresito, guiando su *charrette*...! ¡Si parece que se han dado cita! ¡Todos a un tiempo...! ¡Venid, Conchita, mamá! ¡Mirad qué guapo está el señor Cuadros guiando su cochecito! ¡Parece que en toda su vida no haya hecho otra cosa...!

Y los convidados de doña Manuela entraron en la casa, confundiéndose unas familias con otras, saludándose las mujeres con un tiroteo de besos y elogiando todas las cualidades de la «posesión» que la viuda de Pajares tenía en Burjasot. Era un *chalet* que parecía escapado de una caja de juguetes; un edificio construido por contrata, tan bonito como frágil, con sus tejados rojos y escalinatas con jarrones de yeso, situado en el centro de un jardincillo excavado en las rocas, con dos docenas de árboles tísicos que gemían melancólicamente, martirizadas sus raíces por la capa de dura piedra que encontraban a pocos palmos del suelo. A pesar de su aspecto de decoración de ópera, que tanto entusiasmaba a doña Manuela, el tal *chalet* no pasaba de ser una casa de vecindad, enclavado como estaba entre otras construcciones de la misma clase, todas frágiles y pretenciosas, con sus jardincillos como sábanas, y sobre la verja, en letras doradas, los campanudos títulos de Villa-Teresa, Villa-María, etc., según fuese el nombre de la propietaria.

La viuda había empeñado y perdido para siempre un centenar de hanegadas de tierra de arroz que le producían muy buenos cuartos, para adquirir aquella ratonera brillante y frágil, a la que puso el título de Villa-Conchita, no sin protestas ni rabietas de Amparo. Creía que una «villa» para el verano es el complemento de una familia distinguida que tiene coche; y en las tertulias, al dirigirse a sus amigas, llenábase la boca hablando de su «lindo hotelito» de Burjasot y de las innumerables comodidades que encerraba.

La casa era mala, pero el paisaje magnífico. Los hotelitos —había que llamarlos así, para no disgustar a doña Manuela—, ocupando la suave pendiente de una colina yerma, eran un magnífico mirador, desde el cual se abarcaba la vega con todas sus esplendideces.

Al frente, Burjasot, prolongada línea de tejados con su campanario puntiagudo como una lanza; más allá, sobre la oscura masa de pinos, Valencia achicada, liliputiense, cual una ciudad de muñecas, toda erizada de finas torres y campanarios airosos como minaretes moriscos; y en último término, en el límite del horizonte, entre el verde de la vega y el azul del cielo, el puerto, como un bosque de invierno, marcando en la atmósfera pura y diáfana la aglomeración de los mástiles de sus buques.

El día era hermoso; un verdadero domingo de Pascua. La primavera enardecía la sangre, y la ciudad entera, solemnizando la vuelta del buen tiempo, lanzábase al campo, levantando en él un rumor de avispero.

Los convidados de doña Manuela veían a poca distancia los famosos Silos de Burjasot, gigantesca plataforma de piedra, cuadrada meseta agujereada a trechos por la boca de los profundos depósitos y en la cual hormigueaba un enjambre alegre y ruidoso: corros en que sonaban guitarras, acordeones y castañuelas acompañando alborozados bailes; grupos de gente formal entregada sin rubor a los juegos de la infancia; docenas de muchachos ocupados en dar vuelo

a sus cometas con grotescos figurones pintados, que al re-
montarse moviendo los inquietos rabos hacían el efecto de
parches aplicados al azul cutis del infinito y daban al paisaje
un aspecto chinesco de abanico o de pañolón de Manila.

En casa de doña Manuela, las señoras, despojadas de sus
sombreros y mantillas, y los hombres fumando con la confianza del que está en su propio domicilio, contemplaban
desde los balcones la alegría popular.

Bastábales volver un poco la cabeza, y su vista caía sobre
la inmensa vega, silenciosa y esplendente, con sus tonos verdes de infinitos matices, que deslumbraban, abrillantados
por el Sol de la primavera. Los pueblos y caseríos, compac-
tos y apiñados hasta el punto de parecer de lejos una sola
población, matizaban de blanco y amarillo aquel gigantesco
tablero de damas, cuyos cuadros geométricos, siendo todos
verdes, destacábanse unos de otros por sus diversas tonalidades; a lo lejos, el mar, como una cenefa azul, corríase por
todo el horizonte con su lomo erizado de velas puntiagudas
como blancas aletas; y volviendo la vista más a la izquierda, los pueblos cercanos: Godella con su oscuro pinar, que
avanza como promontorio sombrío en el oleaje verde de la
huerta; y por encima de esta barrera, en último término,
la sierra de Espadan, irregular, gigantesca, dentellada, mostrando a las horas de Sol un suave color de caramelo, surcada por las sombras de hondanadas y barrancos, decreciendo
rápidamente antes de llegar al mar, y ostentando en la última de sus protuberancias, en el postrer escalón, el castillo
de Sagunto, con sus bastiones irregulares, semejantes a las
ondulaciones de una culebra inmóvil y dormida bajo el Sol.

La esplendidez del paisaje tenía como embobados a los
convidados de doña Manuela, a pesar de ser todos ellos gente poco susceptible de entusiasmarse ante cosas que no fuesen útiles.

—¡Muy hermoso! —exclamaba «la magistrada»—. Yo he vivido en Granada cuando mi difunto estuvo en aquella Audiencia, y su vega no tiene comparación con ésta.

—¡Qué ha de tener! —dijo el señor López el bolsista con expresión doctoral—. Cuando a Fernando VII lo trajeron a los Silos, declaró que esto era el balcón de España.

—Pues figúrese usted —añadió doña Manuela, que enrojecía de satisfacción con estos elogios que alcanzaban a su casa—. Si los Silos son el balcón de España, ¿qué será Villa-Conchita, que está más alta que ellos?

—El balcón de Europa, Manuela, no lo dude usted.

El señor Cuadros, después de soltar esta barbaridad, miró a su mujer, que, como siempre, le admiraba.

Mientras tanto, las niñas de la casa, las de López y «las magistradas» paseaban por el jardincillo con Rafael, que hablaba de su amigo Roberto, a quien estaba esperando.

Andresito, cariacontecido y triste, seguía en un extremo del gran balcón, alejado de las personas graves. Sabía de buena tinta que la traviesa Amparito había tronado con el artillero; consideraba además como de muy buen signo que doña Manuela hubiese invitado a su familia, desechando la anterior frialdad; pero a pesar de esto, el bebé le había recibido con una sonrisa maligna, burlona, y antes de que hablara, se agarró del brazo de sus amigas, dejándole con la palabra en la boca. Y allí estaba él, plantado en el balcón, paciente y resignado, como si su destino fuese aguantar desdenes de aquella a quien había maldecido e insultado en toda clase de metros. Para ocultar su despecho, fingía contemplar atentamente el risueño panorama con sus ojos turbios. Poco le faltaba para llorar, y queriendo ocultar su emoción, murmuraba con expresión pedantesca:

—¡Qué espectáculo! Esto es una sinfonía de colores, una verdadera sinfonía.

¡Sinfonía de colores! Una frasecilla que había pescado en una de esas críticas que hablan del «colorido» y el «dibujo» de la música y la «armonía» y los «acordes» de la pintura.

El joven repetía con obstinación su frase, como el que, acostado, masculla sin cesar la misma oración para aturdirse y coger el sueño; y poco a poco, como hipnotizado por la brillantez del paisaje, fue sumiéndose en un limbo de quietud contemplativa.

Y ahora ¡vive Dios! iba adquiriendo realidad la dichosa sinfonía de colores; ya no era una frase huera y sin sentido, porque todo parecía cantar, la vega y el Mediterráneo, los montes y el cielo. ¡Qué delicioso era el anonadamiento del poetilla, apoyado en la balaustrada, sintiendo en su rostro el fresco viento que tantas cabriolas hacía dar a las cometas de papel...! Allí estaba la sinfonía, una verdadera pieza clásica con su tema fundamental... y él percibía con los ojos el misterioso canto, como si la mirada y el oído hubiesen trocado sus maravillosas funciones.

Primero, las notas aisladas e incoherentes de la introducción eran las manchas verdes de los cercanos jardincillos, las rojas aglomeraciones de tejados, las blancas paredes, todas las pinceladas de color sueltas y sin armonizar por hallarse próximas. Y tras esta fugaz introducción, comenzaba la sinfonía, brillante, atronadora.

El cabrilleo de las temblonas aguas de las acequias, heridas por la luz, era el trino dulce y tímido de los violines melancólicos; los campos de verde apagado, sonaban para el visionario joven como tiernos suspiros de los clarinetes, «las mujeres amadas», como les llamaba Berlioz; los inquietos cañares con su entonación amarillenta y los frescos campos de hortalizas, claros y brillantes como lagos de esmeralda líquida, resaltaban sobre el conjunto como apasionados quejidos de la viola de amor o románticas frases del violoncelo; y en el fondo, la inmensa faja de mar, con su tono azul esfumado, semejaba la nota prolongada del metal que, a la sordina, lanzaba un lamento interminable.

Andresito se afirmaba cada vez más en la realidad de su visión. No eran ilusiones. El paisaje entonaba una sinfonía clásica, en la que el tema se repetía hasta lo infinito. Y este tema era la eterna nota verde, que tan pronto se abría y ensanchaba, tomando un tinte blanquecino, como se condensaba y oscurecía hasta convertirse en azul violáceo. Como en la orquesta salta el pasaje fundamental de atril en atril para ser repetido por todos los instrumentos en los más diversos tonos, aquel verde eterno jugueteaba en la sinfonía del paisaje, subía o bajaba con diversa intensidad, se hundía en las aguas tembloroso y vago como los gemidos de los instrumentos de cuerda, tendíase sobre los campos voluptuoso y dulzón como los arrullos de los instrumentos de madera, se extendía azulándose sobre el mar con la prolongación indefinida de un acorde arrastrado del metal, y así como el vibrante ronquido de los timbales matiza los pasajes más interesantes de una obra, el Sol, arrojando a puñados su luz, matizaba el panorama, haciendo resaltar unas partes con la brillantez del oro y envolviendo otras en dulce penumbra.

Y Andresito, con la imaginación perturbada, iba siguiendo el curso de la sinfonía extraña que solo sonaba para sus ojos. Los caminos, con su serpenteante blancura, eran los intervalos del silencio. El tema, el color verde, crecía en intensidad al alejarse hacia las orillas del mar; allí llegaba al período brillante, a la cúspide de la sinfonía; y lanzándose en pleno cielo, aclarándose en un azul blanquecino, marchaba velozmente hacia el final, se extinguía en el horizonte pálido y vago como el último quejido de los violines, que se prolonga mientras queda una pulgada de arco, y adelgazándose hasta ser un hilillo tenue, una imperceptible vibración, no puede adivinarse en qué instante deja realmente de sonar.

Era una locura; pero el visionario muchacho «veía» cantar los campos y gozaba en la muda sinfonía de los colores, en aquella obra silenciosa y extraña que se parecía a algo... a algo que Andresito no podía recordar.

Por fin, un nombre surgió en su memoria. Aquello era Wagner puro; la sinfonía del *Tannhauser*, que él había oído varias veces. Sí; allí unas tonalidades de color enérgicas y rabiosas sofocaban a otras apagadas y tristes, como el canto de las sirenas, imperioso, enervante, desordenado, intenta sofocar el himno místico de los peregrinos. Y aquella luz que derramaba polvo de oro por todas partes, aquel cielo empapado de Sol, aquella diafanidad vibrante en el espacio, ¿no era el propio himno a Venus, la canción impúdica y sublime del trovador de Turingia ensalzando la gloria del placer y de la terrena vida? Sí; aquello mismo era. Y el muchacho, sonámbulo, embriagado por la Naturaleza, hipnotizado por la extraña contemplación, movía la cabeza ridículamente, y al par que pensaba que todo aquello era magnífico para puesto en verso, tarareaba la célebre obertura con tanta fe como si fuera el propio *Tannhauser* escandalizando con su himno a la corte del landgrave.

—Andresito... oye; oiga usted.

¿Quién le hablaba...? ¿Si sería Elissabetta, la cándida amada del cantor? No; era Amparito, el malicioso bebé, que le sonreía, algo confusa y tímida, como si no supiera qué decirle, y un poco más allá, doña Manuela envolviéndolos en la más tierna de sus miradas maternales.

Bien sabía hacer las cosas aquella señora. Al ver al pobre muchacho solo y gesticulando como un imbécil, había llamado a la niña para que lo llevara abajo con la gente joven, lo mismo que dos meses antes le había mandado que rompiese con él toda clase de relaciones. Era asombroso este cambio de conducta; pero también lo era que el señor Cuadros, que antes medía telas en su tienda sin ambición alguna, tuviera ahora carruaje y todo el empaque pretencioso de un aspirante a millonario.

—Ven conmigo, Andresito. Vamos a dar un paseo.

—Sí —añadió la mamá—, acompaña a Amparito. Reúnete con la gente joven... ¡Qué diablo! A tu edad...

El muchacho siguió a su antigua novia. Estaba como si acabase de despertar y todavía no hubiera ahuyentado la modorra del sueño. Aún le zumbaba en los oídos el eco lejano de la extraña sinfonía.

En el jardín estaban las jóvenes, muy alborozadas, en torno de Rafael y su amigo Roberto, que acababa de llegar. Juanito habíase metido en el piso bajo, donde reinaba gran algazara por estar reunidas las criadas de la casa con las de las familias invitadas.

Amparito llevaba a remolque a su antiguo novio.

—Vamos a ver; ¿qué hacemos...? Podemos dar un paseo por la montaña.

Y el alegre enjambre transpuso la verja del jardincillo, dirigiéndose a lo que llamaban «la montaña», árida colina, suave hinchazón del terreno, cariada como una muela vieja, rajada y perforada por las excavaciones de las canteras y las minas de greda.

El bullicioso escuadrón encaminábase lentamente a un horno de cal que había en la cumbre. Otros grupos de paseantes destacábanse a lo lejos como hormigas trepadoras.

Andresito y el bebé quedábanse rezagados, andaban lentamente y se detenían para recalcar sus palabras con gestos vehementes.

—Ea, que no te creo. Me la pegaste con el artillero, te burlaste de mí... «destrozaste mi alma», ¿y ahora quieres que yo me trague esa bola de que me querías entonces y sigues queriéndome?

—¡Pero tonto, si todo fue por probarte...! El artillero, ¡valiente mico! Yo solo te he querido a ti; pero a mamá no le parecía bien nuestro noviazgo, lo tenía por cosa de poca formalidad, y hube de obedecerla.

—¿Y ahora?

—Ahora es otra cosa. No sé qué mosca le ha picado a mamá. Antes eras un títere, y ahora parece que te considera mejor. En esto debe bailar tu papá.

—¡Mi papá! —exclamó Andresito con terror infantil, como si temiese una mano de azotes por la travesura.

—Calla, memo, no te asustes. Yo «distingo» más que tú, y creo que nuestro noviazgo es ya pan comido para la mamá y tu padre.

—¡Entonces...!

—Entonces, señor mío, podemos querernos como antes y sin miedo alguno; pero te advierto que nuestro noviazgo no ha de ser cosa de tapujo. ¿Para qué el novio, si no puede una lucirlo...? ¡Ah! Queda prohibido que me endilgues más versitos como los que me enviaste después del rompimiento. Señores, tiene gracia el modo como se desahoga este caballerito. Con esa cara de pascua, y tiene más ponzoña que una víbora. «¡Pérfida!, ¡desleal!, ¡traidora!...» Por eso tuve tanto gusto en hacerte rabiar con el teniente; para vengarme. Se acabaron los versos; y si me disparas algún soneto, te frotaré los hocicos con él, ¿sabes, niño? como a los gatitos cuando son cochinos.

Y Andresito sonreía, embelesado por la gracia con que el bebé le hablaba, ahuecando la voz para imitar grotescamente el tono de sus poesías y acompañando sus palabras con gestos de pillete. ¡Oh, qué criatura! Había que creerla y él se lo tragaba todo a ojos cerrados, incluso la afirmación de que sus relaciones con el teniente solo fueron para aumentar sus rabietas.

—Pero ¿no vienen ustedes?

Eran las de López las que llamaban; unas «perchas», según Amparito, a las que caían rematadamente mal los vestidos lujosos y recargados con que las obsequiaba el papá a cada operación afortunada en la Bolsa.

—¿Ya se han arreglado ustedes? —añadió una de ellas, sonriendo de un modo que picó la susceptibilidad de Amparito.

¡Ya les ajustaría las cuentas a aquellas pavas...! Y abandonando a Andresito, se unió al grupo de jóvenes que, en fila y cogidas del talle, corrían como unas locas por la suave pendiente. La alegría del campo, al verse libres de la mirada interrogante y severa de las mamás, convertíalas en niñas revoltosas, y a pesar de sus altos peinados, de sus faldas largas y ajustadas, correteaban, enseñando sus lindos pies y aleteando con sus enaguas como una bandada de pájaros. Las mejillas se enrojecían, expeliendo en su dilatación la capa de polvos de arroz; los ojos brillaban, los empellones y las corridas impetuosas parecían enardecerlas, como muchachas que se embriagan con la violencia de sus juegos, y en las expansiones a que se entregaban, acariciándose los inflamados rostros, besándose ruidosamente, parecía notarse algo de desprecio por los hombres que iban detrás. Rafael, su amigo y Andresito caminaban lentamente, con cachaza filosófica, mirando el hermoso grupo, sin intentar mezclarse en él.

Mientras tanto, Juanito pasaba la tarde en la cocina. Era una tendencia que avergonzaba a doña Manuela la que demostraba su hijo mayor. Apenas se formaba en la cocina una tertulia de criadas, allí estaba él, como arrastrado por irresistible seducción. Aquello debía ser hereditario: la afición de sus antecesores los montañeses de Aragón a las hembras fornidas, duras, oliendo a bestia bravía y con las manazas agrietadas por el esparto y la tierra de fregar. Su padre, sin duda, revivía en él, y por esto no podía aspirar el vaho de una cocina sin estremecimientos voluptuosos, ni ver a una muchachota de tez morena, brazo musculoso y robustas posaderas sin sentir que la sangre afluía rápida a su corazón, como si se viera ante el ideal realizado. Adoraba a Tonica, criatura endeble y graciosa, tal vez por la fuerza del contraste; pero cuando estaba en su casa no podía librarse de la «querencia» a la cocina, como decía Rafael, y allá iba a echar su párrafo, sin pasar nunca de ahí, pues Juanito era casto. Adoraba como un idealista las zafias beldades con su olor a limón y tierra, gozaba oyendo sus conversaciones, prestábalas con el mayor gusto pequeños servicios, aguantaba sus groserías e impertinencias, todo a cambio de poder estarse en un rincón, tímido y sonriente, contemplando los brazos hercúleos, los ojazos insolentes y las piernas como columnas, marcadas por el discreto zagalejo.

Al caer la tarde, comenzó a sonar un piano viejo en el piso alto del *chalet*, éste se conmovió con el taconeo de una agitada mazurca. Los señoritos habían vuelto de su excursión por «la montaña», y bailaban, no sabiendo sin duda cómo pasar el tiempo.

La señora había dado orden para que la merienda estuviera lista, y Visanteta se afanaba, yendo de un lado a otro y enviando sus amigas al jardín para que la dejasen en libertad.

Cuando Juanito subió al piso alto, el baile estaba en su apogeo. Rafael y Roberto sacaban a bailar, una tras otra, a todas las señoritas, y el señor Cuadros, ¡oh asombro! entró de refuerzo. Entre aplausos y risas bailó con Amparito, mientras su hijo los contemplaba enternecido, renegando tal vez en su interior de su condición de poeta soñoliento y enemigo de superfluidades, que no le permitía aprender cómo se mueven las zancas en el vals. ¡El mismo demonio era el señor Cuadros, a pesar de sus años y del enorme bigote! Así lo declaraban doña Manuela y Teresa, sonrientes, reconciliadas y puestas ambas al mismo nivel. Sus miradas hablaban. Había que hacer algo por los chicos, ya que se querían tanto sus familias.

Terminaba la tarde. Por los balcones entraba el resplandor rojizo de la puesta del Sol, que se ensanchaba en el horizonte como un lago de sangre.

Calló el piano, guardándose su ronca y temblona voz de viejo, y el enjambre joven, atropellándose, corrió al comedor. ¡Vive Dios, que se estaba bien allí, sentados ante el blanco mantel, con los balcones abiertos y en los ojos el extenso paisaje, que, con la luz anaranjada de la caída de la tarde, iba velando sus tonos brillantes y parecía adormecerse!

Todos tenían excitado el apetito por el paseo y el baile, y miraban con el rabillo del ojo la puerta por donde entraban las criadas.

—Señores, tendrán ustedes que perdonar —decía doña Manuela con aire de castellana hospitalaria—. Estamos en el campo y hay que conformarse con lo que traigan. Aquí no se pueden hacer milagros. En fin, harán ustedes penitencia. Todos contestaban con un «¡oh!» de protesta, mientras se acomodaban la servilleta en el pescuezo. Ya sabían que la dueña de la casa arreglaba bien las cosas. Y empuñaban el tenedor, como diciendo: «¡Venga de ahí, que estamos a todo!».

No fue malo el desfile de platos organizado por Visanteta. Era la cocina indígena, con todo su esplendor de las fiestas tradicionales. El lomo de cerdo, con las primeras habas de la cosecha, tiernas y jugosas, formando un puré, cuyo olorcillo causaba en el estómago una sensación voluptuosa;

los langostinos, con casaquillas de escarlata y la puntiaguda caperuza, doblándose como *clowns* rojos sobre un lecho de excitante salsa; los pollos, despedazados, hundidos en el rosado caldo del tomate, y después las rodajas de salchichón a centenares, un jamón entero cortado en gruesas lonjas, y una enorme pirámide de huevos cocidos, con la cáscara teñida de rojo o amarillo; todo con una abundancia capaz de anonadar al estómago más animoso.

Pero los convidados de doña Manuela eran personas de buen diente. Solo «las magistraditas» y «las perchas» de López comían con cierto dengue y lanzaban miradas escandalizadas cuando veían en sus copas dos dedos de vino; pero los demás tragaban de buena fe, y el ruido de sus mandíbulas parecía gritar en el silencioso comedor: «Aquí se come y se goza... y ruede la bola».

Además, Rafael y Roberto se encargaban de dar a la merienda el tono de distinción que tanto agradaba a doña Manuela. ¡Vaya unos chicos atentos! ¡Cómo sabían obsequiar a las muchachas...! «No me desprecie usted esta aceituna...» «Lolita, ¡por Dios! acepte usted esta rodajita de salchichón...» «Vamos, un pedacito más: ¡no me deje usted feo!»

Y procediendo como niñas buenas y bien educadas, incapaces de desear la fealdad del prójimo, aceptaban los obsequios ruborizadas, pero mirando con superioridad satisfecha a las amigas.

Doña Manuela estaba contenta. ¿No era un placer reunir en la mesa tan buenos amigos? ¿No se gozaba contemplando sus expansiones? Allí quisiera ver ella a su hermano, el maldito tacaño, incapaz de convidar a sus amigos a una ensalada. ¡Cómo ensanchaba el alma ver a la familia con sus amigos celebrando la Pascua tradicional! Era verdad que la fiesta resultaba costosa; que llena de trampas como estaba no debía permitirse tales despilfarros; pero ¡qué diablo!

hay que saber vivir, y aquella fiesta, pensando egoístamente, bien podía resultar un medio seguro de proporcionarse auxilios en el porvenir. En el señor López no había que confiar mucho; tenía el alma atravesada, y si gastaba algo adornando a su familia, era para sostener su prestigio de bolsista de fuerza. Pero allí estaba Cuadros, infatuado por la buena suerte, orgulloso, tanto él como su esposa, de que la señora del antiguo principal accediese a admitir a Andresito en su familia; estos dos amigos, seguramente que al verla en un apuro eran capaces de darla la sangre de sus venas.

Y doña Manuela, animada por estas ilusiones que garantizaban su futura tranquilidad, envolvía la mesa y sus comensales en una mirada infinita de benevolencia y cariño. Todo marchaba bien. Andresito y Amparo se pellizcaban por debajo de la mesa; Roberto se acercaba de un modo inconveniente a Conchita; la mamá lo veía todo, pero sonreía con dulce tolerancia. Un día es un día; hay que dar a la juventud lo suyo, y ella ¡ay! recordaba enternecida cuando el doctor Pajares era estudiante y se sentaba a su lado en la mesa.

La merienda se animaba. Nelet había encendido la lámpara del comedor, y los moscardones y mariposas del vecino jardín, atraídos por la luz, aleteaban nerviosamente, chocando con la pantalla de porcelana. Sobre la mesa aparecían las doradas naranjas de terso cutis, el «panquemado» de Alberique, con miga porosa, la corteza oscura y barnizada y el vértice nevado, y las bandejas de dulce seco, confitería indígena, sólida y empalagosa: peras verdosas con la dureza del azúcar petrificado, limoncillos de las monjas de Sagunto, trozos de melón, yemas envueltas en rizados moñetes de papel, todo destilando azúcar y atrayendo a los insectos que revoloteaban en torno de la luz.

La concurrencia se atracaba de huevos cocidos. Partíanlos en la frente del vecino, a pesar de las muchas precauciones que se adoptaban para evitar esta broma tradicional; y eran de ver las señoritas tapándose la cara con las manos, chillando como gallinas asustadas, por miedo a que les golpeasen encima de las cejas, y los aplausos y vivas con que se acogía la travesura de alguna joven cuando era ella la que agredía a los audaces pollos. Cuando se hacía momentáneamente el silencio en el comedor, oíase cómo se regocijaba fuera la plebe; el rasgueo de la guitarra, el estallido de los cohetes, el cacareo de las mujeres; y algunas veces el estruendo venía de abajo, de la cocina, donde sonaban el vozarrón de Nelet y las corridas medrosas de las criadas, con chillidos de protesta débil. También allí partían huevos.

Las personas mayores la emprendieron con el dulce, y el señor Cuadros descorchó frascos de licor de colores vivos e infernales, que hacían retorcer el estómago. Las copitas de color rosa besaban las bocas, dejando en los rojos labios de las jóvenes adorables gotitas de azúcar líquido.

La sobremesa, alborozada y ruidosa, duró mucho rato. Nadie miraba el reloj del comedor, que seguía indiferente marcando el curso del tiempo. Cuando sonaron las nueve, todos se sobresaltaron. Fuera del «hotel» la algazara iba disminuyendo.

Doña Manuela hizo prometer a sus amigos que la honrarían con su visita en los dos restantes días de la Pascua, y comenzaron los preparativos de marcha. Las criadas comparecieron rojas y sudorosas. Bien habían bromeado con Nelet y el cochero del señor López.

Comenzó la confusión de la despedida. Buscaban los abrigos abandonados sobre los muebles; olvidaban dónde habían dejado el sombrero; recogían los velillos rotos en el revuelto montón de prendas, y transcurrió más de media hora antes de que todos estuvieran listos.

El señor López ofreció su faetón a «las magistradas». Irían todos apretados, pero esto entraba en la fiesta. En cuanto al señor Cuadros, sacó de la cuadra del «hotel» su carruajillo, del que estaba orgulloso, y amontonó en él la esposa, el hijo y las dos criadas.

—¡Buenas noches...! ¡Hasta mañana...! ¡Descansar...! ¡Arre, valiente!

Y los dos carruajes, esparciendo en la sombra la roja luz de sus dobles faroles, partieron al trote, conmoviendo el silencio de la noche tibia, estrellada y serena. La familia de Pajares los vio alejarse desde la puerta del «hotel».

Frente a los Silos, la multitud arremolinábase en la oscuridad, asaltando a brazo partido las plataformas de los tranvías o regateando con los cazurros tartaneros. Sonaban los pitos; el vocerío era grande en torno de los ojos inflamados de los coches, y el público esperaba impacientemente el momento de emprender el viaje, entonando canciones a coro, en las cuales, sobre las voces aguardentosas, destacábanse otras jóvenes, claras, argentinas. De vez en cuando, griterío y corridas; brazos en alto, bastones enarbolados, una guitarra estrellándose quejumbrosamente en una cabeza, y cuando la calma se restablecía, saludábase con sonrisas y aplausos irónicos a la ristra de valientes que, sin paciencia para esperar, emprendían la marcha carretera abajo, cogidos del brazo, moviéndose con torpe balanceo, como si estuvieran sobre la cubierta de un buque en día de gran marejada, charlando incoherentemente o soltando sus vozarrones para entonar los estrambóticos y lánguidos corales que inspira la musa amílica.

Los tres días de Pascua fueron de felicidad para la familia de Pajares. El noviazgo de Amparito se consolidó, desapareciendo los escrúpulos del poetilla, temeroso de que el recuerdo del teniente viviese todavía en la memoria de la joven. Era cosa decidida, y el bebé siempre contestaba con el mismo tono burlón a sus recriminaciones:

—Pero ¡tonto...!, ¡si nunca le quise...!, ¡si aquello fue una broma, un caprichito para hacerte rabiar...! ¡Yo solo te quiero a ti, insultador...!

Y Andresito, cerrando los ojos, despreciando los punzantes recuerdos del pasado, se sentía feliz, tanto casi como Conchita, que en los días de Pascua, en la agitación de las alegres meriendas, había conseguido turbar a Roberto hasta el punto de arrancarle la deseada declaración. Por fin era su novio «oficial»; ya podía hablar con él a todas horas, sin miedo al ridículo de una intimidad falta de garantía.

Juanito fue el único que sufrió en aquellos tres días. La mamá mostrábase con él amable y cariñosa como jamás la había visto; tenía arranques de lirismo casero, se enternecía reuniendo toda la familia en la mesa, y él, por no contrariarla, permanecía en Burjasot, víctima de las contradicciones de su carácter, tan pronto atraído por la «querencia» a la cocina, como pensando en Tonica con la dulce nostalgia del enamorado.

Por esto, cuando regresó a Valencia, volviendo a encargarse de *Las Tres Rosas*, experimentó la alegría del que sale del destierro. Quiso resarcirse del breve paréntesis en su vida de amante, y esperó a Tonica en las calles, sosteniendo con ella largas pláticas que la hacían llegar tarde a casa de las parroquianas, enterándose con minuciosidad de las tardes que había pasado en melancólica calma leyendo novelas sentimentales, mientras Micaela, la fiel amiga, cocinaba, preparando la modesta merienda.

Sus pláticas con aquella muchacha tranquila y juiciosa le daban nuevos ánimos para trabajar; y él, que hasta entonces había vivido tranquilo e indiferente, amarrado a la noria de la dependencia, sin pensar en el porvenir, sentíase ambicioso, soñaba con una gran posición comercial, que compartiría con Tonica, y miraba la tienda de *Las Tres Rosas* con el mismo cariño del heredero ante una cosa que espera ha de ser suya. Su plan estaba formado. Esperaría hasta fines de año, vendería el huerto de Alcira, y don Antonio le haría traspaso de la tienda por unos cuantos miles de duros.

El afortunado bolsista seguía abominando de la tienda y del mezquino comercio al por menor; no era difícil alcanzar la cesión de *Las Tres Rosas* por lo que el joven quisiera darle. ¡Valiente cosa le importaba a él 1.000 duros más o menos! La suerte le había hecho audaz; realizaba jugadas con éxito sorprendente, y así como aumentaba su fortuna, transformábase en persona. Permanecía en la tienda lo menos posible; cuando no estaba en la Bolsa, pasaba las horas en el café, mediando en las riñas de «alcistas» y «bajistas», con expresión de superioridad; enganchaba la *charrette* e iba con Teresa, muy emperejilada, a pasear su nuevo lujo por la Alameda, entre los brillantes trenes, para que supieran más de cuatro que él también, «aunque le estuviera mal el decirlo», era de la aristocracia, de la del dinero, que es la que más vale en estos tiempos; y hasta en su misma casa introducía reformas radicales, pasando la familia con violento salto de la comodidad mediocre a la ostentación aparatosa. Seducido por los guisos de fonda que saboreaba en los banquetes conmemorativos de grandes jugadas, no podía avenirse con el talento culinario de su Teresa, y había tomado una cocinera procedente de una gran casa. La riqueza improvisada daba al señor Cuadros un airecillo petulante y fanfarrón. En competencia con su mujer, pocos dedos conservaba en sus manos libres de sortijas; solo que las suyas no eran baratas, sino de oro macizo, gruesas, pesadas y con cada pedrusco que quitaba la luz de los ojos. Rompía los ojales del chaleco con la enorme cadena cargada de dijes, y él, que antes cuidaba de salir con poca calderilla en el bolsillo, por miedo a los compromisos o a la tentación de entrar en algún café, sacaba ahora, a tuertas y a derechas, su gran cartera de hombre de negocios repleta de billetes del Banco, y muchas veces escandalizaba a los camareros presentando para pagar un refresco un papelote de 1.000 pesetas.

Las Tres Rosas estaba patas arriba, según murmuraba el asombrado Juanito. La fortuna del amo los enloquecía a todos. Los dependientes, libres de vigilancia, hacían lo que les daba la gana; el género desaparecía, sin dejar como recuerdo de su paso dinero en el cajón; las criadas robaban arriba, en las mismas narices de doña Teresa, aturdida por tan radicales cambios; pero allí estaba el amo para remediarlo todo, y por mucho que se despilfarrase, los cobros de diferencias a fin de mes eran tan exorbitantes, que empujaban vertiginosamente aquel barco falto de dirección y haciendo agua por todas partes.

El único que protestaba en la casa, revolviéndose furioso contra las desatinadas innovaciones, era don Eugenio. El veterano del comercio escandalizábase, y había que oírle las pocas veces que conseguía entablar conversación con el dueño de la tienda, siempre atareado, viviendo en su casa como en una fonda.

Don Eugenio parecía una sibila, que, en nombre de la honradez y la mesura comercial, profetizaba las mayores desgracias. Aquella borrachera de dinero no podía acabar bien. No era legal ni justo ganar 8 o 9.000 duros en un mes, jugando, ni más ni menos que los perdidos que van a los garitos; además, ese lucro resultaba criminal, ya que lo que él ganaba otros lo perdían.

Pero don Antonio contestaba con risitas irónicas que desesperaban al pobre viejo. ¡Vaya unas ideas rancias! ¿De dónde salía para atreverse a hablar contra un negocio tan legal y admitido por todos? Los tiempos cambian, amigo don Eugenio, y con ellos los negocios. Es verdad que los afortunados arruinaban a los infelices, pero ¡qué remedio...! Había que amoldarse a las exigencias del mundo, tomar parte en la «lucha por la existencia»; la sociedad estaba constituida así. Para que vivan unos hay que devorar a otros. Y el señor Cuadros repetía con expresión pedantesca estos y otros lugares comunes que había oído en la Bolsa de boca de ciertos pillos de levita, que con la dichosa «lucha por la existencia» justifican rapiñas legales que merecen un grillete. Y para desesperación del pobre viejo, hacía la apología de la Bolsa. Solo un rancio podía tronar contra ella. Para censurarla había que ser consecuente y hablar mal también del ferrocarril, del teléfono y de todas las conquistas del progreso. Podía esperar sentado a que todas las personas honradas se coligasen, según él decía, para acabar con los negocios bursátiles.

Cada día eran más respetados; se popularizaban, y ya no eran comerciantes y rentistas los que jugaban en la Bolsa; los pobres, los humildes, buscaban tomar parte en el negocio. Y para probarlo, no había más que fijarse en don Ramón Morte, un filántropo, que hacía el bien encaminando a la ganancia los pequeños capitales que yacían muertos y dedicando las ganancias propias a obras de beneficencia.

Don Eugenio escuchaba con frialdad el nombre del célebre banquero, que todos los días repetían los periódicos, pero Juanito se estremeció. Aquél sí que era un hombre. Husmeaba la ganancia a cien leguas; colocaba los capitales ajenos con la mayor seguridad; tenía esclavizada la fortuna, y a pesar de esto, ¡qué sencillo! ¡Con qué modesta afabilidad trataba a los pequeños! Era un señor pequeñín, enfermizo por el exceso de trabajo, con gafas de oro y esa sonrisa atractiva y cándida cuyo secreto solo poseen los grandes hombres de negocio o los Padres de la Compañía. Dos veces había estado en la tienda buscando al principal, y se dignó hablar con Juanito afectuosamente, como si fuese uno de la clase, enterándose con benevolencia paternal de sus proyectos para el porvenir. ¡Oh, qué hombre! ¡Qué confianza inspiraba! Aconsejado por él, realizaba el señor Cuadros sus magníficos negocios; y Juanito, a no ser por su deseo de verse dueño de *Las Tres Rosas*, hubiese vendido el huerto, poniendo toda su fortuna en manos de don Ramón.

La loca fortuna del principal contagiaba al dependiente, y éste, a pesar de su carácter frío, se sentía animado por el deseo de correr el azar ganando una fortuna en unos cuantos meses o arruinándose para siempre. Cuando estaba solo y entregado a sus reflexiones, asustábase de las audacias de su pensamiento; pero oyendo al principal enardecíase, y entre las cenizas de su carácter tímido y apático asomaba el fuego del aventurero.

Las contiendas entre don Eugenio y su antiguo dependiente los separaban, y a pesar de hacer la vida bajo el mismo techo, pasaban semanas sin hablarse. El pobre viejo se sentía solo en aquella casa. Teresa no le comprendía; Andresito, entusiasmado por la fortuna del papá, tenía sus ambiciones; mostrábase meticuloso y exigiendo en materias de vestir, y hablaba de la posibilidad de poseer una yegua alazana y pasear por la Alameda, siguiendo el carruaje de su novia, para lo cual se estaba preparando todas las tardes en el picadero.

Don Eugenio solo se consolaba yendo en busca del tío de Juanito, ante el cual mostraba su indignación por los negocios de Cuadros. ¡Cómo se reía don Juan de las fortunas de los bolsistas! Buen provecho. Muchos le habían propuesto aquel negocio; pero él era gato viejo y gustaba de guardar seguro su dinero. Eso de arrojar la fortuna al viento, con la esperanza de una ganancia loca, quedaba para los tontos que se creen poseedores de infalibles secretos. Él opinaba como don Eugenio. Aquello solo era una racha de fortuna, la terrible benevolencia de la fatalidad con los jugadores novatos: primero, la seducción de las pequeñas ganancias, y después, cuando ya están metidos de cabeza en los caprichos del azar, la ruina instantánea, completa, fulminante.

El día de San Vicente supo Juanito hasta dónde llegaba la indignación del venerable don Eugenio.

La fiesta del santo popular verificábase con el aparato de costumbre. En los puntos más céntricos de la ciudad habíanse levantado los «altares», enormes fábricas de madera y cartón-piedra que llegaban a los tejados, con decoración gótica o corintia, erizados de mecheros de gas, y en su parte media la repisa, en la que se ostentaba el diplomático de Caspe con su hábito de dominico y un dedo en alto entre cirios y flores. Abajo, la plataforma del escenario, donde se representaban los *milacres*, piezas dramáticas, cándidas y sencillas como sus versos lemosines, cuyo argumento, girando en torno del mismo punto, trata siempre de las querellas feudales entre Centelles y Vilaraguts, de la conversión de los moros de Granada o de alguna treta de los impíos contra el elocuente apóstol, todo sazonado al final con el necesario milagro del santo y el correspondiente sermón en endecasílabos. La multitud agolpábase ante los altares para oír mejor a los actores, granujillas del barrio, roncos de tanto vocear los versos, orondos en sus trajes de ropería; orgullosos de lucir el bonete con pluma y tirar de la espada cuando lo requería el *milacre*; y era de ver la atención con que escuchaba la predicación de San Vicente, representado siempre por un muchacho paliducho, pedante y melancólico, y las carcajadas con que celebraba las majaderías del motilón, personaje bufo que pasaba el tiempo tragando pan, sorbiendo rapé, sonándose las narices en un pañuelo como una sábana y agujereado como una criba, y diciendo estupideces subidas de color, todo para mayor edificación de los devotos del santo. Un mar de cabezas agitábase ante aquellas plataformas que recordaban el teatro primitivo, lo mismo el tablado de Esquilo que la carreta de Lope de Rueda.

Entre una y otra representación tocaban las músicas alegres polcas, y la granujería de siempre, agarrada de un modo repugnante, improvisaba academias de baile en las aceras, chocando muchas veces contra las mesas donde las buenas mozas de vestido almidonado, pañuelo de seda y cara bravía vendían garbanzos tostados, orejones y ciruelas pasas.

Juanito, a las tres de la tarde, había ido a ponerse en acecho cerca de la casa de Tonica, esperando que ésta saliese con Micaela para ver los altares. Una vecina le avisó que ya habían salido, y el joven lanzóse en su persecución, corriendo de uno a otro altar, sin conseguir encontrarlas.

En la plaza de la Constitución vio a don Eugenio, que miraba de lejos el *milacre*, apoyado en el viejo bastón y mostrando su carita de pascua por el embozo de su capa azul, que no abandonaba hasta bien entrado el verano.

El pobre señor acogió a Juanito con una sonrisa de gozo.

—¡Hombre, cuánto me alegro de verte...! Tú no tendrás qué hacer, ¿verdad?

Juanito contestó negativamente, arrepintiéndose enseguida.

—Me alegro. Pasearemos juntos. Mis amigos han salido con sus familias, y yo no tengo a nadie en este mundo; estoy solo... completamente solo.

El viejo recalcaba estas palabras, como si quisiera hacer responsable a alguien de su abandono.

Emprendieron los dos la marcha hacia las Alameditas de Serranos, paseo habitual de don Eugenio. Por el camino hablaba el viejo de su situación con tono melancólico; pero sus quejas eran vagas. Llegaron al paseo: una ancha faja de jardín en la orilla del río, exuberante de vegetación, pero tan sombría, que justificaba su título vulgar de «paseo de los desesperados». La concurrencia era la de siempre. Algunas madres de la vecindad, con su tropel de muñecos voceadores, y grupos de curas y aficionados a la clase sacerdotal, destacando sobre el verde la mancha negra de sus trajes, hablando con misterio de lo malos que están los tiempos, del prisionero del Vaticano y del verdadero rey que vive en Venecia.

Don Eugenio, saludaba al paso aquellas caras que veía todas las tardes, sin interrumpir por esto la conversación.

Juanito le oía con la deferencia y el respeto que inspiran ochenta años.

—En una palabra, muchacho: que yo no puedo sufrir esta clase de vida. Serán para algunos escrúpulos necios, pero ¿qué quieres? Después de tantísimos años de probidad comercial, de prosperidad lenta pero segura, no puedo conformarme con esta vida de agitación y sobresalto que noto en torno mío, ni menos ver con tranquilidad una ganancia inmoral y estrepitosa.

—Pero ¿por qué se ha de molestar usted tanto? —dijo el joven con tono conciliador—. Lo mejor es que deje correr las cosas. Don Antonio gana demasiado dinero para que puedan hacerle mella sus palabras. Además, cada época trae sus costumbres, y no es justo que usted se queje porque las cosas no estén lo mismo que en su juventud.

—Tienes razón, hijo mío. Éstos son otros tiempos. Soy un verdadero cadáver; pero me resisto a meterme en la fosa, a pesar de que ésta me reclama, y tengo que sufrir las consecuencias. ¡Qué tiempos, Señor, qué tiempos!

Y el vejete miraba al cielo, mientras su mano arrancaba al paso las hojas de los rosales.

—Tú también —continuó— estás algo tocado de ese afán de hacerte rico, aunque sea arruinando al mundo entero. No te culpo por esto; es la fiebre de la época, y la juventud es la que con más calor apadrina las ideas nuevas. Tienes razón; yo no puedo, yo no debo meterme en los negocios de Antonio; carezco de derecho. ¿Qué soy en aquella casa? Un trasto inútil, un mueble incómodo que se empeña en permanecer intacto y todos desean verlo hecho astillas para arrojarlo al montón.

—No; eso no es verdad, don Eugenio. En aquella casa le quieren a usted todos. Me consta.

—Y yo también —dijo el viejo con gran calor—, yo también los quiero con toda mi alma. ¿Tengo otra familia acaso? Lo que hay, muchacho, es que, por lo mismo que les quiero tanto, me preocupa su suerte y no puedo ver con tranquilidad cómo Antonio se mete de cabeza en tan peligrosas aventuras. ¡Ay, mi pobre tienda! Tiemblo al pensar que puede ser deshonrada para siempre. He oído decir que los marinos viejos sienten una pasión loca por el barco en que han pasado su vida. Lo mismo soy yo con *Las Tres Rosas*. Yo la fundé; tu pobre padre mantuvo la reputación del establecimiento honrado, y ahora... tiemblo al pensar lo que ocurriría si Antonio se arruinase en la Bolsa como otros tantos... Todo perdido, la tienda embargada, deshonrada para siempre... ¡Gran Dios! No quiero pensarlo.

—¡Bah! —objetó Juanito con juvenil confianza—. No es eso fácil; en la Bolsa solo se arruinan los tontos, y mi principal tiene buen guía. Don Ramón... ¿sabe usted? don Ramón Morte, el hombre mimado de la fortuna, el gran filántropo.

—No seas tonto, muchacho. ¿Crees que tu tío es listo? Pues pregúntale qué piensa del tal don Ramón. Un pillo, hijo, un pillo redomado que emplea la pamplina de la caridad y se da bombos en los periódicos para engañar incautos. ¡Y qué bien sabe hacerlo el muy ladrón! Se confiesa a menudo, entrega cantidades en las sacristías, diciendo que las ha cobrado de más por un error y quiere sean para los pobres, y hasta se murmura si es él ese ramoso sujeto que, con el incógnito de *Un cualquiera*, envía dinero a la Junta de Instrucción Obrera cuando ésta sufre apuros. Esa modestia, ese incógnito a medio velo, es un medio para llamar la atención como cualquier otro reclamo, y un negociante que desea tanto la popularidad no lleva idea buena. Algo prepara. Para mí, lo que hace es arreglarse el vendaje antes que exista la herida.

Juanito sentía inquietud y molestia ante la rudeza con que el viejo destrozaba el ídolo de su admiración, pero calló por respeto.

—Si ese hombre es —continuó don Eugenio— quien tiene que evitar la ruina de Antonio, bien estamos. Yo veo claro, y por eso chillo hasta ser impertinente. No entiendo de esos negocios infernales, estoy acostumbrado a los tratos sencillos del comercio a la antigua, pero no desconozco lo fácil que es quedarse los bolsistas en medio de la calle de la noche a la mañana. ¿Y puedo yo estar tranquilo...? Al principio, Antonio era prudente y no exponía gran cosa; pero la ganancia le ciega, y ahora... ¿sabes? me he enterado de que se mete tan hondo, que si la fortuna le volviese la espalda, en veinticuatro horas quedaba limpio, sin cubrir sus compromisos, y por tanto, deshonrado. Figúrate lo que esto representa muchacho. Si tu padre viviera, me comprendería mejor. Se me abren las carnes solo al pensar en la posibilidad de que el dueño de *Las Tres Rosas* aparezca como un insolvente, como un tramposo, casi como un estafador. Di, muchacho, ¿puedo yo consentir esto? ¿Te parece tolerable?

Y el viejo se animaba, se erguía, apoyándose en su bastoncillo, y al hablar de su querida tienda, una oleada de sangre daba color a su cara fresca de anciano bien conservado.

—No; yo no puedo callar; esto apresurará mi muerte. Necesito tranquilidad, y no me acuesto ninguna noche sin llevar en el cuerpo un berrinche más que regular. Lo que yo digo: pero Señor, ¿por qué se meterá ese hombre en libros de caballerías? ¿No podía vivir tranquilo como yo, trabajando para la vejez y sin exponerse a peligro alguno...? Y es la maldita ambición que hoy todo lo invade. En mis tiempos, antes de gastar un ochavo le dábamos cien vueltas, pero nos contentábamos con lo nuestro y vivíamos felices. Ahora todo el mundo no piensa en otra cosa que en el modo de quitar legalmente la bolsa al vecino. La ambición los devora; a los cuarenta años son más viejos que yo; viven pendientes de un hilo con el afán de acaparar dinero; y todo para derrocharlo, para satisfacer esa locura de engrandecimiento que a todos domina. Esto está perdido. Los mocosos ya no se conforman con ser aprendices y quieren pasar a amos; y... ¿qué más? Antonio se avergüenza de ser comerciante, y va por las tardes a la Alameda en un cochecillo ridículo, guiando como si fuese un cochero. Antes soñaba con que su hijo fuese abogado, y ahora mira impasible cómo abandona los estudios y se entera con gusto de sus progresos en la equitación. Dice que con la herencia que él le dejará, para nada necesita la carrera; quiere hacer de él un hombre a la moda, y quién sabe si tendrá pensado casarle por lo menos con la princesa de Asturias...

Y reía al decir esto con una risa misericordiosa, como si se sintiera elevado por encima de todas las miserias.

—En fin, hijo mío, tal vez te fastidie con mis quejas, pero a los viejos hay que tolerarles. Yo necesito hablar, expansionarme, echar fuera de mí esta inquietud que me devora, como si fuese yo mismo quien se mete en aventuras. Y te repito que esto acabará mal, muy mal. Tu tío es de la misma opinión. ¿Ves a tu principal? Pues es como tu mamá. Yo no le conocía, pero hay que tratar mucho a los hombres. Depende de las circunstancias que se muestren tales como son. Ahora no me cabe duda de quién es Antonio. Hubiese hecho con tu madre una excelente pareja. Los dos son iguales. Unos «fachendas», hambrientos de figurar, deseosos de meterse en una esfera superior a la suya, aunque se pongan en ridículo. Tu madre arruinándose y Antonio subiendo locamente camino de la suerte, son exactamente lo mismo. Capaces de derrochar una fortuna; la una por mantener lo que llama su «rango», y el otro por meterse entre gentes que de seguro se burlan de él... Esto no puede seguir así... Vamos a ver grandes cosas, y... ¡ay! me dice el corazón que mi tienda, mi pobrecita tienda, naufraga en esta borrasca, y yo me muero.

El viejo hablaba melancólicamente, como si viese ya la ruina del brazo con la muerte rondando en torno de él.

Juanito se fastidiaba... ¡Bah! Aprensiones de viejo.

VII

Los domingos, a las siete de la mañana, salía Juanito de su casa con el alegre desembarazo del colegial que en día de fiesta todo lo ve de color de rosa.

Iba estirado, satisfecho dentro de su traje de lanilla inglesa, algo incómodo por el cuello de la camisa almidonado y de bordes punzantes; pero le bastaba lanzar una mirada a sus botas de charol y a la corbata, siempre de colores vivos, para darse por satisfecho de todas las molestias que le causaba su transformación. La mamá y las hermanitas le contemplaban con asombro. ¿Qué creían ellas? El Juanito de ahora estaba muy lejos del de los tres meses antes. Ya era hora de dedicar a rodillas de cocina las levitas viejas de su padrastro el doctor Pajares, prendas que la mamá le había hecho usar para mayor economía.

El amor había transformado a Juanito. Su alma vestía también nuevos trajes, y desde que era novio de Tonica, parecía como que despertaban sus sentimientos por primera vez y adquiría otros completamente nuevos. Hasta entonces había carecido de olfato. Estaba segurísimo de ello; y si no, ¿cómo era que todas las primaveras las había pasado sin percibir siquiera aquel perfume de azahar que exhalaban los paseos y ahora le enloquecía, enardeciendo su sangre y arrojando su pensamiento en la vaguedad de un oleaje de perfumes? No era menos cierto que hasta entonces había estado sordo. Ya no escuchaba el piano de sus hermanas como quien oye llover; ahora la música le arañaba en lo más hondo del pecho, y algunas veces hasta le saltaban las lágrimas cuando Amparito se arrancaba con alguna romanza italiana de esas que meten el corazón, en un puño.

El muchacho, antes tan sólido y bien equilibrado, mostrábase inquieto y nervioso, lloraba a solas por cualquier cosa o se entregaba a expansiones infantiles; pero a pesar de esto, era más feliz que nunca. Su antigua vida parecíale la existencia soñolienta de una bestia amarrada a la estaca, rumiando la comida o durmiendo, sin noción alguna de un más allá.

Ahora, el amor por un lado y por otro la primavera, parecían incubar en él un nuevo ser, y de la ruda cáscara del antiguo dependiente, con la inteligencia muerta y la voluntad atrofiada, surgía un hombre nuevo, en el cual despertábase el mismo romanticismo de su padre cuando era joven.

El Mercado le atraía los domingos en las primeras horas de la mañana, e iba a lucir sus arreos entre los puestos de las floristas. Allí permanecía confundido en el grupo de curiosos que atisbaban las caras hermosas, y lo mismo abrían paso a las señoritas que volvían de misa con el devocionario en la mano, que echaban piropos a las criadas emperejiladas, que, doblándose al peso de las cestas, metíanse entre la varonil barrera para comprar un mazo de flores.

¡Qué bien se estaba allí! El Sol comenzaba a caldear la plaza; esparcíase por el ambiente el tufillo de las verduras recalentadas; pero bajo la techumbre de cinc que resguardaba los puestos de flores, entre las cortinas rayadas que tapaban los lados del mercadillo, notábase una frescura de subterráneo, el vaho húmedo de las baldosas regadas con exceso. Y luego, ¡qué orgía para el olfato en esta atmósfera fresca! Experimentábase la misma impresión que en una tienda de perfumería, donde, al entrar, toda una avalancha de esencias distintas sale de cuantos huecos tiene la anaquelería, asaltando el olfato.

Sobre las mesas pintadas de verde amontonábanse las flores como si fuesen comestibles, o agrupadas en pirámides, sobre una base de papel calado, erguíanse formando ramos monumentales con los colores en caprichosos arabescos. Allí estaban las jardineras: hermosas unas, con la esplendidez de las vírgenes morenas; viejas y arrugadas otras, con esa fealdad de bruja que es final rápido e inesperado de la belleza de las razas meridionales. Acostumbradas todas ellas a la vida común con las flores, tratábanlas con confianza ruda y desdeñosa. Recortaban cruelmente sus tiernos rabos mientras hablaban con los compradores, o aprisionaban sus finos tallos con el hilo, sin que les enterneciera el perfume que en son de protesta les arrojaban al rostro.

Un mosaico deslumbrador se extendía sobre las mesas. Las azucenas, con su túnica de blanco raso, erguíanse encogidas, medrosas, emocionadas, como muchachas que van a entrar en el mundo y estrenan su primer traje de baile; las camelias, de color de carne desnuda, hacían pensar en el tibio misterio del harén, en las sultanas de pechos descubiertos, voluptuosamente tendidas, mostrando lo más recóndito de la fina y rosada piel; los pensamientos, gnomos de los jardines, asomaban entre el follaje su barbuda carita burlona cubierta con la hueca boina de morado terciopelo; las violetas coqueteaban ocultándose para que las denunciase su olorcillo que parecía decir: «¡Estoy aquí!»; y la democrática masa de flores rojas y vulgares extendíase por todas partes, asaltaba las mesas, como un pueblo en revolución, tumultuoso y desbordado, cubierto de encarnados gorros.

Allí esperaba Juanito la aparición de Tonica, que todos los domingos, por hallarse libre del trabajo, se encargaba de la compra, evitando esta operación a su compañera, cada vez más falta de vista. Formaban una original pareja el hortera endomingado y aquella muchacha, que por estar cerca su casa iba de trapillo, sin perder por esto el aire de distinción adquirido en la niñez y llevando su cesta con la desenvoltura de una colegiala que comete una travesura.

Hablaban un buen rato en la entrada del mercadillo, sin fijarse en miradas maliciosas ni darse cuenta de los rudos encontronazos de la multitud; él la cargaba con el ramo más hermoso que veía, seguíala en su correteo por el Mercado, de puesto en puesto, y después la acompañaba hasta su casa, lentamente, saludando a los vecinos de los pisos bajos, que consideraban a Juanito como un conocido y se hacían lenguas, especialmente las mujeres, del «gancho» de la costurerilla, una mosquita muerta que había sabido «pescar» un novio rico, según aseguraban los mejor informados de la calle.

Juanito, poco a poco, había logrado estrechar sus relaciones con Tonica. No subía a la casa, eso no; ¿qué dirían los vecinos? pero si le estaba vedado entrar en aquella escalerilla, que se le antojaba camino de misterioso santuario, podía acompañar a Tonica y su amiga los domingos por la tarde.

El dependiente había entablado amistad con Micaela, una criatura insignificante que pasaba por el mundo como un fantasma, anulada la voluntad, lamentándose de no vivir, como en su juventud, en la servidumbre doméstica. Sentía una tierna simpatía por aquella mujer casi ciega, con sus ojazos claros siempre inmóviles, como si experimentara eterno asombro. Entre el dependiente y ella establecíase el lazo de la igualdad de caracteres. Los dos eran seres débiles, pacientes, sin voluntad: acostumbrada ella a la obediencia de la servidumbre, supeditado él por la adoración a su madre.

Micaela encontraba aceptables las relaciones entre Juanito y su amiga. El dependiente era para ella un ser de casta superior; causábala respeto la posición social de su familia; y mientras Tonica le llamaba por su nombre, ella, con sus costumbres de criada antigua, nombrábale siempre «señor de Peña», ceremoniosamente, a estilo de comedia.

¡Qué tardes tan hermosas las de aquella primavera! Salían de casa a la hora en que correteaban por las calles los grupos de criadas, con sus faldas almidonadas y al cuello el ondeante pañuelito de seda, seguidas por los soldados de caballería, de escandalosas espuelas, torpe paso y embarazados por el sable, como si fuese un pesado garrote.

Sus diversiones eran siempre las mismas. Iban donde va la gente que no quiere gastar dinero, y se les veía por el pretil del río, camino de Monte-Olivete, los dos jóvenes delante, hablando tranquilamente, mientras se acariciaban con la mirada, y detrás Micaela, con aire de inconsciente, abismada en el crepúsculo eterno que la envolvía y levantando la cabeza, sin sentir la menor molestia por los rayos del Sol que se quebraban en sus ojazos hermosos y muertos.

Deteníanse a contemplar los incidentes del tiro de palomo establecido en el cauce del río, pedregoso, inmenso, surcado por unas cuantas venillas de agua, que se cruzaban caprichosamente, formando verdes archipiélagos. La afición meridional al estruendo, el instinto de raza, ansioso de correr la pólvora, revelábase en el inmenso corro, donde se contaban las escopetas a centenares y el tirador de chaqué disparaba junto al aficionado de blusa. En el centro del corro los enormes jaulones, donde aleteaban inquietos los pajarracos de la Albufera o los pardos palomos, estremeciéndose a cada descarga, temiendo que les tocase el turno de volar por entre la lluvia de plomo; y junto a ellos el héroe de la fiesta, el *colombaire*, un mocetón despechugado, al aire los bíceps de hércules, limpiándose el sudor, girando como una peonza, haciendo toda clase de muecas y voceando la frase sacramental «¡a pacte!» antes de soltar las alas que oprimía entre sus manos ¡Allá va...! Y aquello era una batalla. Primero el disparo aislado del preferido que paga mejor; después tiroteo graneado; y al fin descargas cerradas, mientras el *colombaire* se agitaba como un energúmeno, con la fiebre de la destrucción, y rugía «¡a ell, a ell!» como si su voz fuese el ladrido de toda una jauría. El rojizo humo envolvía al corro;

y arriba, en el espacio azul, puro, ideal, deshonrado por un crimen, veíase caer al palomo inerte, apelotonado, atravesado por veinte tiros, como un miserable puñado de plumas. Los curiosos, enardecidos por el tiroteo, seguían con mirada ansiosa al pájaro que lograba escapar; interesábanse en las terribles disputas de los cazadores, reclamando todos la misma pieza; no se fijaban en la lluvia de perdigones fríos que caían en torno de ellos; y si «por casualidad» se perdía un ojo o se sentía escozor en el cuerpo... ¿qué iban a hacer? esto entraba en la diversión.

La enamorada pareja seguía su paseo, sintiendo a sus espaldas el paso leve de la resignada Micaela. En Monte-Olivete sentábanse en el banco de piedra que circunda la ovalada plaza; henchíase el moquero de Tonica de cacahuetes y altramuces, y volvían a emprender la marcha, siempre por la orilla del río, más agreste ahora, con filas de seculares álamos y verdes cañares, que se estremecían rumorosos al viento con un quejido triste.

Andaban, devoraban distraídamente el contenido del pañuelo. Juanito llevaba en su bigote cortezas de cacahuet; y a pesar de esto, los dos se sentían en un ambiente ideal y caminaban como si no pusiesen los pies en el suelo. En el fondo de los ojos de Tonica veía él la reducción del paisaje, las verdes charcas del río, los cañares, la arboleda, el azulado cielo; y las nubecillas que resbalaban veloces antojábansele, vistas en tal espejo, el alma de su amada, que pasaba y repasaba tras las pupilas envuelta en vaporosas vestiduras. ¡Oh, qué bien se sentía caminando junto a la mujer amada, rozándola el codo a la menor desigualdad del terreno, aspirando el perfume indefinible de Tonica, distinto de todas las esencias de este mundo! Olvidábase de todo, de su familia, de su porvenir, de la pobre Micaela, que iba a sus espaldas rumiando altramuces, y su atención reconcentrábase en los ojos negros, que a cada momento reproducían un rincón del paisaje; en la blanca y sana dentadura, tan hermosa, tan brillante, que al reír parecía iluminar la morena cara de la joven.

Y sin embargo, su conversación no podía ser más vulgar. Tonica era un espíritu práctico, que, en medio de sus escapes de pasión, no olvidaba el porvenir con todas sus miserias y monotonías. Insensible a los encantos del paisaje, a la soledad rumorosa que los rodeaba, trazaba planes para lo futuro, para cuando fuesen dueños de una tienda en el Mercado y ella tuviese que desarrollar las facultades de ama de casa. Ya vería él de lo que era capaz su mujercita. Y la linda costurera, con su aire grave de mujer formal, con la misma expresión vaga y soñolienta que si hablase de amor, marcaba punto por punto el programa de su vida futura. Se levantaría a la misma hora que él, y mientras Juan vigilase la limpieza de la tienda, ella ayudaría a la criada en «lo de arriba»; trabajar mucho y ahorrar más, pues esto es lo que da salud; y después, a la hora de comer... ¡qué felicidad hablar de los negocios devorando el clásico puchero con el buen apetito que da la actividad! Dependientes pocos y buenos, tratados como de la familia, comiendo todos en la misma mesa, a estilo patriarcal. Y la casa adelante, siempre adelante, Queriéndose ellos mucho y amasando ochavo tras ochavo la fortuna para la vejez, en aquel nido estrecho atestado de fardos y piezas de tela. Esto al principio, cuando aún no hubiesen novedades y la casa permaneciese tranquila y en reposo; pero después... ¡figúrate tú! vendrá lo que es natural... uno, dos o más, ¿quién sabe? Y entonces tendrá que ver que al digno comerciante don Juan Peña, cuando suba a almorzar, se le cuelguen de los brazos unos cuantos angelitos cabezudos, de hinchados mofletes, y no le dejen tragar bocado con tranquilidad.

Pero Tonica se detenía, ruborizándose como si sintiera haber dicho demasiado, y miraba a su novio confusa y avergonzada, mientras éste buscaba la linda manecita de ella para besarla repetidas veces, sin importarle la presencia de Micaela.

La costurera consentía estas caricias. Conocía bien a Juanito. No había cuidado que pasase de ellas. Besábale las manos, sin que sus labios dejasen la ardorosa huella del deseo contenido, y todo el exceso de Juanito consistía en morder las duricias de la epidermis producidas por el contacto de las tijeras o las rozaduras y pinchazos de la aguja. Estas marcas del diario trabajo las adoraba Juanito como cuarteles de nobleza, y las yemas de los rosados dedos, ligeramente encallecidas, chupábalas con tanta delicia como si fuesen caramelos.

Tonica, con dulce coquetería, extendía sus manos, dejándoselas besar. Si alguna vez, al saltar un ribazo, quedaba al descubierto algo de su blanca media, veía cómo Juanito volvía a otro lado su mirada con cierta expresión de sorpresa y disgusto. La quería bien: estaba en el período de la adoración extática. Tonica era para él como esas vírgenes de cabeza hermosísima, que bajo la deslumbrante vestidura solo tienen para sostenerse tres feos palitroques. Él, que en la cocina de su casa estremecíase hasta la raíz de los cabellos al menor roce con las fornidas fregonas, nunca había llegado a pensar que Tonica tenía algo más que su gracioso rostro.

Mientras los novios, sentados en los pendientes ribazos, con los cañares a la espalda, hablaban del porvenir, acariciándose castamente, y en pleno idilio daban fin al puñado de altramuces, Micaela permanecía inmóvil, con la mirada mate fija en el Sol, que, como una bola candente, resbalaba por la inmensa seda del cielo sin quemarla, y al acercarse en su descenso majestuoso al límite del horizonte, se sumergía en un lago de sangre.

Algunas veces, la pobre mujer sonreía, como si ante sus ojos moribundos pasasen seductoras visiones.

—¿Qué piensa usted, Micaela? —preguntaba Tonica—. ¿Ve usted algo?

—Nada, hija mía; veo el Sol, que es lo único que puedo ver.

Pero mentía. Veía con los oídos. Las palabras de los jóvenes, aquellos desahogos de un amor tranquilo, le alegraban, y su fantasía poblaba de imágenes las muertas retinas. Veía a la «siñá» Antonia, la madre de la costurera, tal como era quince años antes, cuando Micaela iba de visita a su portería para charlar como antiguas amigas. Pero ahora ya no hacía calceta, ni aparecía dentro de sus ojos patiabierta ante el brasero, echando firmas en la lumbre; la veía en el cielo, justamente ganado con sufrimientos y miserias, vestida de blanco, como van los bienaventurados, y desde allí, asomándose a una ventana de nubes, lanzaba una sonrisa como una bendición sobre los dos jóvenes, que parecía decir: «Gracias, Micaela; cuídamela, sacrifícate un poco más, no la abandones hasta verla esposa de Juanito, que es un buen muchacho. Yo, en agradecimiento, te guardaré un rinconcito para cuando subas».

Y la pobre mujer conmovíase tanto al soñar despierta, que las lágrimas titilaban en sus ojos, haciendo brillar las pupilas sin vida.

—¿Ahora llora usted...? —preguntaba Tonica—. Pero ¿qué le pasa?

Nada, absolutamente nada. Se sentía feliz y lloraba de alegría, de agradecimiento, satisfecha de sí misma, de la bondad con que la trataba Dios.

Juanito miraba con asombro no exento de envidia a la pobre mujer casi ciega, que saldría del mundo tan inocente como había entrado, después de arrastrar la más monótona y abrumadora de las existencias, siempre amarrada a la argolla de la domesticidad, sumisa y automática, y que todavía sentíase dominada por el agradecimiento, como si la vida de descanso puramente animal que ahora gozaba fuese una felicidad de que no se consideraba digna.

Aquella primavera fue el período más feliz de la existencia de Juanito.

Amaba, era amado, tenía fe en el porvenir, sentíase a cien leguas de las miserias de su familia, y para mayor felicidad, el tío don Juan, enterado de su noviazgo, lo toleraba, reservándose dar su aprobación definitiva cuando conociese a Tonica.

Un domingo, por exigencias de los arrendatarios, tuvo que ir a su huerto de Alcira, y pasó el día como un desterrado, mirando melancólicamente hacia Valencia y sintiendo un inocente enfurruñamiento contra el Sol porque marchaba despacio, retrasando la hora del regreso. Por la noche, ¡con qué placer saltó al andén de la estación, hendiendo a codazos la muchedumbre que obstruía la salida! Con los zapatos llenos de polvo, llevando en las manos dos ramas de naranjo cargadas de bolas de oro que esparcían fresco perfume, pasó como un hombre satisfecho de la vida ante los revisores y dependientes de Consumos que vigilaban la puerta, y corrió a la calle de Gracia, metiéndose en la escalerilla con un arranque de audacia que a él mismo le causaba asombro. Micaela perdonó al «señor de Peña» esta transgresión de lo pactado, en gracia a su viaje y al regalo del ramo de naranjas; y desde aquel día, el enamorado, sin abusar de la tolerancia, continuó sus visitas.

Juanito ya no sentía miedo al pensar lo que diría la mamá cuando conociese sus amores. Tenía el convencimiento de que ella lo sabía todo.

El día de la Virgen fue con Tonica y su amiga a la primera misa en la capilla de los Desamparados. Dentro del templo sonaba la música; la multitud, oprimida en la mezquina rotonda, esparcíase por la plaza hasta la fuente, adornada con un ridículo templete que parecía de confitería. Todos estaban en actitud reverente, sin ver otra cosa de la misa que las oscuras puertas, en cuyo fondo brillaban como chispas de oro las luces de los altares, sintiendo en sus descubiertas cabezas el vientecillo de primavera, semejante al halago de una mano invisible, tibia y olorosa. En esta confusión, cuando Juanito, sacando los codos, guardaba de empujones a las dos mujeres, vio a corta distancia a su familia y la del señor Cuadros.

Desde las Pascuas que era grande la intimidad entre las dos familias; Juanito había oído hablar la noche anterior de cierto plan de esparcimiento matutino, como principio de fiesta, por ser los días de Amparito. Oirían la primera misa en la capilla de los Desamparados, porque a doña Manuela, como buena valenciana, le parecía que ninguna misa del resto del año valía tanto como aquélla y después tomarían chocolate en un huerto de fresas, bajo un toldo de plantas trepadoras, recreándose el olfato con el olor de los campos de flores y el humillo del espeso soconusco.

Doña Manuela vio a su hijo, Juanito la sorprendió fijando los ojos en Tonica con expresión curiosa e interrogante. La altiva señora aparentó después no haber visto a su hijo; pero al volver a casa, Juanito sentíase trémulo e inquieto pensando en lo que diría su mamá, tan amante del prestigio de la familia.

Pasó aquel día y pasaron muchos sin que doña Manuela dijese una palabra sobre el noviazgo de su hijo. Este silencio entristecía a Juanito en ciertos momentos. Veía una vez más hasta dónde llegaba el afecto de aquella madre a la que idolatraba. Era un paria, un advenedizo de procedencia inferior que el azar había introducido en la familia. Para Rafaelito y las hermanas, todas las alianzas eran medianas; pero tratándose del hijo de Melchor Peña, el tendero del Mercado, todo resultaba bien. Podía casarse con una criada de la casa, sin que doña Manuela sintiera un leve roce en aquella susceptibilidad tan despierta para los otros hijos.

La buena señora llegó por fin a darle a entender con palabras sueltas lo que él se recelaba. Conocía sus amores; se había informado de quién era Tonica, y no le parecía gran cosa; pero si Juanito se mostraba conforme, todos contentos. Esta indiferencia anonadaba a Juan; y a pesar de que nadie en la casa se preocupaba de sus amoríos —pues cuando más, merecían alguna burla de Amparito—, siguió recatándose, como si temiera las maternales censuras.

Desde la noche que subió a casa de Tonica, fue estrechando su intimidad con las dos mujeres. Ya se atrevía algunas noches a hacerles tertulia hasta las diez, y como la presencia de Micaela daba a la conversación un tinte de seriedad, Juanito hablaba del comercio, de los triunfos de la Bolsa, de la buena fortuna de su principal, y sobre todo, de don Ramón Morte, su grande hombre, al que cada vez tributaba una adoración más vehemente.

Si él se sintiera con fuerzas bastantes, sería de ellos; ingresaría en el batallón audaz que, guiado por Morte, marchaba de jugada en jugada a la conquista de los millones; y decía esto con la fiebre de explotación adquirida en la tienda oyendo a los bolsistas, fiebre que comunicaba a las dos mujeres, que le escuchaban como un oráculo.

La falta de valor era lo que le retenía en su posición mediocre; en cuanto al éxito, no era posible dudar. El que ahora no se hacía rico, era porque no quería serlo. Bastaba un poco de dinero y la sabia dirección de Morte para despertar un día millonario.

Y Tonica le escuchaba con la mirada fija, el entrecejo fruncido, los labios apretados, como si dentro de su cabecita se agitase una idea tenaz, mientras Micaela abría sus muertos ojazos con la expresión de una niña que oye un cuento de hadas.

Aquellos millones fantásticos, saliendo de la boca de Juanito, rodaban sobre el pobre tapete de la mesa, parecían infundir por la mísera habitación un ambiente de aplastante opulencia, algo semejante a la sonora vibración de montones de oro. Y esta conversación fue repetida un día y otro, hasta que Juanito quedó desconcertado e indeciso ante una proposición de las dos mujeres.

Aunque era partidario de las audacias financieras, siempre que pensaba en la posibilidad de poner en práctica sus entusiasmos surgían en él la prudencia y la desconfianza, los escrúpulos de la rutina comercial, como una herencia de raza. Por esto sintió cierta inquietud al oír a Micaela que deseaba dedicar sus ahorros a un negocio tan afortunado. Eran 8.000 reales, amasados trabajosamente entre las dos mujeres, arañados al jornal de Tonica y a la pobre pensión de Micaela, adquiridos a fuerza de alimentarse con arroces insípidos los más días de la semana, remendar los trajes hasta que se deshilachaban de puros viejos y pasar las veladas a oscuras para evitar el gasto de luz.

Juanito dudó. No le parecía mal el propósito. Ya que tenía dinero, mejor que guardarlo en el fondo del arca era emplearlo como cebo, para que la suerte mordiese en él. Y repitió varias veces esta frase oída a su principal.

—Pero... —añadió con marcada indecisión— no sé hasta qué punto convendrá a ustedes exponer un dinero que tanto les cuesta. Don Ramón es infalible, pero ¿quién sabe lo que reserva la suerte...? ¿Quieren ustedes creerme? Nada de jugadas. Esto queda para mi principal y sus amigos, que tienen mucho corazón. Lo mejor es llevarle el dinero al señor Morte y rogarle que lo invierta en papel del Estado. Es un tío muy largo. Adivina el papel que puede subir y el que va a bajar. Si él quiere, el capitalito de ustedes quedará bien colocado; cobrarán ustedes su renta todos los trimestres, y es fácil que lo que adquieran por cinco valga diez dentro de poco. Quedamos, pues, en que iremos a ver a don Ramón.

¡Afortunado mortal! Desde entonces, su nombre pareció llenar la habitación, y las dos mujeres le aposentaron en su memoria, imaginándolo como un ser poderoso, todo bondad, que peloteaba los millones y se divertía haciendo ricos a los pobres.

—¿Cuándo vamos a ver a don Ramón? —era la pregunta que hacían las dos mujeres apenas entraba Juanito en la casa.

Y la visita la hicieron una mañana que Tonica no tenía trabajo y su novio pudo abandonar *Las Tres Rosas*. ¡Qué emoción! En la plaza de la Reina ya le temblaban las piernas a Micaela, pensando en el arrugado papel de estraza que contenía los billetes mugrientos, y más aún en que iba a verse ante aquel señor de quien todos se hacían lenguas.

Entraron en un patio suntuoso, embellecido por la industria más que por el arte arquitectónico, en el que el escayolado imitaba al mármol y el yeso moldeado a máquina fingía un artesonado antiguo. En el primer tramo de la escalera estaba el despacho de don Ramón.

La antesala parecía de ministerio, y apenas si en los bancos forrados de terciopelo quedaba espacio libre para los que iban llegando. Los clientes aguardaban con resignación el turno. Eran curas en su mayoría, pues don Ramón, persona piadosa y amiga de hacer limosnas por mano de la Iglesia, figuraba como el banquero del clero, y en las sacristías su nombre alcanzaba gran prestigio.

Los hábitos negros, la discreta media luz que filtraba al través de los cortinajes de los balcones, esfumando los adornos de la antesala en una dulce penumbra, y la calma discreta que reinaba en toda la casa, daban a ésta un ambiente conventual de profunda paz, dulce y atractivo.

Juanito y las dos mujeres, después de una hora de espera viendo las entradas y salidas de los clientes, que andaban con aire discreto, como influidos por aquel ambiente de seráfica calma, fueron admitidos a la presencia del gran hombre. Atravesaron la oficina, donde media docena de pobres diablos plumeaban encorvados, levantando la cabeza para lanzar a Tonica una mirada rápida. Abriendo una mampara negra, entraron en el despacho, pieza empapelada de oscuro, con estantes de carpetas verdes y grandes cromos franceses de santos y santas, que parecían acicalados y perfumados para asistir a un baile.

Allí, tras la mesa-ministro, sobre la cual todo estaba arreglado con nimia pulcritud, mostrábase el famoso banquero. Tonica experimentó una decepción. Habíalo imaginado majestuoso, imponente, y veía un hombre raquítico, amarillento, cargado de espaldas, con la cabeza cana y un bigote recortado, que parecía despegarse de su rostro clerical. Hablaba golpeando cadenciosamente con una mano el dorso de la otra, y sus ojos pardos, brillando tras las gafas de oro, eran lo más notable del rostro, por su expresión extremadamente bondadosa y atenta. Su facilidad de fisonomista le hizo reconocer inmediatamente a Juanito.

—Siéntense ustedes... siéntense —dijo con su voz reposada, que marcaba grandes pausas entre sílaba y sílaba—. ¿Qué hay, pollo? ¿Qué le trae a usted por aquí?

El dependiente estaba ruborizado y se expresaba con dificultad, impresionado por la mirada del grande hombre.

Don Ramón acogió con noble modestia las expresiones de confianza de su admirador, y pareció enternecerse con las pocas palabras de Tonica y su amiga rogándole se dignase aceptar su dinero.

—Estoy muy atareado para poder encargarme de los asuntos de los demás... Sin embargo, basta que vengan con este joven, al que aprecio, para que me decida a hacer algo por ustedes... ¿Dice usted, niña, que son 8.000 reales? Bueno; pues compraremos Cubas: es el mejor papel. Ahora están a noventa y ocho, pero no tardarán en subir, se lo aseguro a ustedes. Compraremos Cubas... Yo no afirmo nada, soy como todos y puedo equivocarme; pero tal vez... tal vez dentro de un año doblaremos el capitalito. Sí señor; puede que lo doblemos.

Y hablaba sonriendo maliciosamente, golpeándose las manos con expresión satisfecha, como si le bastara un simple guiño para que las 2.000 pesetas se multiplicaran en millones.

Una corriente de entusiasmo parecía envolver a los tres visitantes. La fiebre de ganancia que les dominaba por las noches al hablar de negocios volvía a reaparecer. Ahora, Tonica ya no encontraba tan insignificante a don Ramón y hasta creía ver en él cierta aureola de hombre de genio.

El papel de estraza que contenía las privaciones y esperanzas de las dos mujeres quedó sobre la mesa. Allí estaban los 8.000 reales. Podía hacer don Ramón lo que quisiera. Ellas confiaban en él como si fuese su padre.

—Bueno; compraré Cubas. El pollo pasará por aquí cuando guste, para que le entere de la marcha del capitalito.

Y don Ramón les acompañó hasta la mampara, cobijando con mirada amorosa de padre a sus tres clientes. El dinero quedaba a su espalda, sin recibo, sin garantía alguna, resguardado por el espíritu de confianza inquebrantable que circuía la respetable personalidad del banquero caritativo.

Al salir los tres, asomaba un nuevo cliente, un hombre de chaqueta y gorra, industrial, que había abandonado un instante su taller para alcanzar una palabra del ídolo.

—Vamos para arriba —dijo el banquero alegremente, sin dejarle terminar su saludo—. Su capitalito ha aumentado en un 50 %. Tiene usted ya 30.000 pesetas.

El hombre, pálido de emoción, se contenía para no arrojarse al cuello de don Ramón y comérselo a besos.

—¡Gracias, muchas gracias! Es usted mi padre.

Y para no estorbar al grande hombre, huyó, trémulo por la noticia, pensando en sus hijos y en lo que diría su mujer.

Los nuevos clientes de don Ramón atravesaron la oficina tan conmovidos como el otro. ¡Aquel hombre era un santo! Lo mismo decían los que estaban en la antesala, gente menuda, con blusa unos y chaqués raídos otros, todos hombres de fe, que llevaban sus ahorros al santuario de la honradez, y mientras aguardaban el turno cuchicheaban, haciéndose lenguas de sus virtudes. Dos días antes, don Ramón, al hacer el balance del mes, notando que resultaban en su favor 500 pesetas, procedentes sin duda de un error en la cobranza, había ido a confesar la involuntaria falta, entregando la cantidad al cura para que la repartiese entre los pobres.

Y la noticia circulando de boca en boca, agrandábase, llegando a arrancar lágrimas de enternecimiento. ¡Qué hombre aquél! No ya el dinero, sino la propia sangre se le podía dar con entera confianza.

Micaela y Tonica, al estar en la calle, lanzaron un suspiro de satisfacción. ¡Dios mío! ¡Qué peso se quitaban de encima!

Habían dudado un poco antes de entregar sus ahorros, pero ahora sentían una dulce confianza pensando que quedaban arriba, en manos de un hombre a quien todos los días nombraban los periódicos con los títulos de «acaudalado y filantrópico banquero».

VIII

La vela del Corpus, con sus anchas listas azules y blancas, sombreaba desde los altos mástiles la plaza de la Virgen.

La muchedumbre, endomingada, agitábase en torno de las «rocas», admirando una vez más las carrozas tradicionales que todos los años salían a luz: pesados armatostes lavados y brillantes, pero con cierto aire de vetustez, luciendo en sus traseras, cual partida de bautismo, la fecha de construcción: el siglo XVII.

Recordaban aquellas enormes fábricas de madera pintada, con su lanza semejante a un mástil de buque y sus ruedas cual piedras de molino, las carrozas sagradas de los ídolos indios o los carromatos simbólicos que güelfos y gibelinos llevaban a sus combates.

La gente pasaba revista con una curiosidad no exenta de ternura a la fila de «rocas», como si su presencia despertara gratos recuerdos.

Allí estaba la «roca» Valencia, enorme ascua de oro, brillante y luminosa desde la plataforma hasta el casco de la austera matrona que simboliza la gloria de la ciudad; y después, erguidos sobre los pedestales los santos patronos de las otras «rocas»: San Vicente, con el índice imperioso, afirmando la unidad de Dios; San Miguel, con la espada en alto, enfurecido, amenazando al diablo sin decidirse a pegarle; la Fe, pobre ciega, ofreciendo el cáliz donde se bebe la calma del anulamiento; el Padre Eterno, con sus barbas de lino, mirando con torvo ceño a Adán y Eva, ligeritos de ropa como si presintiesen el verano, sin otra salvaguardia del pudor que el faldellín de hojas; la Virgen, con la vestidura azul y blanca, el pelo suelto, la mirada en el cielo y las manos sobre el pecho; y al final, lo grotesco, lo estrambótico, la bufonada, fiel remedo de la simpatía con que en pasadas épocas se trataban las cosas del infierno, la «roca Diablera»; Pintón coronado de verdes culebrones, con la roja horquilla en la diestra, y a sus pies, asomando entre guirnaldas de llamas y serpientes, los Pecados capitales, horribles carátulas con lacias y apolilladas greñas, que asustaban a los chicuelos y hacían reír a los grandes.

Y todos estos carromatos, legados de la piedad jocosa de pasadas generaciones, eran admirados por el gentío, que, con un entusiasmo puramente meridional, se regocijaba pensando en la fiesta de la tarde, cuando las mulas empenachadas se emparejasen en la aguda lanza y los carromatos conmoviesen las calles con sordo rodar, exuberantes las plataformas de arremangados mocetones disparando una lluvia de confites sobre el gentío.

Así como avanzaba la mañana aumentaba el hormigueo en torno de las rocas, que, vistas de lejos, destacábanse como escollos sobre el oleaje de cabezas. El primer Sol de verano abrillantaba como espejos las barnizadas tablas de los carromatos, doraba los mástiles, esparcía un polvillo de oro en la plaza, daba al gigantesco toldo una transparencia acaramelada, y este cuadro levantino, fuerte de luz, dulcificábase con el tono blanco de la muchedumbre, vestida de colores claros y cubierta con los primeros sombreros de paja.

A las doce, cuando mayor era la concurrencia, las de Pajares salieron de la catedral, devocionario en mano y al puño el rosario de nácar y oro. Regresaban a casa después de oír misa, y al llegar frente a la Audiencia vieron correr la gente, oyendo al mismo tiempo un lejano tamborileo.

—¡La cabalgata! ¡La cabalgata! —gritaba la chiquillería corriendo por la calle de Caballeros. Y las de Pajares tuvieron que detenerse ante la muralla de curiosos agolpados al paso de la cabalgata.

Primero pasaron los portadores de las banderolas, con sus dalmáticas de seda con las barras aragonesas y altas coronas de latón sobre melenas y barbazas de estopa; tras ellos el cura municipal, el famoso «capellán de las "rocas"», jinete en brioso caballo encaparazonado de amarillo, el manteo de seda descendiendo desde el alzacuello a la cola del caballo, y enseñando la limpia y blanca tonsura al saludar con el bonete al público de los balcones. Y seguían detrás las «dansetes», escuadrones de pillería disfrazada con mugrientos trajes de turcos y catalanes, indios y valencianos, sonando roncos panderos e iniciando pasos de baile; las banderas de los gremios, trapos gloriosos con cuatro siglos de vida, pendones guerreros de la revolucionaria menestralía del siglo XVI; la sacra leyenda, tan confusa como conmovedora, de la huida a Egipto; los Pecados capitales, con estrambóticos trajes de puntas y colorines, como bufones de la Edad Media, y al frente de ellos la Virtud, bautizada con el estrambótico nombre de la «Moma»; los Reyes Magos, haciendo prodigios de equitación; heraldos a caballo; jardineros municipales a pie, con grandes ramos; carrozas triunfales, todo revuelto, trajes y gestos, como un grotesco desfile de Carnaval, y alegrado por el vivo gangueo de las dulzainas, el redoble de los tamboriles y el marcial pasacalle de las bandas.

Detrás, presidiendo la comitiva, como muda invitación hecha al público para asociarse a la fiesta, iban en las carrozas municipales media docena de señores de frac, tendidos en los blasonados almohadones, llevando sobre el vientre, como emblema concejil, la roja cincha y saludando al público con un sombrerazo protector.

—¡Atrás, niñas! —dijo doña Manuela a sus hijas—. ¡Atrás, que vienen esos brutos!

Los brutos eran los de la «degòlla»: un pelotón de gañanes con la cara tiznada, gabanes de arpillera con furias pintadas, y coronados de hierba, que cerraban la marcha, repartiendo zurriagazos entre los curiosos que ocupaban la primera fila con sus garrotes de lienzo, más ruidosos que ofensivos.

Las de Pajares dejaron que se alejase la cabalgata con su estruendo de tamboriles y dulzainas y siguieron su marcha por las calles cubiertas con espesa capa de arena para el paso de las «rocas».

A la hora de la comida llegó Andresito a casa de las de Pajares. Lo enviaban sus papas para hacer el ofrecimiento de todos los años. Ya se sabía que el balcón de *Las Tres Rosas* era el mejor del Mercado. Además, los señores de Cuadros tenían gran satisfacción en recibir a sus amigos; y más aún ahora que el afortunado bolsista había amueblado a gusto de los tapiceros, y con una brillantez vulgar propia de café o de fonda, sus habitaciones, antes tan lóbregas como desmanteladas.

Doña Manuela y las niñas aceptaron con entusiasmo el ofrecimiento. ¡Vaya si irían! Y la viuda de Pajares, que tan mal había hablado de Teresa, su antigua criada, hacía ahora elogios de ella como si fuese una amiga de la infancia.

A las tres salía la familia con dirección al Mercado.

Concha y Amparito llamaban la atención con sus vestidos de vivos colores y las capotitas de paja, que hacían lucir sobre su cabeza toda una pradera de flores y musgo. La mamá las contemplaba por la espalda, experimentando la satisfacción orgullosa de un artista. Obra suya era aquel lujo, y había que reconocer que las niñas sabían lucirlo. Pero ¡ay, Dios! estremecíase al pensar lo que aquello le costaba y las terribles intranquilidades del porvenir, ¡Siempre el dinero como eterna pesadilla, amargándole la existencia, a ella que tanto había gastado!...

Juanito las dejó a la puerta de *Las Tres Rosas*, para ir en busca de su novia, y ellas, al subir a las habitaciones de los señores de Cuadros, encontráronse con una tertulia formada por todos los amigos de la casa: familias de bolsistas y comerciantes retirados, que imitaban torpemente los ademanes y gestos que habían podido copiar por las tardes en la Alameda, paseando en sus carruajes por entre los de la antigua aristocracia. Hablaban de las modas del verano, «de lo que iba a llevarse», mientras los hombres, formando grupo cerca de los balcones, daban en su conversación eternas vueltas en torno del 4 % interior y de los billetes hipotecarios de Cuba.

La esposa de Cuadros, que respondía a sus amigas con sonrisas de conejo y parecía muy preocupada por pensamientos tristes y misteriosos, abalanzóse a doña Manuela, saludándola con apretado abrazo y sonoros besos. Parecía una desesperada que encuentra al fin el medio de salvación.

—Tenemos que hablar, doña Manuela —le dijo al oído—. No, ahora no; después se lo contaré todo. ¡Ay, si usted supiera...!

Mientras tanto, las niñas de Pajares, las de López el famoso bolsista y otras amiguitas posesionábanse de los balcones, convirtiéndolos en pajareras con su charla graciosa y sus ruidosas risas.

La plaza era un mar multicolor de cabezas. Los balcones estaban adornados con antiguas colgaduras de sólidos colores, las bocacalles vomitaban sin cesar nuevos grupos en el compacto gentío, y los pájaros que anidaban en los árboles del Mercado huían ante la granujería que, montada en las ramas, silbaba y gritaba a los de abajo, con la confianza del que está en su propia casa. El Sol de verano caldeaba la muchedumbre, por entre la cual paseaban las chiquillas despeinadas y en chanclas, con el cántaro en la cadera, pregonando el agua fresca, y los mocetones de brazos hercúleos y arremangados, con pañuelo de seda en la cabeza, sosteniendo a pulso las pesadas heladoras y ofreciendo a gritos la horchata y el agua de cebada.

Ya habían sonado las cuatro. En los balcones abríanse, como flores gigantescas, sombrillas de brillantes colores, agitábanse grandes abanicos con aleteo de pájaro, y abajo la muchedumbre removíase inquieta, chocando con las apretadas filas de sillas que orlaban el arroyo.

Sonó un rugido a un extremo de la plaza, e inmediatamente fue contestado por un griterío general.

—¡Ya están ahí...!, ¡ya están ahí!

Y hubo empellones, codazos, remolinos de cabezas, empujando todos al que estaba delante para ver mejor.

A lo lejos, empequeñecida por la distancia, apareció la primera «roca», en torno a la cual, como jinetes liliputienses, hacían caracolear sus caballos los soldados encargados de abrir paso. Un alegre cascabeleo dominaba los ruidos de la plaza y las voces enérgicas del postillón en traje de la huerta, que gritaba «¡arre!» «¡arre»!» manejando con rara maestría una docena de ramales.

Las «rocas», una tras otra, fueron desfilando por la plaza, produciendo cada una de ellas una verdadera revolución. Trotaban, arrastrando los pesados armatostes, las docenas de mulas gordas y lustrosas salidas de las cuadras de los molinos, con los rabos encintados, las cabezas adornadas con vistosas borlas y entre las orejas tiesos y ondulantes penachos. Cogidos a sus bridas corrían los criados de los molineros, atletas de ligera alpargata, despechugados y con los brazos al aire, que, a la voz de «¡alto!», se colgaban de las cabezadas, haciendo parar en seco a las briosas bestias. Colgando de las traseras de los carromatos balanceábanse racimos de chicuelos, que al menor vaivén caían en la arena, saliendo milagrosamente de entre las patas de los caballos. En las plataformas iban los de la Lonja, tratantes en trigo, molineros, gente campechana y amiga del estruendo, que, en mangas de camisa, botonadura de diamantes y gruesa cadena de oro en el chaleco, arrojaban a los balcones con la fuerza de proyectiles los ramilletes húmedos y los cartuchos de confites duros como balas, con más almidón que azúcar.

Cada «roca» esparcía el terror y el regocijo a un tiempo. La movible batería de brazos disparaba ruidosa metralla, cubriendo el aire de objetos; los cristales caían rotos, y hasta las persianas quedaban desvencijadas bajo la granizada de confites.

En los balcones, las señoritas cubríanse el rostro con el abanico, temerosas al par que satisfechas de que las acribillasen con tan brutales obsequios. Abajo estaban los bravos, que por un chichón más o menos no querían mostrar miedo e insultaban a los de las «rocas» cuando se agotaban los proyectiles, hasta que aquéllos les arrojaban a la cabeza los cestones vacíos. Cada vez que caía un cartucho o un ramo sobre la gente, mil manos se levantaban ansiosas, originándose disputas por su posesión.

Pasó por fin la última «roca», la «Diablura», donde iba la gente de trueno, más atroz en sus obsequios y tenaz en proporcionar ganancias a los almacenes de cristales, y la calma se restableció en la plaza, comenzando a aclararse el gentío.

En casa de Cuadros, las señoras, cansadas de permanecer tanto tiempo de pie en los balcones, iban en busca de los mullidos asientos de las salas. En un balcón, completamente solas, estaban doña Manuela y la señora de Cuadros, cobijándose ambas bajo la misma sombrilla, afectando mirar a los transeúntes y hablando en voz baja con tono grave y misterioso.

La viuda de Pajares mostrábase maternal y daba consejos a su amiga con cierta altiva superioridad. Vamos a ver, ya estaban solas. ¿Qué era aquello? ¿Algún disgusto de familia?

Podía hablar con entera franqueza, pues ya sabía el gran interés que le inspiraba todo lo de su casa. Pero doña Manuela, a pesar de su superioridad, no pudo ocultar la sorpresa que le produjo conocer la verdad.

¡Vaya con el señor de Cuadros! ¡Quién iba a imaginarse una cosa así...! Todos los hombres son lo mismo. No hay que fiarse de ellos, y más si han sido tranquilos en su juventud, pues ya es sabido que «el que no la hace a la entrada la hace a la salida». Lo mismo le había ocurrido a ella con el doctor. Se casó, creyendo que un hombre grave, que tan enamorado se mostraba, no podía serle infiel; y sin embargo, ya tenía ella que contar de los últimos años de matrimonio.

—Ni Santa Rita de Casia, amiga Teresa, sufrió tanto como yo con aquel hombre endemoniado. En fin, usted ya lo sabe... Pero cuente usted. A lo que estamos, que lo mío ya pasó y a nadie interesa.

Y doña Manuela, como persona inteligente en el asunto, escuchaba la relación de la pobre Teresa, que balbuceaba y tenía que hacer esfuerzos para no llorar. Por la mañana lo había descubierto todo. Bien es verdad que ya recelaba algo, en vista del despego con que la trataba su Antonio. Pero ¿quién podía imaginarse que aquel hombre se atreviera a tanto? Ella le creía ocupado únicamente en ganar dinero para su casa; y aquella mañana, al limpiar una de sus chaquetas, había encontrado en el bolsillo interior una carta que le costó gran trabajo leer, porque ella no estaba fuerte en estas cosas.

—¿Y de quién era? —preguntó la viuda con curiosidad ansiosa.

—De una tal Clarita. Pero ¡qué carta, doña Manuela! ¡Qué cosas tan indecentes había en ella! Parece imposible que hombres honrados y con hijos puedan leer tales porquerías.

Y la pobre mujer ruborizábase, mostrando en su cara na-
cida y lustrosa de monja enclaustrada la misma expresión de
vergüenza que si fuese ella la autora de la carta.

—Pero ¿quién es esa Clarita? ¡Valiente apunte será la tal...!

—Aguarde usted; apenas me enteré de todo sentí ganas
de irme a la cama, donde todavía estaba Antonio, para arañarle... No se ría usted, doña Manuela; hubiera querido ser
hombre, para hacer una barbaridad... ¡Pero una vale tan
poco...! Además, cuando se es honrada y se quiere al marido, se le tiene respeto y no se atreve una a ciertas cosas. Antonio sabe mucho y es capaz de hacerme ver que lo blanco
es negro.

Y la buena Teresa, a pesar de su encono, sentíase dominada por la admiración que profesaba a su marido, aquel
modelo, «aunque le estuviera mal el decirlo».

—Pero ¿qué hizo usted?

—Lo primero que se me ocurrió fue averiguar quién era
la tal Clarita, y como en su carta le encargaba «al mío»
que fuese a ver al dueño de su casa para pagarle un trimestre, indicándole dónde vive ese señor, fui allá esta mañana,
después de oír misa, y supe que la tal inquilina está en la
calle del Puerto, en un entresuelito que le han ido pagando
en diferentes épocas otros señores de la Bolsa tan imbéciles
como mi Antonio.

—¿Y no averiguó usted más?

—¡Buena soy yo para dejarme las cosas a medio hacer!
Fui también a la calle del Puerto, hice hablar a la portera,
y... ¡ay, doña Manuela, qué cosas supe! Parece imposible que
se consienta la vida de unas mujeres así. La tal Clarita es una
perdida, ¿sabe usted, doña Manuela? Lo repito tal como me
lo dijo aquella mujer. ¡Válgame Dios, y qué cosas me contó!
Toda la calle se fija en ella y se burla de su lujo y sus pretensiones. La portera me dijo que hace dos años vendía géneros

de punto aquí, en el Mercado; pero ahora se da el tono de una princesa y habla de su mamá, una «tianga» que cuando no le da un duro le chilla desde el patio y arma escándalo para que se entere toda la calle. ¡Ay, doña Manuela! ¡Que mi marido se haya metido en semejante podredumbre...! Porque si usted la viera, se asombraría de que los hombres puedan caer en tal tentación. La portera me la enseñó estando en su balconcito, con una bata muy lujosa, que bien puedo decir que me la ha robado a mí. ¡Y era fea, doña Manuela, muy fea! Huesos y pellejo nada más; pero con unos ojos de desvergonzada, que es sin duda lo que les gusta a los hombres... ¡Mi Antonio, un hombre tan serio, con esa mala piel! ¡Ay, doña Manuela de mi alma, yo creo que me va a dar algo!

Y la pobre mujer, no pudiendo resistir más, cubríase con el abanico los lacrimosos ojos, mientras doña Manuela le recomendaba la serenidad.

—No llore usted, Teresa; eso es lo que le gustaba al mío. Los hombres gozan haciéndonos padecer. Todo menos llorar. Cuando usted hable con Antonio, muéstrese seria y altiva. Nada de cariño; si no, los muy pillos se esponjan y se engríen.

—¿Hablarle yo? No señora. No tengo valor para tanto. Además, tiemblo al pensar lo que ocurriría en esta casa si yo hablase. ¿Qué pensaría mi pobre Andresito? ¿Qué diría don Eugenio, que es la honradez personificada? Y la verdad es que debía hablar a mi marido para abrirle los ojos, pues aunque resulte un malvado en casa, es un tonto fuera de ella. Esa mujer le engaña y se burla de él. Me lo ha dicho la portera y lo sabe toda la calle. Antonio es quien sostiene los gastos de la casa; pero cuando él no está entran como visitas los corredores jóvenes, toda la pollería de la Bolsa, que se burla de mi marido. ¡Ay, Señor, qué vergüenza! ¡Y ese hombre tan satisfecho y tan tranquilo, sin acordarse de que tiene mujer y un hijo y que su nombre es muy respetado en la plaza...!

Teresa gimoteaba tras el abanico, y doña Manuela, a pesar de su curiosidad, en fuerza de mirar a la plaza acabó por distraerse.

Comenzaban los preparativos de la procesión. Las bandas militares atronaban las calles inmediatas con sus ruidosos pasodobles, y rompiendo el gentío pasaban los regimientos, con los uniformes cepillados y brillantes, moviendo airosamente al compás de la marcha los rojos pompones de gala y las bayonetas, doradas por los últimos resplandores del Sol.

Pasaban los invitados a la procesión caminando apresuradamente, muy satisfechos de atraer la atención de la embobada muchedumbre: unos de frac, luciendo condecoraciones raras; otros con uniforme de Maestranzas y Órdenes de caballería, vestimentas extrañas, con el sombrero apuntado y la casaca de vistosos colorines, que daban a sus poseedores el aspecto de pájaros exóticos.

Las dos amigas volvieron a reanudar su conversación. Doña Manuela, con aire maternal, daba consejos a la desconsolada esposa: ella, en lugar de Teresa, daría un disgusto al esposo infiel echándole en cara su conducta... ¿Que no se atrevía? Pues esto es lo que ella hacía con el difunto doctor Pajares... En fin, cada una tiene su carácter.

Pero Teresa, aunque daba por muy acertadas todas las palabras de su amiga, asustábase ante la suposición de tener que reñir al marido por su conducta. ¡Ah, si ella tuviera una persona que se interesase por su suerte y la de la casa, qué gran favor le haría encargándose de sermonear a aquel hombre que, a pesar de sus bigotazos y sus palabras campanudas, se dejaba engañar como un niño! ¡Qué obra tan caritativa lograr que aquel hombre alejado de los afectos de la familia volviese a ser buen padre y buen marido!

Y Teresa miraba ansiosamente a su altiva amiga al formular tales deseos. No necesitó más doña Manuela. Ella se encargaba de ser esa persona que, velando por la moral de la familia, devolviese el marido infiel a los brazos de la esposa resignada. Y la viuda se crecía al hacer tales ofrecimientos, adoptando una actitud teatral y asegurando que realizaría tal conquista, aunque para ello necesitase de algún tiempo.

Las dos mujeres, ya que no pudieron abrazarse en su rapto de enternecimiento, por hallarse en el balcón, se estrecharon conmovidas las manos, y así estuvieron largo rato, hasta que vinieron a sacarlas de su triste arrobamiento los gritos de las jóvenes que ocupaban el balcón, inmediato.

—¡La procesión! ¡Ya está ahí la procesión!

A este grito, las señoras mayores abandonaron las butacas de la sala, para apelotonarse en los balcones, teniendo a sus espaldas a los caballeros, que de vez en cuando se alzaban sobre las puntas de los pies para ver mejor.

En el extremo de la plaza aparecieron las banderolas con las rojas barras de Aragón, y sonaron dulzainas pausada y majestuosamente, tañendo las melancólicas danzas del tiempo de los moriscos. Detrás iban los «enanos», con sus enormes cabezas de cartón, que miraban a los balcones con los ojos mortecinos y sin brillo. Y entre el repique de las castañuelas y redoble de los atabales, avanzaban las cuatro parejas de «gigantes», enormes mamarrachos cuyos peinados llegaban a los primeros pisos y que danzaban dando vueltas, hinchándose sus faldas como un colosal paracaídas.

Entraron en la plaza las banderas de los gremios, llevando en su remate la imagen del santo patrón del oficio; y era de ver el entusiasmo con que aplaudía el público los prodigios de equilibrio de los portadores sosteniéndolas enhiestas sobre la palma de la mano, moviéndolas a compás del redoble de los enormes y viejos tambores que hacían sonar los toques de los tercios obreros en la guerra de las Germanías.

Después comenzó la parte monótona de la procesión. Un desfile de más de cien imágenes con sus correspondientes cofradías y asilos; más de un millar de cabezas que pasaban por debajo de los balcones con la raya partida y el pelo aceitoso o rizado. Al compás de los valses o marchas fúnebres que entonaban las bandas, contoneábanse los devotos cirio en mano; y el desfile de santos continuaba, lento, monótono, aplastante: unos, desnudos, con las carnes ensangrentadas y sin otra defensa del pudor que unas ligeras enagüillas; otros, vestidos con pesados ropajes de pedrería y oro. Pasaban los mártires con el rostro contraído por un gesto de fiero dolor, los místicos con los brazos extendidos y los ojos velados por el éxtasis de la felicidad; y tan pronto aparecía un santo con dorada mitra o rizada sobrepelliz, como lucía otro sobre su cabeza el acerado casco de guerrero.

La multitud se arremolinó, movida por el regocijo, y exclamaciones de alegre curiosidad salieron de muchas bocas. Desfilaba la parte grotesca de la procesión, conservada por el espíritu tradicional como recuerdo de las épocas más religiosas de nuestra historia, que unían siempre el regocijo a la devoción.

En larga fila, contestando a las cuchufletas y carcajadas del gentío con burlescos saludos, aparecían las figuras más salientes del gran poema bíblico. David, con corona de latón, barba de crin y el floreado manto barriendo los adoquines, avanzaba pulsando los bramantes de su arpa de madera; Noé, encorvado como un arco, apoyado convulsivamente en su bastoncillo, enseñaba el palomo que llevaba en su diestra a aquella muchedumbre que reía locamente ante esta caricatura de la vejez; detrás venía Josué, un mozo de cordel vestido de centurión romano, apuntando con una espada enmohecida a un Sol de hoja de lata y caminando a grandes zancadas como un pájaro raro; y cerraban el desfile las heroínas bíblicas, las mujeres fuertes del Antiguo Testamento, que salvaban al pueblo de Dios cortando cabezas o perforando sienes con un clavo, representadas todas ellas por mancebos barbilampiños, embadurnadas las mejillas con albayalde y bermellón y vestidos con trajes de odaliscas. Su paso producía escándalo. Las mujeres sonreían, y no faltaban chuscos que requebraban a aquellos mamarrachos, como si realmente fuesen jóvenes disfrazadas.

Después venía la parte seria e interesante de la procesión, y el alboroto del gentío cesó instantáneamente.

Desfilaban los cleros parroquiales con sus áureas cruces; los seminaristas con la frente baja y los ojos en el suelo, cruzadas las manos sobre el pecho; y en toda la extensión de la plaza, a la luz de los cirios, que brillaban con más fuerza en el crepúsculo, veíanse dos filas interminables de deslumbrante blancura, compuestas por los rizados roquetes y las albas de ricas blondas. Entre esta oleada de blanca espuma, pasaban llevadas en andas las reliquias en sus ricas urnas, las imágenes de plata con una ventana en el pecho, tras cuyo vidrio marcábase confusamente el cráneo del bienaventurado.

Luego volvía a reanudarse la parte teatral de la solemnidad. Todas las extraordinarias visiones del soñador de Patmos, cuantas alucinaciones había consignado el evangelista Juan en su Apocalipsis, pasaban ante el gentío, sin que éste, después de contemplarlas tantos años, adivinase su significación. Desfilaban los veinticuatro ancianos con albas vestiduras y blancas barbas, sosteniendo enormes blandones que chisporroteaban como hogueras, escupiendo sobre el adoquinado un chaparrón de ardiente cera; seguíanles las doradas águilas, enormes como los cóndores de los Andes, moviendo inquietas sus alas de cartón y talco, conducidas por jayanes que, ocultos en su gigantesco vientre, solo mostraban los pies calzados con zapatos rojos; y cerraba la marcha el apostolado, todos los compañeros de Jesús, con trajes de ropería, en los que eran más las manchas de cera que las lentejuelas; e intercalados entre ellos, niños con hachas de viento, vestidos como los indios de las óperas, pero con aletas de latón en la espalda, para certificar que representaban a los ángeles.

La procesión estaba ya en su última parte. Desfilaban los invitados, una avalancha de cabezas calvas o peinadas con exceso de cosmético, una corriente incesante de pecheras combadas y brillantes como corazas, de negros fracs, de condecoraciones anónimas y de un brillo escandaloso, de uniformes de todos los colores y hechuras, desde la casaca y el espadín de nácar del siglo pasado hasta el traje de gala de los oficiales de marina. Los papanatas asombrábanse ante las casacas blancas y las cruces rojas de los caballeros de las órdenes militares, honrados y pacíficos señores, panzudos los más de ellos, que hacían pensar en el aprieto en que se verían si por un misterioso retroceso de los tiempos tuvieran que montar a caballo para combatir a la morisma infiel.

La muchedumbre permanecía embobada. El aparato religioso, las imágenes de plata, los cleros entonando sus himnos a voces solas, las interminables cofradías, no la habían impresionado tanto como este continuo desfile de grandezas humanas; y sus ojos se iban deslumbrados tras las fajas de los generales, las placas que centelleaban como soles, los bordados de caprichoso arabesco, las empuñaduras cinceladas y brillantes y las bandas de moaré que cruzaban los pechos como un arroyo ondeante de colorines.

Arriba, en los balcones, la curiosidad señalaba con el dedo a los personajes conocidos que se mostraban a la luz de los cirios, y las cabezas erguidas de algunos invitados cruzaban saludos con las señoras, sin perder por esto el gesto de gravedad propio de las circunstancias.

Acercábase el epílogo de la procesión. Sonaba a lo lejos la grave melopea de la marcha solemne y religiosa que entonaba la banda militar. Las cornetas de los regimientos formados en la carrera batían marcha; y mientras los soldados requerían su fusil para inclinarse al paso del Sacramento, la muchedumbre agitábase para ganar un palmo de terreno donde hincar las rodillas.

Estallaban luces de colores, y a su resplandor, tan pronto blanco como rojo, veíanse a lo lejos, terminando la doble fila de cirios, los sacerdotes con capas de oro, manejando los incensarios, con un continuo choque de cadenillas de plata, en el fondo de una nube de azulado y oloroso humo; sobre ella, agitándose dorado y tembloroso entre sus deslumbrantes varas, el palio, que avanzaba lentamente, y bajo la movible tienda de seda, como un Sol asomando entre nubes de perfumes, la deslumbrante custodia, que hacía bajar las cabezas, como si nadie pudiera resistir la fuerza de su brillo.

El poético aparato del culto católico imponíase a la muchedumbre con toda su fuerza sugestiva. Las mujeres llevábanse las manos a los ojos, humedecidos sin saber por qué, y las viejas golpeábanse con furia el pecho, entre suspiros de agonizante, lanzando un «¡Señor, Dios mío!» que hacía volver con inquietud la cabeza a los más próximos.

Caía de los balcones una lluvia de pétalos de rosa, volaba el talco como nube de vidrio molido, estallaban luces de colores en todas las esquinas, y entre el perfume del incienso, el agudo reclamo de las cornetas, la grave lamentación de la música, la melancólica salmodia de los sacerdotes y el infantil balbuceo de las campanillas de plata, avanzaba el palio abrumado por la lluvia de flores, iluminado por el resplandor de incendio de las bengalas; y el Sol de oro, mostrándose en medio de tal aparato, enloquecía a la muchedumbre levantina, pronta siempre a entusiasmarse por todo lo que deslumbra, e inconscientemente, lanzando un rugido de asombro, empujábanse unos a otros, como si quisieran coger con sus manos el áureo y sagrado astro, y los soldados que guardaban el palio tenían que empujar rudamente con sus culatas para conservar libre el paso.

«Aquello entusiasmaba, abría el corazón a la esperanza»; y por esto el señor Cuadros, que desde que era tan afortunado en la Bolsa se permitía tener ideas conservadoras, murmuró como un oráculo:

—¡Y aún dicen que no hay fe! Por fortuna, la religión de nuestros padres vive y vivirá siempre. Aquí quisiera ver yo a los impíos. La religión es lo único que puede contener a toda esa gente de abajo.

Los otros bolsistas aprobaban con movimientos de cabeza, y su esposa le miró con asombro y escándalo al mismo tiempo. Sin duda pensaba en Clarita, no pudiendo comprender cómo faltaba a sus deberes un hombre que decía cosas tan sensatas y dignas de respeto.

Tras el palio, la gente admiraba un nuevo grupo de capas de oro, sobre las cuales sobresalía la puntiaguda mitra y el brillante báculo. Después, ajustando sus pasos al compás de la marcha musical, desfilaban los rojos fajines y los portacirios de plata de los concejales; y por fin, con un tránsito oscuro de la luz a la sombra, pasaba la negra masa de la tropa, en la cual los instrumentos de música lanzaban amortiguados destellos y los filos de las bayonetas y los sables brillaban como hilillos de luz.

Cuando ya la procesión había salido de la plaza y la escolta de caballería conmovía el adoquinado con su sordo pataleo, los señores de Cuadros y sus amigos abandonaron los balcones, entrando en el salón, profusamente iluminado.

Las burguesas de exuberantes carnes y respiración angustiosa dejábanse caer en los mullidos sillones, fatigadas por tan largo plantón, mientras las niñas correteaban o volvían como distraídas a los balcones, para ver si en la oscura plaza, perfumada de incienso, permanecía aún el grupito de adoradores.

—Pasen ustedes —decía doña Teresa rodando en torno de sus amigas, que no se decidían a abandonar los asientos—. Hagan ustedes el favor de seguirme. Vamos al comedor; allí hace más fresco.

Todos adivinaban lo que significaba tal invitación. ¡Oh, no señora; muchas gracias! Ellos no podían permitir tantas molestias. Pero las mamás abandonaron, sus asientos perezosamente, estirándose el arrugado cuerpo del vestido de seda; y seguidas por las niñas, fueron al comedor, donde ya estaban el señor Cuadros y sus amigos.

¡Magnífica sorpresa! Todos los años se repetía, y no había nadie entre los invitados que no la esperase. Pero había que repetir la frase sacramental, las excusas de rúbrica, y mientras todos aseguraban que no tenían sed y preguntaban con enfado a los dueños de la casa por qué se molestaban, la lengua, seca por el calor, parecía pegarse al paladar, y los ojos se iban tras las tazas de filete dorado que contenían el humeante chocolate, las anchas copas azules, sobre las cuales erguían los sorbetes sus torcidas monteras rojas o amarillas, y las maqueadas bandejas cubiertas de dulces. Había que resignarse y no hacer un desaire a los señores de la casa. Y a los pocos minutos ya estaban amigablemente en torno de la mesa, con el mantel cubierto de migajas de bizcocho, las jícaras de chocolate vacías y clavando barquillos en las entrañas de los sorbetes.

Doña Manuela hablaba con el señor Cuadros, Teresa la había colocado junto a su marido, con la esperanza de lograr su catequización. Aquella señora, que tanto sabía y tan grande experiencia había adquirido en las miserias matrimoniales, era su única esperanza.

La viuda hablaba con su antiguo dependiente, sonriendo. ¡Cómo había cambiado aquel hombre! Doña Manuela, experta conocedora, notaba en él cierto atrevimiento, como el muchacho que se emancipa de la autoridad maternal y se lanza en plena vida de locuras.

La viuda, siempre sonriente, se asombraba de sus frases de doble sentido, de los guiños picarescos con que acompañaba sus palabras, y hasta le parecía ¡oh poder de la ilusión! que había en su persona un perfume extraño que comenzaba a crispar los nervios de doña Manuela, algo del ambiente de aquella mala piel de la calle del Puerto, que el protector se había traído sin duda a su hogar honrado.

Mientras tanto, Teresa, sin dejar de atender a los convidados y de abrumarles con obsequios, no quitaba los ojos de su marido y de la bondadosa amiga. Doña Manuela experimentaba una profunda conmiseración cada vez que se fijaba en la pobre esposa. ¡Bueno estaba su marido para intentar conversiones! El señor Cuadros era un hombre perdido para siempre, un hambriento que había gustado el fruto prohibido, tras muchos años de vida oscura y laboriosa, sin saber lo que era juventud y trabajando como una bestia de carga. Antes moriría que hallarse saciado. Nada podría adelantar su esposa alejándolo de Clarita. Los calaveras cincuentones resultan terribles por su candidez, y aunque los aíslen, son capaces de enamorarse de la criada de la casa.

Doña Manuela afirmábase aún más en esto al notar lo que ocurría en torno de ella. ¿De quién era aquel pie que debajo de la mesa pisaba el suyo? ¿Qué rodilla era la que tan audazmente acariciaba su falda de seda? Del señor Cuadros, de aquel honrado padre de familia que contestaba a sus palabras con melosos gestos y parecía medirla de arriba abajo con sus ojos encandilados.

¡Pobre Teresa! Tal vez se imaginaba que las palabras de doña Manuela conmovían al descarriado, haciéndole entrar en el camino del arrepentimiento; no adivinaba ni aun remotamente que su marido, por una aberración extraña, en la que entraba por mucho el amor propio, comenzaba a entusiasmarse con la belleza algo marchita de la esposa de su antiguo principal.

La viuda sentíase molestada por tales audacias; agitábase nerviosa en su asiento, pero callaba y seguía sonriendo. Pensaba en que la situación imponía disimulo, y que la amistad del matrimonio Cuadros le era muy necesaria para salvarla en sus apuros de señora en decadencia, acosada por las deudas. Además, el porvenir de su hija, de su Amparito, estaba allí, y la viuda lanzaba una mirada de ansiedad maternal al extremo de la mesa, donde estaba la niña junto a Andresito, recibiendo con gestos de gatita mimosa los dulces y las palabras de su novio.

Tras media hora de sobremesa, se disolvió la reunión. Los hombres iban en busca de sus sombreros y las señoras besuqueábanse al despedirse, murmurando todas el mismo saludo:

—Hasta el año que viene. Que Dios nos conserve a todos la salud, para ver la procesión.

Fueron desfilando todas las familias, y al fin quedaron solas las de Pajares, que esperaban a Juanito o Rafael para que las acompañase a casa.

El señor Cuadros seguía acosando a doña Manuela. Ésta se había levantado, huyendo de las audaces intimidades por debajo de la mesa, pero el bolsista la seguía para continuar su conversación. Ahora los dos estaban junto a Teresa, y el marido solo se permitía frases amables y recuerdos sobre la gran amistad que siempre había unido a las dos familias.

—Los chicos tardarán en venir —dijo don Antonio—. Rafael estará con sus amigos; y en cuanto a Juanito, le atraen obligaciones ineludibles. Me han dicho que ahora tiene novia y está loco por ella. ¡La juventud! ¡Oh, qué gran cosa! Ya conozco yo eso, ¿verdad, Teresa?

Y como si presintiese lo que pensaba su mujer y quisiera apaciguarla de antemano, lanzaba a la obesa señora una mirada de ternura, como un hombre honrado y de costumbres intachables recordando su tranquila Luna de miel.

Doña Manuela estaba admirada. Decididamente, la tal Clarita había cambiado a aquel hombre. Era un tuno. Y en vez de indignarse por la crueldad con que mentía e intentaba engañar a su mujer, la viuda comenzaba a encontrarlo simpático, viendo en él como una resurrección de su segundo marido, de aquel doctor calavera al que tanto había amado.

—Si ustedes quieren, las acompañaremos Andresito y yo.

Doña Manuela, animada por un instinto pudoroso, intentó excusarse.

—Sí; Antonio las acompañará —se apresuró a decir Teresa.

Y la pobre mujer la rogaba con su mirada que aceptase, como si fuese para ella una esperanza que su marido prolongase la conversación con la viuda. ¡Quién sabe cuántas cosas podía decir doña Manuela al marido infiel!

No hubo medio de excusarse. Las de Pajares salieron acompañadas por Andresito y don Antonio, siguiéndolas con su vista ansiosa la crédula Teresa. ¡Dios mío, que se ablandara el corazón de aquel hombre, para que no la martirizase escandalizando a la familia y los amigos!

Abajo, en la cerrada tienda, encontraron a don Eugenio, siempre con la gorrita de seda, el cual acogió con gesto huraño a su antiguo dependiente.

Las de Pajares y sus dos acompañantes siguieron por una acera del Mercado. Delante, las dos niñas con Andresito; Concha malhumorada y ceñuda porque en todo el día no había visto al elegante Roberto, y Amparo muy satisfecha de poder lucir un novio, para molestia de su hermana. Detrás, el señor Cuadros dando el brazo a doña Manuela, apretándola intencionadamente el codo sobre su cadera cada vez que soltaba una palabrita atrevida y contoneándose como un invencible conquistador.

Fue algo más que acompañar a las de Pajares lo que hicieron el padre y el hijo. Subieron con ellas, permanecieron de visita más de una hora, cantó Amparito para obsequiar a su futuro suegro, y cuando salieron a la calle, el padre y el hijo marchaban como compañeros unidos fraternalmente por una común empresa.

Solo habían transcurrido algunos meses, pero estaban ya lejanos para Cuadros aquellos tiempos en que el tendero de costumbres tranquilas y rutinarias se indignaba al saber que su hijo iba a los bailes y le esperaba tras la puerta empuñando fieramente la vara de medir.

IX

A las cuatro de la tarde entraban las de Pajares en el paseo de la Alameda.

Era domingo, y la animación ruidosa y expansiva de los días festivos inundaba la acera izquierda del paseo. El tiempo era hermoso: una tarde de verano, con el cielo limpio de nubes, y en lo más alto, como un jirón de vapor tenue y apenas visible, la Luna, esperando pacientemente que le llegase el turno para brillar. Las largas filas de rosales, los macizos de plantas, toda esa jardinería mutilada y corregida por las tijeras del hortelano, reverdecía con el soplo cálido de la tarde y se cubría de flores, uniendo sus simples perfumes a la estela de esencias que dejaban las señoras tras su paso.

Por el arroyo central daban vueltas y más vueltas, como arcaduces de noria, los carruajes alineados en interminable rosario. Las torres de los guardas erguían sus caperuzas de barnizadas tejas por encima de los árboles, y a los dos extremos del paseo, empequeñecidas por la distancia, destacábanse sobre el verde fondo las monumentales fuentes con sus figuras mitológicas ligeras de ropa.

Era la hora en que el paseo adquiría su aspecto más brillante. A todo galope de los briosos caballos bajaban carretelas y berlinas, y por las aceras del paseo desfilaban lentamente, con paso de procesión, las familias endomingadas. Los verdes bancos no tenían ni un asiento libre. Un zumbido de avispero sonaba en el paseo, tan silencioso y desierto por las mañanas, y algunas familias ingenuas conversaban a gritos, provocando la sonrisa compasiva de los que pasaban con la mano en la flamante chistera, saludando con rígidos sombrerazos a cuantas cabezas asomaban por las ventanillas de los carruajes.

Lo que atraía la atención de todos era el desfile incesante de coches, símbolos de felicidad y bienestar en un país donde el afán de enriquecerse no tiene más deseo que no ir a pie como los demás mortales.

Piafaban los caballos con la boca llena de espuma, esparciendo en torno el pajizo olor de las cuadras, y de vez en cuando un relincho contagiaba a toda la línea de brutos briosos, que parecían contestar con nerviosos pataleos a este llamamiento de libertad. Los cocheros, enfundados en sus blancos levitones, exhibían desde lo alto de los pescantes, sus caras afeitadas y carrilludas de cómicos obesos o párrocos bien conservados, y miraban con cierto desprecio a toda aquella muchedumbre que les obligaba a pasar unas cuantas horas de tedio. En la larga fila de vehículos estaba el antiguo faetón, balanceándose sobre sus muelles como una enorme caja fúnebre y encerrando en su acolchado interior toda una familia, incluso la nodriza; la ligera berlina, con sus ruedas rojas o amarillas; la carretela, como una góndola, meciéndose a la menor desigualdad del suelo, y la galerita indígena, transformación elegante de la tartana y símbolo de la pequeña burguesía, que, detenida en mitad de su metamorfosis social, tiene un pie en el pueblo, de donde procede, y otro en la aristocracia, hacia donde va.

Parecía existir una barrera invisible e infranqueable entre la gente que paseaba a pie y aquellas cabezas que asomaban a las ventanillas, contrayéndose con una sonrisa siempre igual cuando recibían el saludo de las personas conocidas. Grupos de jinetes mezclados con jóvenes oficiales de caballería caracoleaban por entre los carruajes, tendiéndose algunas veces sobre el cuello de sus cabalgaduras para hablar al través de una portezuela.

Las de Pajares contemplaban con nostalgia de desterradas el paso de los carruajes.

¡Gran Dios, qué tarde! ¡Se acordarían de ella toda la vida! Era la primera vez que iban a pie a la Alameda. Las niñas, a pesar de sus elegantes trajes, creían que todos se fijaban en ellas para sonreír compasivamente, y doña Manuela marchaba erguida, con altivez dolorosa, poco más o menos como Napoleón en Santa Elena después de la derrota.

La viuda presentía su ruina. Ya no eran las deudas y los apuros pecuniarios las amarguras de la vida; ahora, la fatalidad, según ella decía, complacíase en agobiarla con nuevos golpes, quitando a la familia los escasos medios que la restaban para sostener su prestigio.

Aquella mañana había sido de prueba para las de Pajares. Nelet el cochero subió muy alarmado a dar cuenta a sus señoras de que el caballo estaba enfermo. El suceso no era para tomarlo a risa. No se trataba de un cólico vulgar, y la pobre bestia, sostenedora inconsciente del prestigio de la familia, revolcábase abajo, en la oscura y húmeda cuadra, quedando panza arriba y con las patas agitadas por un temblor convulsivo. La situación fue ridícula y conmovedora. Tantos años de servicios habían establecido cierto afecto entre las señoras y la brava bestia, que era considerada casi como de la familia. Doña Manuela, recogiéndose la cola de su bata teatral, bajó a la cuadra, no pasando de la puerta por miedo al caballo, que se revolcaba furioso.

Llamaron al mejor veterinario de la ciudad; pero el caballo no mejoraba, y por la tarde desvaneciéronse las ilusiones que tenían las niñas de pasear en carruaje. Casi adquirieron la certeza de que el pobre caballo no saldría de la enfermedad. ¿Qué iban a hacer ellas cuando se vieran confundidas entre las cursis que paseaban a pie por la Alameda? ¿Qué dirían las amigas al ver que transcurría el tiempo y la hermosa galerita, de que tan orgullosas estaban, permanecía arrinconada en la cochera? Porque las dos, aunque su mamá, por no entristecerlas, las ocultaba el estado de la casa, tenían pleno conocimiento de los apuros de la familia y estaban seguras de la imposibilidad de reemplazar el viejo pero brioso caballo por otro que valiese tanto como él.

Después de comer, la madre y las hijas sentáronse en el salón, y allí permanecieron más de una hora, silenciosas, hurañas y malhumoradas. El día era magnífico; pero no, no saldrían; primero monjas que el mundo se enterase de su decadencia, de sus privaciones tan hábilmente ocultadas.

Pero las tres no podían resignarse a pasar un día dentro de casa. Además, por los balcones entraba el Sol y soplaba un aire cargado de perfume irritante del verano. Pensaban involuntariamente en los verdes campos, en el paseo exuberante de gentío, en el placer de andar lentamente bajo las ladeadas sombrillas, viendo caras nuevas y contestando al saludo de los amigos; y por fin, la madre y las hijas no pudieron resistir más y comenzaron a vestirse.

—No hay que ser tan escrupulosas —dijo doña Manuela—. Todos nos conocen, y porque un día nos vean salir a pie no van a imaginarse que nos falta el carruaje. Vamos, niñas, ¡a paseo!

Y salieron de casa con el propósito de ir a cualquier parte menos a la Alameda. Pero el paseo las atraía; no sabían adónde ir, y al fin, insensiblemente, sin ponerse de acuerdo, encamináronse allá.

¡Qué tardecita pasaron las de Pajares! Exteriormente fueron las de siempre; las niñas contestaron con mohines graciosos a los saludos de los amigos, y la mamá, altiva y majestuosa, cobijándolo todo con su mirada de protección. Pero en su interior ¡cuántos tormentos! Si alguna amiga las saludaba desde su carruaje con expresión cariñosa, las tres creían adivinar cierto asomo de lástima, y enrojecían bajo la capa de blanquete que cubría sus mejillas. Si una persona conocida se detenía a saludarlas, ellas, a tuertas o a derechas, y muchas veces las tres a un tiempo, se apresuraban a decir que habían salido a pie en vista de la hermosura de la tarde; y seguían mirando con nostalgia y despecho la larga fila de carruajes, experimentando la misma impresión de nuestros bíblicos padres ante las puertas del Paraíso cerradas para siempre.

Después, ¡qué recuerdos tan penosos! A las tres las obsesionaba la enfermedad del caballo, como si éste fuese de la familia. Estaban arrepentidas de haber salido de casa; sentían la falsa esperanza de los que se interesan por un enfermo y creen que permaneciendo a su lado aceleran la curación. Saludaban a derecha y a izquierda; deteníanse a estrechar manos, cambiando palabras sobre el tiempo o sobre los trajes que más lucían en el paseo; pero sus miradas iban inconscientemente a detenerse en aquellos caballos que pasaban a pocos pasos de ellas; y en todos, bien fuese por el color, por la cabeza o por la grupa, encontraban cierto parecido con el otro que ocupaba su memoria.

Tuvieron en aquella tarde encuentros muy penosos. Andresito, el hijo de Cuadros, pasó por entre las dos filas de carruajes montando el enorme caballote que le había comprado su padre. Buscaba a la novia para ir escoltándola, luciendo sus habilidades hípicas en torno de su carruaje. El gesto de inocente sorpresa que hizo al verlas a pie, confundidas entre la cursilería dominguera, fue una verdadera puñalada para las tres mujeres.

Todo hería su susceptibilidad. Roberto del Campo, que iba con algunos amigos, las saludó con la más seductora de sus sonrisas; pero ellas creyeron distinguir en sus labios una irónica expresión. Indudablemente, aquel trasto de Rafaelito había relatado a Roberto lo del caballo. Estaban seguras de que todo el paseo conocía el desagradable suceso, adivinando lo que vendría después. Y cegadas por la vanidad herida, recordando sin duda las burlas que ellas habían dirigido a otras familias, turbábanse por momentos, creyendo ver miles de ojos rijos en ellas y que las señoras desde los carruajes las sonreían desdeñosamente, como si fuesen criadas disfrazadas. Hasta llegaron a pensar con escalofríos de terror si a sus espaldas las señalarían irrisoriamente con el dedo.

Y siempre el maldito caballo ocupando su pensamiento, viéndolo con los ojos de la imaginación tal como estaba en su cuadra al salir ellas de paseo, panza arriba, estirando convulsivamente las patas. Las tres llevaban dentro de sí, como implacable enemigo, su propio pensamiento, que las hacía ver la burla y la lástima en todas partes, y hasta creyeron algunas veces que personas conocidas fingían distracción por no saludarlas.

—Vámonos, niñas —dijo la mamá con una expresión en que vibraban el dolor y la cólera—; vamos a casa a ver cómo está «aquello». Hoy el paseo está muy cursi.

Las niñas apoyaron a la mamá con gesto de aprobación. Era verdad, muy cursi; y las tres emprendieron una retirada desastrosa, anonadadas, vencidas, como si acabasen de sostener una batalla con la consideración pública, quedando derrotadas y maltrechas. Al subir la rampa del puente del Real tuvieron que apartarse del borde de la acera, limpiándose con los pañuelos de blonda el polvo que levantaban las ruedas de un carruajillo descubierto que corría con velocidad insolente, arrollándolo todo.

Era la última sorpresa. El señor Cuadros, tirando de las riendas para refrenar su veloz caballo y agitando el látigo, las saludaba desde lo alto de aquella cáscara de nuez montada sobre ruedas.

A su lado iba Teresa, desbordando sus carnes blanduchas sobre el banquillo de terciopelo azul, moviendo con cierta incomodidad su cabeza, como si le molestase la capota, recargada de rosas y follaje, regalo de su marido.

—Hasta la noche... Adiós, niñas. Esta noche iré a ver a ustedes.

Y Teresa enviaba una sonrisa sin expresión a su antigua señora, como suplicando que no abandonase la tarea de catequizar a su esposo.

¡Buena estaba doña Manuela para tales indicaciones! Sabía lo que significaban las asiduas visitas, unas veces por la tarde y otras por la noche, que la hacía aquel cincuentón; pero no pensaba ahora en eso. El encuentro había acabado de trastornarla. Sus antiguos criados en carruaje, ensuciándola con el polvo de las ruedas, y ella, la hija de un millonario, la viuda del doctor Pajares, a pie y humillada por unas gentes a las que siempre había tratado con cierto desprecio. Jamás había imaginado que pudiera ocurrir aquello. Agobiada por las deudas, esperaba la caída, pero no tan honda y lastimosa para su dignidad.

Esto era demasiado fuerte para poder resistirlo. Y la pobre mujer, toda susceptibilidad y orgullo, sintió que algo caliente se agolpaba a sus ojos, y hubo de hacer esfuerzos para no llorar. Su paso acelerado era una verdadera fuga. Huían del paseo, de aquel lujo que algunos días antes era su elemento y ahora les parecía un verdadero insulto.

Cuando entraron en la plazuela donde vivían, la vista de su casa, que con el portalón entornado, los balcones cerrados y la fachada oscurecida por la última luz de la tarde tenía cierto aspecto fúnebre, hizo revivir en la memoria de las tres el recuerdo del caballo.

—¡Dios mío! ¿Cómo estará el pobre «Brillante»?

Tan vehemente era su interés por la salud de la bestia, que hasta acariciaban la absurda esperanza de una extraña reacción, de un milagro que las permitiera tener el carruaje disponible para el día siguiente. Arrastradas por la rutina, hasta sentían tentaciones de rezar por el pobre animal. Algo había en ellas de cariño, de agradecimiento por todo lo pasado; pero lo que predominaba era el ansia de recobrar su categoría de «señoras de coche», sin la cual se creían deshonradas.

Al entrar en el patio, dirigiéronse rectamente a la cuadra. Pasaron rozando la abandonada galerita, que, oculta bajo su funda de lienzo, solo mostraba las ruedas, ligeras, amarillas y finas como las de un juguete; y después de asomar su cabeza con cierta zozobra por la puerta de la cuadra, entraron en el antro oscuro y maloliente, recogiéndose las faldas y hundiendo sus elegantes botinas en la blanda y húmeda capa de estiércol.

Era un espectáculo extraño. A la luz de un farolillo colocado junto al pesebre, los trajes azul y rosa de las niñas, sus sombreritos de flores, las joyas relumbrantes de la mamá, causaban el efecto de una aparición sobrenatural, que contrastaba con las paredes sucias, el techo empavesado de polvorientas telarañas, los montones de estiércol y el olor punzante y molesto de cuadra sucia. Tan escasa era la claridad, que doña Manuela se dio un golpe contra la hoz clavada en la pared para cortar la hierba, y pasaron algunos momentos antes que las tres mujeres distinguieran a Nelet en el fondo de la cuadra.

El pobre muchacho, a pesar de su rudeza, contemplaba a «Brillante» con asombro doloroso, frunciendo el ceño como si quisiera cerrar el paso a las lágrimas. Los dos habían sido muy buenos amigos. El cochero celebraba sus picardías de animal viejo y brioso; tenía orgullo en decir que era muy bravo y solo por él se dejaba manejar, y ahora estaba allí tendido de costado sobre el estiércol, inmóvil como carne muerta, agitando alguna vez con ronco estertor el redondo pecho y levantando un poco la cabeza para lanzar en torno suyo la mortecina y lacrimosa mirada.

—¡Lo que somos...!, ¡lo que somos...! —decía Nelet entre dientes, sintiendo que cada espasmo de la larga agonía de su «Brillante» era una verdadera puñalada para él.

Al ver a las señoritas se adelantó algunos pasos, hablando con tono compungido. El veterinario se había marchado, declarándose impotente para remediar el mal. «Brillante» se moría de una enfermedad extraña, de un nombre raro que Nelet no podía recordar; pero lo cierto era que estaba ya en la agonía.

Y el pobre caballo, como si quisiera afirmar las palabras de su amigo o reconociese a sus amas, levantaba la pesada cabeza, lanzando su estertor angustioso.

Aquello partía el corazón a las tres mujeres.

—¡«Brillante»! ¡Pobrecito «Brillante»...!

Y las tres se abalanzaron a la pobre bestia, soltando sus faldas, cuyos bordes barrieron la suciedad del suelo. Doña Manuela, casi arrodillada en el estiércol, sin acordarse de su elegante traje, cogía la cabeza de «Brillante», que se elevaba trabajosamente como para saludar a sus amas por última vez. Aquella mirada desmayada y vidriosa, fija con expresión agradecida en el grupo de mujeres, acabó con la falsa serenidad de éstas, y estallaron los sollozos y las exclamaciones de desconsuelo.

Era ridículo llorar la muerte de un caballo; sí señor, ellas lo reconocían. Si les hubiesen contado algo semejante de sus amigas, no hubieran sido flojas las burlas; pero así y todo, había que reconocer lo que aquel pobre animal representaba para la familia, las ilusiones que se llevaba con su muerte.

¡Adiós, compañero de grandeza! La familia solo tendría para ti grato recuerdo. Mueres representando la fortuna que se aleja de casa, el prestigio que se pierde, la altivez que se desvanece; y cuando salgas de ella a altas horas de la noche en sucio carro para ser conducido adonde te explotarán por última vez, convirtiendo tu piel en zapatos, tus huesos en botones y tu carne en abono fertilizante, por la puerta entreabierta entrará la pobreza, la desesperación de una miseria disimulada, y quién sabe si la deshonra, eterna compañera de los que se aferran tenazmente a las alturas de donde les arrojan. ¡Adiós, «Brillante»! ¡Adiós, fortuna que huyes para siempre!

Y las tres mujeres, con el cerebro embotado por el choque de confusos pensamientos, arrastrando sus hermosas faldas, que olían a cuadra, subieron lentamente la escalera, como agobiadas por el dolor.

Amparito, en otras ocasiones la más risueña y juguetona, era la que ahora lloraba como una niña, Su madre había tenido que sacarla de la infecta cuadra cogiéndola del brazo.

—¡Ay, «Brillante»...! ¡Pobrecito «Brillante» mío...!

Y hasta había llegado a unir su linda cabeza de bebé con las negras narices de la bestia, cubriéndolas de besos.

El desaliento las tuvo hasta bien entrada la noche clavadas en sus asientos del salón, silenciosas, sin otra luz que el escaso resplandor de los reverberos públicos que entraba por los balcones abiertos, produciendo una débil penumbra. Las tres, envueltas en sus batas de verano, destacábanse en la oscuridad como inmóviles estatuas. Las niñas pensaban en su porvenir, que adivinaban confusamente; presentían que desde aquel momento comenzaba para ellas una era nueva, en que no todo serían alegres risas e indiferencia para el día siguiente.

Los pensamientos de doña Manuela aún eran más oscuros. Miraba en torno de ella, y nada, ni un mal rayo de esperanza amortiguaba su desesperación. Necesitaba dinero para reponer esta pérdida, que tanto podía influir en el prestigio de la familia, y para satisfacer ciertos compromisos que, como de costumbre, la agobiaban con gran urgencia; pero a pesar de ser tan numerosas las amistades, no encontraba, repasando su memoria, un solo nombre.

¡Y pensar que ella, que había derrochado tantos miles de duros y vivía con cierta ostentación, pasaba angustias por unos cuantos miles de reales...! El recuerdo de su hermano se aferraba tenazmente a su memoria. ¡Ah, maldito avaro! Necesario era todo su mal corazón para dejar a una hermana en el sufrimiento, pudiendo remediar sus penas con algunos de los papelotes mugrientos que a fajos dormían en el viejo *secrétaire* de su alcoba. Pero no había que pensar en semejante hombre. Bastantes veces la había humillado con rotundas negativas.

Otro de los que no se podía contar para salir de la situación era su hijo Juanito. Doña Manuela, que le había tenido tanto tiempo a su voluntad, asombrábase ahora ante sus alardes de independencia. Le habían cambiado su hijo, según ella decía con el tono quejumbroso de una madre resignada. Y el tal cambio consistía en haberse negado Juanito varias veces a darla dinero para salir de pequeños apuros.

Esto indignaba a doña Manuela. Habíase despertado en él la fiebre de la explotación. Revivía la «sangre comercial» de su padre, el instinto acaparador de su tío don Juan; y contagiado por la atmósfera de jugadas victoriosas y millonadas de papel que respiraba continuamente en la tienda al lado de su principal, había acabado por decidirse, despreciando los bienes positivos y materiales para lanzarse en la fiebre de la Bolsa.

El acto de ciega confianza de su novia y su vieja amiga entregando sin temor los ahorros al omnipotente don Ramón Morte había acabado por decidirle. ¿Iba a ser él más cobarde que aquellas dos mujeres?

Vendió su huerto de Alcira, y los 8.000 duros que le dieron engrosaron el raudal de oro que, a impulsos de la más ciega confianza, iba a caer en las cajas del filántropo banquero. Una parte de su capital lo invirtió su eminente protector en papel del Estado, y con la otra, que era la más exigua, comenzó sus jugadas de Bolsa, siempre a la zaga de Cuadros y sin atreverse a imitar sus golpes de audacia.

Vacilaba algunas veces, sentía misteriosos terrores al pensar que su fortuna estaba a merced de un capricho del azar, mas no por esto perdía la confianza, y nada había reservado de su capital para responder a los vencimientos de los pagarés que le había hecho firmar su madre. ¿Para qué tal precaución? No había más que oír a su principal y al poderoso banquero. Sus 8.000 duros se doblarían y triplicarían en muy poco tiempo, y entonces podría pagar las deudas maternales y casarse con Tonica. Pero mientras tanto, que no contase su madre con él. La quería mucho, seguía adorándola con un respeto casi religioso; pero de dinero, ni un ochavo.

Todo lo sabía doña Manuela, y por esto colocaba a su hijo al mismo nivel que su hermano. ¡Vaya unos parientes! Podía una morirse en medio de la calle, bien segura de que nadie acudiría en su auxilio.

Y doña Manuela, enfurecida por lo difícil de la situación, crispaba sus manos arañando los adornos de su bata. Solo una esperanza le restaba, pero no quería pensar en ella, pues en su interior elevábase como una voz de protesta.

Estaba segura de que cierta persona le facilitaría a la menor indicación aquel dinero que tantas angustias le producía. Indudablemente, el señor Cuadros no le era difícil salvar a una amiga por unos cuantos miles de reales, él que todos los meses contaba sus ganancias por miles de duros; pero apenas le acometía este pensamiento, renacían en doña Manuela escrúpulos que creía muertos para siempre.

Conocedora de la vida, comprendía la importancia de aquel favor y lo que forzosamente había de sobrevenir. Un mes antes no habría vacilado en acudir a su antiguo dependiente, a pesar de lo mucho que esto lastimaba su altivez. Pero ahora, al pensar en las audacias que se permitió el día de Corpus y otras muchas realizadas por el bolsista en sus diarias visitas, doña Manuela deteníase avergonzada, y a estar iluminado el salón, se hubiera visto su rubor.

Ella, que hacía tantos años no se acordaba para nada de Melchor Peña, sentíalo vagar en torno como un espíritu guardián de su honrada viudez. Del doctor, de su segundo marido, no se acordaba para nada. Aquel buena pieza, con sus infidelidades, no tenía derecho a exigirla cuentas por lo que pudiera hacer.

Lo que más extrañeza le causaba era que se mostrasen ahora en ella tan terribles escrúpulos, cuando a raíz de su primera viudez había caído fácil e insensiblemente en los brazos de Pajares. El amor había ahogado entonces todas las preocupaciones; pero ahora se trataba de una explotación deshonrosa, de una venta que solo el suponerla le producía vergüenza y rubor. La altivez le hacía recobrar su puesto. Cuadros, a pesar de su fortuna, no dejaba de ser el antiguo dependiente, el marido de la criada Teresa, un pobre diablo al que ella había tratado siempre con desprecio. ¿Y por tal hombre iba a perder su prestigio de mujer honrada, sostenido durante tantos años a costa de sacrificios que guardaba en el misterio? No; antes la miseria.

Y doña Manuela, embriagándose con la energía de su resolución, pensaba en la miseria como en una cosa desconocida, pero que iba pareciéndole grata por ser la salvación de su honor. Trabajarían ella y sus hijas. También duquesas, princesas y hasta reinas se habían visto en la miseria, arrostrándola con dignidad. Y doña Manuela, repasando sus escasos conocimientos históricos, halagaba su orgullo y creíase casi igual a una soberana destronada que cae en la pobreza. Esto bastó para afirmarla en su resolución.

Cuando Rafael y Juanito llegaron a casa, la familia pasó al comedor. La cena fue triste. Parecía que el cadáver tendido abajo, en la suciedad de la cuadra, estaba allí, sobre la mesa, mirando con los ojos vidriosos e inmóviles a sus antiguos amos.

Al terminar la cena, los dos hermanos salieron, marchando cada uno por su lado.

Juanito había cambiado de costumbres. No volvía a casa hasta las once de la noche, y después de hacer una corta visita a Tonica y Micaela, iba a un café donde se juntaba la gente de Bolsa y podían apreciarse diariamente las opiniones y profecías de «alcistas» y «bajistas».

A las nueve de la noche recibieron las de Pajares la visita de Andresito y su papá. Doña Manuela, al ver a su antiguo dependiente, se ruborizó, como si éste pudiese adivinar los pensamientos que la habían agitado poco antes.

El señor Cuadros mostrábase gozoso y radiante, como si le alegrase la noticia que en el patio le había dado Nelet. ¿Conque había muerto el caballo? Vamos, ahora se explicaba por qué iban aquella tarde a pie por la Alameda. Era de sentir la pérdida, porque un caballo que sustituyera dignamente a «Brillante» había de costar algún dinero; pero ¡qué demonio! 4 o 5.000 reales no arruinan a nadie. Y el señor Cuadros hablaba del dinero con expresión de desprecio echando atrás la cabeza y sacando el vientre como si lo tuviera forrado con billetes de Banco.

Las niñas hablaban con Andresito cerca del piano, y doña Manuela, serena y en posesión de sí misma, miraba fijamente a su antiguo dependiente. La escandalizaba el desprecio con que aquel hombre hablaba del dinero, y recibía como un sangriento sarcasmo la suposición de que 4 o 5.000 reales nada significaban para ella. Y pensando esto, su mirada iba instintivamente hacia el mármol de una consola, donde antes se exhibían unos magníficos candeleros de plata guardados ahora en el Monte de Piedad; y miraba igualmente los cromos baratos que adornaban las paredes del salón, sustituyendo a dos grandes cuadros heredados de su padre, obra de Juan de Juanes, por los cuales le habían dado lo preciso para vivir durante un mes.

Aquel hombre, cegado por su fortuna, no sabía lo que decía. Igual era ella algunos años antes, cuando tenía fincas que vender o empeñar y arrojaba el dinero a manos llenas. Pero ahora la pobreza vergonzante y cuidadosamente ocultada le había enseñado el valor del dinero.

El señor Cuadros, siempre ignorante de la verdadera situación de la casa, molestaba atrozmente a doña Manuela. Quería aparecer amable, y para esto la hacía ofrecimientos que resultaban sarcasmos. Él se encargaba de la compra del caballo. Vería ella cómo le resultaba más barato; por una bestia tan hermosa como «Brillante» solo tendría que desembolsar unos 3.000 reales. Él conocía a los chalanes más afamados. El caballo que montaba su hijo lo había comprado casi por una bicoca, y confiaba ahora tener la misma suerte.

—Lo que a usted le conviene, Manuela, es comprar el caballo cuanto antes, pues si las gentes las ven a ustedes paseando muchos días como hoy, harán maliciosos comentarios. Los que estamos a cierta altura debemos mirarnos mucho en nuestras cosas.

Y el afortunado majadero, al hablar de la altura, cerraba los ojos como si sintiera el vértigo de los que se hallan en la cúspide.

Lo que más efecto causó en doña Manuela fue la afirmación de que la gente haría comentarios si no se mostraba en público como siempre. Ahora reaparecía la altivez de su carácter, estremeciéndose al pensar en la mortificante lástima con que se hablaría de su ruina.

Ella no tenía carácter para sobrellevar con resignación la miseria. Estaba decidida. Había que sostenerse en la altura, empleando todos los medios; y después, que viniera todo, hasta aquello que solo al pensarlo tanto rubor le producía.

Y la vanidosa señora, para afirmarse en su resolución, buscaba ejemplos y recordaba lo que tantas veces había oído en las murmuraciones infames de las tertulias: los innumerables casos de señoras tan decentes como ella, bien consideradas por la sociedad, y que habían hecho sacrificios iguales para salvar el prestigio de sus casas. Y sostenida por el pernicioso ejemplo de aquellas mujeres a las que tanto había censurado, miró a su antiguo dependiente con ojos en que se revelaba un impudor razonado y tranquilo. Al fin —pensaba ella para consolarse—, el señor Cuadros, aunque ramplón y vulgarote, era un hombre aceptable, y no tenía que resignarse ella, como otras mujeres, a buscar la protección de un valetudinario repugnante.

El bolsista adivinaba algo en las miradas de la esposa de su antiguo principal. Y en su credulidad de calavera viejo e inocente echaba el cuerpo atrás con cierto orgullo, como si estuviera convencido de que sus prendas personales habían influido en tan asombrosa conquista.

Terminó la visita a media noche, y cuando el padre y el hijo se dirigían hacia la puerta, acompañados por las señoras de la casa, doña Manuela cambió sus últimas palabras con el señor Cuadros.

—Quedamos —dijo la señora— en que usted se encargará de la compra del caballo. Mañana mismo confío en que habrá hecho mi encargo.

—¡Oh, seguramente...! Ya sabe usted que todas sus cosas me interesan como mis propios negocios.

—Entonces, venga usted mañana a las tres y le daré el dinero.

—¿Quiere usted callar? Ya arreglaremos cuentas más adelante... Pero, en fin, vendré por tener el gusto de charlar un rato.

Y el señor Cuadros salió de la casa satisfecho de sí mismo, bufando de satisfacción, contoneándose como un joven y mirando con cierta lástima a su hijo, que caminaba al lado de él tímido y encogido. Un risueño optimismo le hacía olvidar que era su padre. ¡Ah! ¡Si en vez de los cincuenta y pico tuviera él los años de aquel pazguato, cuánta guerra había de dar en el mundo!

Al día siguiente, el señor Cuadros fue puntual. A las tres de la tarde entraba en casa de doña Manuela, y se sorprendió agradablemente al ver que la señora estaba sola en el salón, vestida con la más elegante de sus batas y el rostro retocado con los más finos menjurjes del tocador de las niñas. El bolsista sentía como un renacimiento de la vida, algo que recordaba sus fiebres de joven, cuando siendo primer dependiente bromeaba y perseguía a la criada Teresa en la trastienda de *Las Tres Rosas*.

Las niñas habían sido enviadas por su mamá a casa de «las magistradas». Juanito estaba en la tienda; y en cuanto a Rafael, no había que esperarle hasta bien entrada la noche.

En el comedor oíase el ruido de los cubiertos que secaba Visanteta, la única que se enteró de la visita del señor

Cuadros y de lo larga que resultó. Ella fue la que oyó las risas apagadas de la señora y el arrastre de algunos muebles, como si fueran empujados con violencia; pero era una muchacha prudente y reservada, que solo se ocupaba de sus actos, sin detenerse a interpretar los ajenos.

Al día siguiente la familia pudo salir a paseo en su carruaje, y un caballo más joven y de mejor estampa que «Brillante» ocupó el vacío que la muerte había dejado en el pesebre. Las amarguras sufridas en aquel domingo fueron olvidadas ante una abundancia como pocas veces se había gozado en aquella casa. Doña Manuela tenía dinero; comenzaron a pagarse las cuentas con regularidad; los proveedores no la molestaron ya exigiendo el pago de los atrasos, y la modista francesa, después de embolsarse algunos miles de reales que creía perdidos para siempre, hizo a las niñas de Pajares nuevos trajes para lucirlos en la feria de Julio.

Todo era dicha y tranquilidad en casa de doña Manuela, y el contento de la familia repercutía en *Las Tres Rosas*, donde la sencilla Teresa considerábase feliz. Sabía que su marido había roto definitivamente con Clarita, aquella «mala piel» que vivía en la calle del Puerto. Ya no le pagaba los trimestres del entresuelo, ni atendía a sus locos gastos. Es más: un alma caritativa le había hecho saber que aquella perdida le engañaba, burlándose de él con los chicos de la Bolsa; y don Antonio mostrábase arrepentido, dispuesto a no proteger más mujeres de tal calaña.

La pobre Teresa, al pensar que su antigua señora era la que había realizado tal milagro, atrayendo a su esposo a la buena senda, sentía tal gratitud, que no podía hablar de ella sin que se le saltaran las lágrimas. ¡Qué buena persona era doña Manuela! Ella únicamente había sabido catequizar al señor Cuadros.

X

Juanito vivía entregado a la agitación y la zozobra del que confía su porvenir a los caprichos del azar.

Él, tan metódico y cuidadoso de cumplir sus obligaciones, abandonaba la tienda para ir a la Bolsa en compañía de su principal, o a los lugares donde se reunían sus compañeros de explotación financiera. ¡Valiente cosa le importaba *Las Tres Rosas*! Ya no quería ser dueño de la tienda. Las primeras ganancias, adquiridas con dulce facilidad, le habían cegado y solo pensaba en ser millonario, en esclavizar la fortuna, riéndose ahora de aquellos tiempos en que soñaba con Tonica la existencia monótona y tranquila de rutinarios burgueses, amasando ochavo tras ochavo un capital para pasar tranquilamente la vejez.

Su novia, prácticamente, refrenaba sus entusiasmos financieros. No había que tentar a la fortuna; y ahora que se mostraba favorable, era una locura no retirarse a tiempo.

Pero Juanito se negaba a oírla. ¿Qué saben las mujeres de negocios? ¿Por qué había de quedarse en la mitad del camino, cuando podía seguir a su principal hasta el paraíso de los millonarios? Enamorado cada vez más de Tonica, le halagaba la idea de casarse inmediatamente; pero este mismo cariño impulsábale a esperar. Era mejor contener sus deseos durante algunos meses, un año a lo más; dejar que su capital, volteando por la Bolsa, se agrandase como una bola de nieve; y cuando poseyera el tan esperado y respetable millón, hacer que la transformación fuese completa: gozar viendo cómo la pobre costurerilla se convertía, bajo la dirección de su vanidosa suegra, en señora elegante, con gran casa, carruaje y los demás adornos de la riqueza.

El deseo de llegar cuanto antes a este final apetecido era lo que le hacía audaz y acallaba sus temores de una probable ruina. Los que le habían conocido en otros tiempos asombrábanse por el cambio radical de su carácter. Su tío don Juan no hablaba ya con él. Un día dio por roto el parentesco, faltándole poco para que pegara a su sobrino.

—Juanito, eres un imbécil —dijo el avaro con los labios trémulos por la rabia, erizándosele el bigote de cepillo—. Siempre creí que en tu carácter había más de tu padre que de mi hermana, y por eso te quería; pero ahora veo que me engañé. Te han perdido las malas compañías, esa atmósfera de mentira en que vives, los ejemplos de tu derrochadora madre y los consejos del majadero de tu principal, que se cree un oráculo en los negocios porque gana el dinero a ciegas por una burla caprichosa de la suerte, y algún día las pagará todas juntas, dándome el gusto de poder reír al verle sin camisa. Y a ti te pasará lo mismo. ¡Vaya si te pasará...! Vendiendo el huerto para hacerte dueño de *Las Tres Rosas* y casarte con esa chica, que, según tengo entendido, es buena persona, hubieras dado gusto a tu tío. Y si te faltaba algo, aquí estaba yo para responder. Conque hubieras venido a decirme: «Tío, necesito esto, lo otro y lo de más allá», estábamos al final de la calle. Pero ahora no, ¿lo entiendes? No cuentes para nada conmigo. Como si no fueras mi sobrino. Me has salido igual a todos los de tu familia, y no puedo quererte. Yo pensaba en ti, quería que fueses el que estuviera junto a mi cama en la hora de mi muerte, y al recontar los cuatro cuartos que tengo, me decía: «Esto será para el chico». Pero ahora estoy desengañado. Anda, anda, hazte millonario en la Bolsa, y si quedas en pordiosero, no vengas a buscarme, porque lo que hará tu tío es reírse al ver lo bruto que eres.

La ruptura con su tío entristeció a Juanito. No había conocido otro padre; y además, en sus cálculos de comerciante, siempre había figurado la esperanza de ser el heredero de don Juan. Pero las agitaciones de la Bolsa, y especialmente las ganancias, amortiguaban en él el pesar del rompimiento.

Cuando a fin de mes, cobraba las «diferencias», decíase con extrañeza:

«Parece imposible que nos censuren por dedicarnos a una explotación tan cierta. Pero ¡bah! ¡Quién hace caso de esa gente rancia!»

Y entre, los rancios no solo figuraba su tío, sino don Eugenio, el fundador de *Las Tres Rosas,* que también manifestaba al joven gran descontento. Siempre que Juanito se encontraba en la tienda con el viejo comerciante, éste le lanzaba miradas tan pronto de compasión como de desdén. Algunas veces hasta llegaba a murmurar con tono de reproche:

—¡Ay, Juanito, Juanito...! Te veo perdido. Ese demonio de Cuadros te arrastra a la perdición... No le defiendas, no intentes justificarte. Ahora te va muy bien para que pueda convencerte; pero al freír será el reír.

Y el viejo le volvía la espalda, con la confianza de que los hechos vendrían en apoyo de sus pronósticos.

Únicamente en su casa encontraba Juanito aplauso y consideración. Su madre le quería más desde que le veía entregado a los negocios. Su hijo ya no era un dependiente de comercio; era un bolsista, y esto siempre proporciona mayor consideración social. Además, sus ganancias eran un motivo de esperanza para la viuda, que aunque veía satisfechas todas sus necesidades en el presente, no dejaba de sentirse preocupada por el porvenir. La buena fortuna de Juanito podía solidificar el prestigio de la casa.

La proximidad de la feria de Julio preocupaba a la familia. Nunca se habían pasado veladas tan agradables en casa de las de Pajares. Por la noche, después de la cena, llegaban el señor Cuadros, Teresa y su hijo, y comenzaba la alegre reunión.

Por los balcones abiertos penetraba el hálito caliginoso de las noches de verano, cargado de enervantes perfumes. La plazuela animábase. El calor arrojaba de sus estrechos cuchitriles a la gente de los pisos bajos, y las puertas estaban obstruidas por corrillos de blancas sombras sentadas en sillas bajas y respirando ruidosamente. Arriba, sobre los tejados, cubriendo la plaza como un toldo de apelillado raso que transparentaba infinitos puntos de luz, el cielo del verano con su misteriosa y opaca transparencia. En los oscuros balcones distinguíanse, entre los tiestos de flores y el botijo puesto al fresco, confusas siluetas ligeras de ropa. Otros abiertos e iluminados, dejaban escapar, como los de las de Pajares, el sonoro tecleo del piano, acompañado algunas veces por el rítmico chorrear de las macetas recién regadas.

En los corrillos de la plaza partíanse enormes sandías, y las mujeres, con el moquero sobre el pecho para librarse de manchas, devoraban las tajadas como medias lunas, chorreándoles la boca rojizo zumo. En una puerta susurraba la guitarra con melancólico rasgueo, contestándole desde otra el acordeón con su chillido estridente y gangoso. Y los ruidos de la plaza, el reír de las gentes, los gritos que se cruzaban entre los corrillos y la música popular, entraban con el fresco de la noche en el salón de las de Pajares, sirviendo de sordo acompañamiento a la conversación de la tertulia.

Las niñas, con Andresito, hacían planes para la próxima feria. Recordaban los rigodones en el pabellón de la Agricultura y los alegres valses en el del Comercio; pensaban en los trajes que les había traído la modista francesa, y que guardaban intactos para dar golpe en la Alameda en la primera noche de feria, y hasta sentían su poquito de maligna alegría considerando el efecto que su elegancia causaría en las amigas.

La calma y la felicidad habían vuelto a aquella casa.

Hasta Conchita, a pesar de su carácter iracundo y malhumorado, considerábase dichosa al ver que Roberto «volvía al redil», mostrándose más enamorado que antes. Por las noches, abandonando a su amigo Rafael, asistía a la tertulia de las de Pajares; y no contento con las largas conversaciones que allí sostenía con su novia, todavía por las mañanas, a la hora en que Amparo estaba en el tocador, las criadas en el Mercado y la mamá en la cama, subía la escalera, y en el rellano, ante la puerta entreabierta de la habitación, hablaba más de una hora con Conchita, hasta que se levantaba doña Manuela y comenzaba el movimiento de la casa.

La gran preocupación de la familia eran las tres corridas de toros, festejo el más ruidoso de la feria. La tertulia tenía ya ultimado sus proyectos. El señor Cuadros compraría un palco de los mejores para las dos familias; y lo mismo las de Pajares que Teresa, proponíanse deslumbrar al público con su elegancia.

Las niñas tenían preparados sus trajes de «manola», y un sinnúmero de veces se habían ensayado ante el espejo para aprender a colocarse con naturalidad y buen gusto la blanca mantilla de blonda. En cuanto a las dos mamás, pensaban lucir oscuros trajes de seda, con costosas mantillas negras, regaladas a las dos por el señor Cuadros.

Llegó el día de la primera corrida. La atmósfera parecía cargada de un ambiente extraño de locura y brutalidad. Por la mañana arremolinábase la gente, con empujones y codazos, en torno de los revendedores que en la plaza de San Francisco voceaban las de «Sol» y de «sombra»; y como si la ciudad acabase de sufrir una invasión, tropezábase en todas partes con gentes de la huerta y de los pueblos: unos con pantalones de pana y manta multicolor; y otros, los tipos socarrones de la Ribera, vestidos de paño negro y fino, la chaqueta al hombro, dejando al descubierto la blanca manga de la camisa, los botines de goma entorpeciéndoles el paso, y en la mano un bastoncillo delgado, casi infantil, movido siempre con insolencia agresiva.

El gentío presentaba igual aspecto en todas las calles, como si la ciudad entera se hubiese vestido con arreglo al mismo patrón. Sombreros cordobeses de blanco fieltro o marineras de paja, cazadoras de color claro, corbatas rojas, y en todas las bocas un cigarro de a palmo.

La Bajada de San Francisco era un torrente por el que rodaban sin cesar las oleadas de gentío. Las jacas pamplonesas, cubiertas con inquietos borlajes y repiqueteantes cascabeles, pasaban como rayos por entre el gentío tirando de las tartanillas de colores claros, de los coches señoriales y de los carruajes ingleses, en cuyos bancos erguíanse como cimbreantes flores las muchachas vestidas de rosa o azul, con el rostro realzado por el marco de blanca blonda. La gente menuda, los del tendido de Sol, pasaban en grupos, con la enorme bota al hombro y un garrote de Liria en la mano, oliendo a vino y vociferando, como si comenzasen a sentir la borrachera de insolación que les aguardaba en la plaza.

Muchachos desarrapados rompían las oleadas del gentío, ofreciendo la vida de «Lagartijo» en aleluyas, los antecedentes y retratos de los seis toros que iban a lidiarse, o pregonaban unos abanicos de madera sin cepillar y en los cuales una mano torpe había estampado un toro como un pellejo de vino y un torero que parecía una rana desollada.

Los babiecas ávidos de emociones agolpábanse frente a las fondas donde se alojaban las cuadrillas, esperando pacientemente la salida de los toreros para poder tocar con respeto los alamares del diestro. La gente abría paso con curiosidad cada vez que algún picador empaquetado sobre la silla y con el mozo a la grupa pasaba montado en su jaco huesoso y macilento, que le llevaba hacia la plaza con un trotecillo cochinero.

Entre los carruajes que velozmente y atronando las calles atravesaban el centro de la ciudad, pasó el cochecito de Cuadros, y tras él una carretela de alquiler en la que iban las de Pajares. Doña Manuela en el sitio preferente, empolvada y retocada con tal arte, que su rostro producía cierta impresión asomando por entre los festones de la negra blonda; y frente a ella, las niñas, graciosísimas como un cromo de revista taurina, con zapatito bajo, medias caladas, falda de medio paso con red cargada de madroños y mirando atrevidamente bajo la nube blanca que envolvía sus adorables cabezas, cerrándose sobre el pecho con un grupo de claveles.

¡Qué tarde tan hermosa! Nunca se sintieron las de Pajares más contentas de la vida. Al descender de su carruaje frente a la plaza, llovieron sobre ellas los requiebros; y para todas hubo, hasta para la mamá, que respiraba ruidosamente y enrojecía, satisfecha del triunfo. Indudablemente eran ellas las que más llamaban la atención en toda la plaza. No había más que verlas en el palco abanicándose con negligencia, mientras una gran parte de los señores del tendido, puestos de pie y volviendo la espalda al redondel, las miraban fijamente, con ojos de deseo.

El señor Cuadros estaba orgulloso de su situación. No podía quejarse de la vida. Ganaba cuanto quería; parecía un muchacho con su trajecito claro, corbata roja y el enorme cigarro, al que conservaba la sortija de papel, para que todo el mundo se enterase de su precio. A un lado tenía a Teresa, tranquila y sin sentir la menor sospecha de infidelidad, y al otro a doña Manuela, orgullosa de la admiración que ella y sus niñas despertaban en una parte de la plaza.

El señor Cuadros sentíase satisfecho de la situación, y las ávidas miradas fijas en el palco parecíanle un homenaje a él. No se podía pedir mayor felicidad. Cumplía con la conciencia y con el placer. A un lado la esposa legítima; al otro, doña Manuela, la satisfacción de la carne, el alimento de su vanidad; y las dos familias de las cuales era él el punto de unión, contentas, lujosas, llamando la atención del público, todo gracias a su buena suerte que le permitía tirar a manos llenas los miles de pesetas. El bolsista, saboreando su dicha, aseguraba mentalmente que Dios es muy bueno, y no sabía ya qué desear, pues la seguridad de que en breve sería millonario teníala por indiscutible.

En el fondo del palco estaban el hijo de Cuadros y los dos de doña Manuela, con los gemelos en la mano, contemplando el aspecto de la plaza. En el tendido de sombra, el graderío circular era un escalonamiento de sombreros blancos que bajaba hasta la barrera. Algunas capotas cargadas de flores o relucientes peinados, destacándose sobre los pañolones de Manila, rompían la monotonía de las hileras de puntos blancos. Las puertas de los palcos abríanse con estrépito, y aparecían en las barandillas, cubiertas con los colores nacionales, las mantillas blancas, las caras risueñas, los peinados con flores; toda una primavera que era saludada a gritos por los entusiastas de abajo, puestos en pie sobre los banquillos de madera.

Enfrente, bajo el Sol que agrietaba la piel en fuerza de sacar sudor, que hacía humear las ropas y ponía un casco de fuego sobre cada cabeza, enloqueciéndola, estaba la demagogia de la fiesta, el elemento ruidoso que aguardaba impaciente, tan dispuesto a arrojar al redondel los sombreros en honor al diestro, como los bancos y los garrotes en señal de protesta. De allí partían las palabras infames contra los picadores que al aproximarse al toro pensaban en la mujer y en los hijos. Esta mitad de la plaza no tenía la regularidad monótona del tendido de sombra. Era un mosaico animado, en el que entraban todos los colores y que al agitarse variaba de composición. Las tintas rabiosas de los trajes de la huerta, las blancas manchas de los grupos en mangas de camisa, los pantalones rojos de los soldados, los enormes quitasoles de seda granate que parecían robados de una antigua sacristía, los gigantescos abanicos de papel moviéndose con incesante aleteo, las botas de vino que a cada instante se alzaban oblicuamente sobre las cabezas, los gritos, las protestas porque se hacía tarde, todo daba a aquella parte de la plaza un aspecto de locura orgiástica, de brutalidad jocosa. Y arriba, sobre la doble galería, clavadas en la crestería del tejado, colgaban lacias e inertes las banderitas rojas y amarillas, palpitando perezosamente cuando un suspiro fresco, enviado por el mar al través de la vega, arrastrábase sobre aquellas gentes aplastadas por la insolación, haciéndoles dilatar fatigosamente los pulmones. En lo alto, como bóveda del gran redondel, el cielo azul, infinito, sin la más leve vedija de vapor, cruzado algunas veces por una serpenteada fila de palomos, que aleteaban impasibles, sin dar importancia a la extraña reunión de tantos miles de personas.

Eran las cuatro de la tarde y se impacientaba la gente. Por detrás de la barrera iban los chulos de la plaza, con sus blusas rojas, abrumados bajo el peso de las capas de brega, repugnantes andrajos manchados de sangre; y por los tendidos, haciendo prodigios de equilibrio, filtrándose por entre el compacto gentío, avanzaban los vendedores de gaseosas con el cajón al hombro, pregonando la limonada y la cerveza, y los «tramusers» con un capazo a la espalda, llenando de altramuces y cacahuetes los pañuelos que les arrojaban desde las nayas y devolviéndolos a tan prodigiosa altura con la fuerza de un proyectil.

Sonó la música, y un movimiento de ansiedad, de emoción, dio la vuelta a la plaza, haciendo latir sus corazones.

Esto era lo que más gustaba a las de Pajares. La lidia las aburría o las horrorizaba; pero la salida de la cuadrilla las enardecía, y movíanse nerviosamente en sus asientos al ver el desfile de jacarandosas figurillas, que, a la luz del Sol, destacábanse sobre la arena del redondel como ascuas de oro con el brillo de sus alamares.

Pasada la primera impresión de entusiasmo, cuando las doradas capas cambiáronse por sucios trapos y cesó de tocar la música, saliendo el alguacil del redondel a todo galope, las de Pajares presintieron el aburrimiento.

El primer toro... ¡bueno! Todavía les causaba cierta ilusión el arrojo de los diestros, el valor de aquellos cuerpos esbeltos, nerviosos y ligeros que escapaban milagrosamente de entre las curvas astas; pero apenas comenzó la parte brutal del espectáculo y cayeron pesadamente como sacos de arena los infelices peleles forrados de amarillo, mientras el caballo escapaba, pisándose en su marcha los pingajos sangrientos como enormes chorizos, las jóvenes volvieron la cabeza con un gesto de asco y no quisieron mirar al redondel. ¿A qué iban allí? A lo que van todas: a ver y ser vistas, a lucirse un rato a cambio de palidecer de emoción y lanzar angustioso grito cuando la cornuda cabeza bufa en la misma espalda del torero fugitivo.

Y conforme avanzaba la corrida, la mayoría del público contagiábase del aburrimiento del espectáculo, y hasta los del tendido de Sol, si no por repugnancia por fastidio, callaban, dejando que los lances en la arena se desarrollasen en medio de un tétrico silencio, como si desearan no provocar incidentes para que la lidia terminase cuanto antes. Solo los grupos de los aficionados sostenían el entusiasmo palmoteando, aclamando a sus respectivos ídolos y entablando disputas ruidosas.

La salida de la plaza era lenta, desmayada, contrastando con la llegada, ruidosa como una invasión. Todos parecían cansados y caminaban con cierta lentitud y ensimismamiento, como el que acaba de ser víctima de un engaño o ve defraudadas sus ilusiones. Los únicos que mantenían la algazara de la fiesta eran los que, tostados y sudorosos, salían por las puertas del Sol golpeándose amigablemente con las arrugadas botas y las vacías calabazas, dando a entender a gritos que el contenido de aquéllas se hallaba en lugar seguro y servía para algo. Las dos familias, sufriendo los codazos de la muchedumbre, salieron de la plaza por entre los jinetes de la Guardia Civil que mantenían el turno en el desfile de los coches, fueron en busca de los suyos, teniendo las mamás y las niñas que recoger sus faldas de seda, y manchándose las medias con el barro de la carretera recién regada.

Por fin vieron a Nelet, que guardaba el cochecito del señor Cuadros. Vestía de blusa, pues la carretela de las señoras era de alquiler y tenía cochero propio.

Iba a subir el señor Cuadros en su pescante y empuñar las riendas, cuando el cazurro muchacho se rascó la cabeza y pareció recordar algo.

—Oiga, don Antonio; don Eugenio me ha dado este papel, encargándome mucho que no tardase en entregarlo.

Y ofrecía un cuadrado de papel azul con el cierre intacto. Era un telegrama.

Juanito, al ver el despacho, por un instinto de solidaridad, apartóse de su madre, colocándose al lado del maestro.

—¡Bah! —dijo el señor Cuadros con indiferencia—. Será un telegrama de nuestro corresponsal en Madrid.

Y por la fuerza de la costumbre le rasgó el cierre, viendo su contenido con rapidez.

Pero inmediatamente palideció, dio una patada en el suelo y soltó unos cuantos pecados gordos, de aquellos que hacían ruborizar a Teresa y fruncir el gesto a doña Manuela, intransigente con tales groserías. Juanito, que leía por encima del hombro de su principal, estaba pálido también y parpadeaba como si creyera en un engaño de sus ojos.

—Ya ves, Juanito —dijo con precipitación el maestro—. Acaba de subir de un golpe cerca de tres enteros. ¿Qué será esto? Hay que ver enseguida a don Ramón. Lo que es por esta vez, ¡se ha lucido! Pero no; él no se equivoca fácilmente. Aquí hay gato encerrado. De todos modos, debemos consultar enseguida a nuestro hombre. ¡Cristo!, ¡pues apenas tiene la cosa importancia...!

Y montó en el cochecillo, nervioso e impaciente, con el deseo de llegar cuanto antes a casa para dejar a la familia y correr en busca del infalible protector.

Juanito no tuvo tanta presencia de ánimo. Pálido, sudoroso, hablando y gesticulando como un sonámbulo, casi echó a correr sin despedirse de la familia. Iba al despacho del poderoso Morte, a aquella Meca de la fortuna, y sentía una inmensa extrañeza al ver que la gente no mostraba la menor impresión, que el cielo estaba azul, que todo se hallaba como siempre y no surgía la más leve señal exterior para hacer saber al mundo que el gran genio se había equivocado por primera vez aconsejando la baja.

XI

La derrota fue completa.

A los dos días, ninguno de los bolsistas que tenían por oráculo al famoso don Ramón dudaba de ella. El mismo banquero confesaba que esta vez se había equivocado, aunque no por ello dejaba de sonreír, asegurando que lo mismo que había ocurrido una alza contra todas sus previsiones, podía sobrevenir una baja, pues no todos los tiempos son iguales.

Y aquellos hombres de fe inquebrantable acogían como risueña esperanza las ambiguas palabras del banquero, prestándoles esto cierta energía para sobrellevar el golpe. A todos los admiradores de don Ramón les había alcanzado la derrota; pero quien más sufría era el señor Cuadros, que de un golpe veía desaparecer todas las ganancias de su vida de bolsista.

Pero él no desmayaba, no señor. ¿Qué gran general no sufre una derrota? Él era soldado fiel de don Ramón y le seguía a ciegas, convencido de que con un hombre así, de tropezón en tropezón, más tarde o más temprano se llegaba a la victoria.

Con el error del banquero, quedaba lo mismo que antes de entrar en la Bolsa: dueño de la tienda y de unas cuantas fincas sin importancia. Pero esto mismo le animaba y le hacía ser más tenaz en sus propósitos. Al fin, ¿qué había perdido? Igual estaba ahora que antes de entrar en el negocio. Lo que había ganado en la Bolsa justo era que en la Bolsa se perdiese. Además, que le quitasen lo mucho que se había divertido gastando el dinero a manos llenas... ¡Adelante! El buen carretero vuelca muchas veces en un bache insignificante.

Y con tantos ánimos se sentía, que consolaba a Juanito, el cual, sin perder tanto como su maestro, mostrábase aterrado por el suceso.

—Vaya, muchacho, debes tener más alma o retirarte del negocio. ¿Crees tú que se pescan millones sin correr peligro? Aquí me tienes a mí, que me he quedado lo mismo que hace un año: convertido en un tenderillo de escasa fortuna. Otro se consideraría perdido; pero yo me quedo tan fresco. ¿Que sigue sosteniéndose el alza? Pues yo a la baja, como antes. A la baja está don Ramón, y sigo a su lado. No hay cosa que disguste tanto a la suerte como la inconsecuencia.

Y con estas seguridades, dadas enérgicamente, aunque sin saber con qué fundamento, el señor Cuadros conseguía serenar a Juanito.

No tenía igual poder sobre don Eugenio, su antiguo principal. El pobre viejo, al saber el gran descalabro, en vez de irritarse depuso su huraña actitud, aproximándose a su antiguo dependiente para darle consejos con tono paternal.

—Estás a tiempo para retirarte. Lo que te pasa es un aviso de la Providencia. En realidad, nada has perdido. El dinero mal ganado se lo lleva el diablo. Lo que ahora tienes es lo adquirido honradamente y a fuerza de trabajo. Créeme, Antonio; a vivir como Dios manda, con tranquilidad y modestia, educando a tu hijo para que sea un hombre de provecho, y sin repetir ciertas locurillas de las que no quiero hablarte. No tientes a la suerte, que es traidora. Piensa que un segundo golpe dejaría a tu mujer y a tu hijo en situación de pedir limosna.

Cuadros, a quien la derrota había privado de fuerzas para discutir su pretendida infalibilidad en jugadas de Bolsa, contestaba afirmativamente al viejo y parecía aceptar todos sus consejos; mas no por esto se hallaba menos decidido a seguir a su grande hombre, sosteniéndose a la baja, como medio seguro de conquistar los soñados millones. Y tanto él como Juanito manteníanse firmes, a pesar de que continuaba el alza y no se veía la menor probabilidad de que pudiesen cumplirse las predicciones de don Ramón.

Algo más que el desgraciado negocio preocupaba a Juanito. Una noche, al retirarse después de acompañar a Tonica y su amiga en su paseo por la feria, encontróse en la puerta de casa con su hermano Rafael, que se llevaba el pañuelo al rostro como para ocultar algo que le molestaba.

Arriba, a la luz del comedor, vio a Rafael con un ojo amoratado y las narices sucias de sangre. El joven elegante, admiración y orgullo de la mamá, olía a vino, y con palabrotas de las más soeces explicaba lo que acababa de ocurrirle. Nada; una cosa de poca importancia. Se había peleado con un amigo, dándose de bofetadas y palos en medio del puente del Real cuando iban a la feria a última hora.

No quiso decir más, aceptando con gruñidos de borracho los cuidados paternales de Juanito, que hizo todo cuanto supo para curarle las contusiones. El pobre muchacho, al ver a su hermano cruelmente aporreado, sintió renacer el cariño de otros tiempos, cuando ejercía de niñera, sacrificándose en el cuidado de sus hermanitos.

Al día siguiente hizo averiguaciones para conocer con exactitud lo ocurrido; y los calaverillas de la Bolsa, que sabían lo de la riña, le enteraron con una exactitud cruel.

Quien había aporreado a su hermano era Roberto del Campo. Los dos cenaron en un «restaurant» para conmemorar los buenos golpes que habían dado en la ruleta del «Sportsman Club». Se habían emborrachado amigablemente, y al dirigirse después hacia la feria, surgió la disputa a consecuencia de ciertas afirmaciones infames del elegante Roberto.

Aquel miserable se había permitido asegurar cosas que hacían enrojecer al pobre Juanito: intimidades repugnantes con su novia cuando por la mañana hablaban en la escalera; secretos, en fin, que Juanito tenía por calumniosos, y que únicamente podía revelar un canalla como aquél. Su amigo había contestado a las confidencias con una bofetada, y después ocurrió la riña, de la que Rafael salió tan malparado.

Juanito se conmovió por el suceso. Decididamente, su hermano no era malo; su prontitud en defender la honra de la familia, castigando la calumnia, hacíale simpático. Y el sencillo Juanito, olvidando lo de la borrachera, consideró a su hermano como un héroe. Conmovíale el valor con que había defendido a Concha, y no pudo callar ante la interesada el entusiasmo que sentía por Rafaelito.

Su sorpresa fue inmensa al ver el poco caso que Concha hacía de sus palabras.

—Mira, chico, todo eso que me dices son líos de Rafaelito, y harás bien no metiéndote en nada. Yo quiero a Roberto, ¿me entiendes? Él me quiere a mí, a pesar de todo cuanto digas, y eso de que se permitió hablar ciertas cosas es una mentira de Rafael, que, según me han dicho, iba la otra noche como una cuba. ¡Vaya que le está bien a ese señorito meter cisco en la familia! Más le valdría no emborracharse, o por lo menos que sus borracheras no las pague yo.

Y la joven se expresaba con serenidad, con frescura, como si se tratase de la honra de otra y aquel Roberto fuese un infeliz a quien calumniaban.

Juanito no podía contener su asombro. ¡Dios mío!, ¡qué gente aquélla! ¿Y era su hermana la joven que permanecía tranquila ante suposiciones ofensivas para su dignidad? Insistió, cada vez más escandalizado; pero Conchita cortó rudamente sus recriminaciones:

—¡Cállate! Como eres un tonto, crees que todos los jóvenes han de ser iguales a ti. Roberto es como es y basta. Yo contenta, pues todos satisfechos.

Y le volvió la espalda desdeñosamente.

Entonces acudió a la mamá. Él no podía permitir que aquella loca, por amor o despreocupación, mirase impasible lo que de tan cerca hería el prestigio de la familia. Doña Manuela le escuchó atenta; aparentó indignarse en el primer momento, pero al fin dijo, con aquel tono de inmensa bondad que tan bien le sentaba:

—Mi pobre Juanito, tú eres muy bueno; no conoces el mundo, no tienes sociedad y te extrañan y escandalizan muchas cosas que realmente carecen de importancia. No tuerzas el gesto, que no intento defender a ese muchacho, aunque me extraña mucho que un joven distinguido y bien educado haya podido decir tales infamias. Pero ten en cuenta que tanto él como Rafaelito estaban algo «alegres», y las cosas hay que tomarlas según está el que las dice. En fin, Juanito mío, no te preocupes de la casa, que aquí estoy yo para vigilarlo todo. Además, ya he dispuesto que Conchita no salga más a la escalera. ¿No te parece bastante? Pues hijo, no hay que echarlo todo a barato. Al fin, Roberto es un buen partido, y Conchita no va a despedirlo por cuatro palabras dichas como broma imprudente.

Y doña Manuela, ofendida por la insistencia de su hijo, que tildaba de «quijotesca», se separó de él casi tan huraña y despreciativa como Conchita.

Ahora sí que Juanito sentía a su alrededor un triste vacío. ¿Quién quedaba en aquella casa que pensase como él? Únicamente en los hombres había que buscar la vergüenza. Rafaelito y él eran los depositarios de la dignidad de la familia. Por esto, él, que hasta entonces había tratado a distancia y con cierto despego a su hermano, sentía un recrudecimiento de cariño fraternal. Pero a los dos días de ocurrida la riña le dijeron que Rafael y Roberto iban juntos otra vez, apuntando sobre el tapete verde en fraternal combinación. Los dos se comprendían y compenetraban; eran la yunta viciosa, ligada por el yugo de la comunidad de gustos y la mutua posesión de secretos poco limpios.

Este golpe acabó de anonadar a Juanito. También su hermano desertaba. Nadie; ya no quedaba en su casa un corazón que pudiera colocarse al nivel del suyo. ¡Cómo sentía ahora su rompimiento con el tío don Juan! El viejo, a pesar de su tacañería y sus manías, era un hombre puro y recto.

Juanito pensaba ir en su busca como en otros tiempos, pues sus consejos eran como un baño de dignidad y rígida honradez, que le hacían resistir mejor la atmósfera de putrefacción moral de su casa. Cada vez se sentía más alejado de la familia. Vivía como siempre; comía con la mamá y las hermanas a la misma hora, pero las escuchaba como si fuesen seres extraños encomendados a su observación; sonreía interiormente al apreciar sus preocupaciones, indignábase sin romper su silencio, y apenas terminaba el motivo de esta reunión de familia, escapaba para ir en busca de Tonica y de la pobre ciega, sintiendo el anhelo de purificarse, cual si las palabras de los suyos estuviesen agarradas a su piel como asquerosas manchas.

El pobre muchacho se sentía sin fuerzas para seguir viviendo con la familia. Un obstáculo invisible se levantaba entre él y los suyos. Decía bien su tío don Juan. Él era de otra raza. Formaba aparte en el seno de la familia. Todos estaban ligados por la vida común; pero los otros eran la burguesía pretenciosa, corrompida prematuramente por la ambición de brillar, por el ansia de mentir, encaramándose penosamente a una altura usurpada; y él era un intruso, el resultado de un encuentro de la fuerza, cándida y sumisa, con la corrupción moral, hermosa y deslumbrante.

No; él no tenía madre. Los otros, los de Pajares, eran los legítimos vástagos de doña Manuela, su fiel retrato en lo moral. Él solo era el hijo de Melchor Peña, con toda la inocencia, la hombría de bien, la ruda dignidad del montañés de Aragón... y Melchor Peña había muerto. Estaba solo en el mundo; no tenía madre.

Pero a pesar de su tristeza, Juanito seguía adorando a aquel ídolo, ante el cual volvía la cabeza para no ver los defectos, recordando solo lo que le parecía bueno.

Doña Manuela podía parecerle en ciertos momentos falta de dignidad; pero él echaba la culpa de todo a la maldita ambición, que la sumía en los enredos y trampas, donde dejaba a jirones poco a poco, por sostener el boato de familia, aquella altivez que tan bien le sentaba.

Además —y esto era lo principal para Juanito—, la viuda, dedicada en absoluto a sus hijos, buscando por caminos engañosos asegurar su porvenir, no había dado motivo a la más leve murmuración. Tratándose de dinero, era capaz de mentir y hasta de estafar, tomando préstamos sobre fincas vendidas muchos años antes; pero su virtud de mujer aparecía intachable.

Juanito, como esos desesperados que encuentran todavía en su miseria cosas agradables, reconocía en su madre grandes defectos, pero se extasiaba ante su honradez de mujer.

Un suceso vino o sacarle de la triste preocupación que le causaban los asuntos de su familia. Era el último día de la feria. Por la tarde, en la Bolsa circuló una noticia que hizo palidecer a todos los protegidos de don Ramón Morte. En vez de cumplirse los vaticinios de éste, el alza continuaba su carrera triunfal, ganando nuevos escalones y arrollando las mermadas fortunas de los que osaban ponerse enfrente de ella.

Esta vez desapareció por completo la confianza que Juanito tenía en la infalibilidad de su principal y del señor Morte. La ruina era indudable. El mismo don Antonio le había dicho que si no sobrevenía pronto la baja saltaría él a fin de mes con todos los jugadores que atendían los consejos del famoso banquero.

El infeliz joven, poco avezado a los azares del juego, e incapaz de ocultar las terribles impresiones de la ruina, sintió ganas de llorar en plena Bolsa, ante los corredores y los «alcistas», que sonreían con un gozo feroz viendo la agonía de sus contrincantes.

Pero Juanito era de los que en la desgracia aguardan siempre una inesperada salvación. Pensó que era preciso avisar al señor Cuadros; tal vez él como hombre experto en los negocios, encontraría el medio de salir a flote. Extrañábale mucho que no estuviera en la Bolsa, siendo aquella tarde de agitación y de emociones, y salió inmediatamente en su busca.

En *Las Tres Rosas* solo encontró a don Eugenio.

—¿Qué ocurre? —preguntó el vejete—. Tienes cara de susto... ¿Que si está Antonio? No; salió después de comer. ¿Necesitas verle? ¿es urgente el asunto? Pues entonces... —y se rascó la cabeza como si dudase—, entonces puedes buscarlo en tu casa; de seguro lo encontrarás. No sé qué demonios tiene que hacer, siempre metido allí. ¿Es que tu mamá juega también a la Bolsa?

Juanito no quiso oír más, y salió a buen paso con dirección a su casa.

Por el camino preocupábanle las palabras de don Eugenio, la triste sonrisa con que había acompañado su última pregunta. Subió al trote la escalera de su casa, dando un vigoroso tirón a la campanilla. Abrió Visanteta, y al verle comenzó a darle explicaciones antes que él preguntase. Las señoritas habían salido; estaban en casa de «las magistradas».

—Bien; pero ¿y el señor Cuadros, no está aquí?

Y Juanito miró angustiosamente a la criada que balbuceaba, no sabiendo qué responder.

La empujó rudamente y entró. Visanteta sin perder su ceñuda seriedad, levantó los hombros, hizo un gesto de resignación, como diciendo: «Que ocurra lo que Dios quiera»; y volviendo la espalda al señorito, se fue hacia el comedor.

No había nadie en el salón. Bajo el sofá sonaba el juguetón cascabeleo de «Miss», la perrita inglesa, que al notar la presencia de Juanito sacó a medias, por entre los lambrequines, su cabeza de juguete.

La mirada del joven examinó rápidamente el salón, fijándose con estúpida tenacidad sobre el sofá, como si viese en él algo extraño que le atraía sin explicarse la causa. Era una chaqueta blanca arrojada con descuido, y que causaba en el joven la misma impresión de esos rostros que siendo amigos tardan mucho en reconocerse.

Llevóse la mano a la frente como si fuera a arañarse con cruel impulso, y sus ojos se dilataron con espanto. Fue un momento, un momento de vértigo nada más; pero en tan corto espacio creyó que la habitación danzaba como una peonza, que el techo descendía hasta apoyar en su cabeza su peso irresistible; vio oscuridad y luces a un mismo tiempo; experimentó frío y calor; sintió una bola extraña que se le atascaba en la garganta, y en un instante pasaron por su imaginación, como relámpagos lívidos, todas las escenas de novela que había leído, con sus terribles descubrimientos y sorpresas aplastantes.

Bien conocía aquella chaqueta; era la de su principal, la que tantas veces le había rozado al descansar paternalmente la manga sobre su hombro. «Miss», saliendo de su escondite, frotábase contra sus piernas gruñendo amistosamente.

Pero, en fin, ¿qué era aquello? Nada significaba el pedazo de tela. Pero ¿dónde estaba el señor Cuadros? Insensiblemente se dejó arrastrar por un espíritu de desconfianza que acababa de despertarse en él, y dentro de su casa, por una precaución inexplicable, le hacía andar de puntillas como si fuese un ladrón.

Sin darse cuenta de ello, se vio junto al cortinaje que cubría la puertecilla por donde entraba doña Manuela todas las noches a la hora de acostarse. El mismo instinto que le hacía recatarse fue quien hizo avanzar su mano levantando levemente un lado de la misteriosa colgadura.

Miró, y sin embargo no sufrió la impresión de momentos antes. Todo era verdad. Ahora comprendía las palabras de don Eugenio, su sonrisa triste, la mirada de conmiseración con que había acompañado su rápida salida de la tienda.

Y abrumado por la sorpresa, permaneció erguido, con los ojos desmesuradamente abiertos, apoyando su espalda en la pared, como si temiera desplomarse.

Debió lanzar un suspiro; tal vez chocó con demasiada rudeza contra la pared.

—¿Quién anda ahí?

Y tras larga pausa, contestó a esta voz femenil otra de hombre en tono más bajo, pero que rasgó los oídos de Juanito:

—Será «Miss», que juega.

No supo cómo salió de allí. Lo único que pudo recordar fue que el instinto de precaución le dominaba aún, y que al bajar la escalera lo hizo de puntillas, evitando roces, como si fuera un delincuente y temiera ser descubierto.

Cuando se vio en la calle sintió un calor insufrible. Ya sabía quién le apretaba con tanta crueldad la garganta. Era la vergüenza, que hacía arder en su interior un fuego de infierno, que enrojecía su rostro y aceleraba la circulación de su sangre. Creyó que todos le miraban, que los transeúntes ladeaban el cuerpo para evitar su roce, y anduvo apresuradamente, como si sintiera tras sus pasos el espectro de su vergüenza que le perseguía.

Aire... espacio... libertad; se ahogaba en las calles tortuosas, con sus paredes que parecían aproximarse para cerrarle la marcha; necesitaba horizontes inmensos, para no creerse aplastado, para poder ensanchar sus pulmones y arrojar la cruel madeja de suspiros que se apelotonaba en su garganta.

Una sensación fresca le despertó de aquella pesadilla, que le hacía caminar como un sonámbulo aterrado. Estaba en las Alamedas de Serranos, y marchaba con la cabeza inclinada, los brazos a la espalda: la misma expresión de los tipos casi lúgubres que acostumbraban a pasear allí.

A lo lejos, tras las cortinas de los árboles que circuían el verdoso estanque, sonaba el canto de un corro de niñas confundiéndose con el juguetón parloteo de los traviesos gorriones:

> «Yo me quería casar,
> yo me quería casar
> con un mocito barbero»...

Juanito sentía deseos de llorar como cuando escuchaba las romanzas italianas de Amparo. Pero ahora no era el amor quien ponía en tensión sus nervios; eran los recuerdos del pasado, que contrastaban penosamente con su situación actual.

Le hacía daño la inocente melopea infantil. Se veía con la imaginación vistiendo el trajecito escocés de su niñez, cuando su madre, con tocas de viuda, le llevaba a la Glorieta a que jugase con las niñas, pues su timidez y debilidad no le permitían alternar con los revoltosos muchachos. ¡Cuan hermosa estaba con sus negras tocas! Juanito la veía al través de los años como una «Máter dolorosa», acariciando dulcemente su cabeza de niño y pensando en el doctor Pajares, a pesar de su reciente viudez.

Ya no creía en su madre. La fe se había rasgado en él como una virginidad irreparable. Le hacía daño el canto infantil, y para no llorar salió rápidamente del paseo, siguiendo el pretil del río.

Caminando junto a la carretera polvorienta, sin ver otras caras que las de los carreteros que marchaban perezosamente tras sus vehículos, o las de los guardias de Consumos sentados ante sus garitas, Juanito se encontraba mejor. No tenía miedo, como el poeta, a encontrarse con su dolor a solas, y caminaba por aquel lugar poco frecuentado, saboreando con gozo cruel el hondo pesar que, de vez en cuando, estallaba en ruidosos suspiros.

Sentía en torno de su persona la imagen invisible de un padre que no había conocido. El recuerdo del pobre Melchor Peña le inspiraba cierta conmiseración. Aquél también había vivido engañado. Amó locamente a su esposa sin conocer su verdadero carácter y murió en el error, como hubiese muerto él, jurando que su madre era la mejor de las mujeres, a no haberle conducido la fatalidad al salón de su casa para hacer el más terrible de los descubrimientos.

Su madre era una tramposa capaz de todos los enredos y vergüenzas para conservar el falso oropel de su vida; su madre despreciaba las murmuraciones que herían hondamente el honor de la familia; dejaba a las hijas que se arrojasen en el peligro, arrastradas por la desesperada audacia de cazar un novio, y al final se entregaba como una perdida en brazos de un amigo de su esposo, se vendía infamemente cuando estaba próxima a la vejez, manchando todo su pasado, por una necesidad del orgullo. ¿Qué era, pues, lo que quedaba a aquella mujer? Nada absolutamente. Aquel descubrimiento fatal rasgaba el velo de la credulidad, desvanecía el optimismo del cariño; la madre aparecía a los ojos del hijo tal como era, con toda su fealdad moral; y Juanito pensaba con rabia en su antiguo ídolo como el devoto que pierde la fe, y en la imagen milagrosa que antes le arrancaba lágrimas de emoción ve solo un miserable leño. ¿Por qué había nacido del vientre de aquella mujer? ¿No podía tener una madre como lo son todas? Y furioso contra la fatalidad, que le había dado por madre a doña Manuela, cerraba los puños como si quisiera estrangular a alguien.

Levantó la cabeza y vio que se había separado del pretil, siguiendo por el camino de ronda. Ante él alzaban sus pesadas moles cilíndricas las dos torres de la puerta de Cuarte, con la rojiza costra acribillada por los profundos agujeros de las granadas francesas y las de las insurrecciones republicanas.

Contemplaba fijamente los tragaluces angostos y enrejados de los calabozos donde estaban los presos militares. Pensaba con envidia que allí dentro, en las mazmorras lóbregas y húmedas, se estaría muy bien, rodeado de absoluto silencio, lejos del mundo, sin pesares que turban la existencia.

Permaneció mucho tiempo mirando fijamente aquellos colosos de argamasa, hasta que por fin se dio cuenta de que algunos chicuelos del barrio formaban círculo en torno de él, contemplándolo con curiosidad, tomándole, sin duda, por uno de esos viajeros que para el vulgo han de ser forzosamente ingleses.

Juanito huyó de aquella pillería, cuya mirada insolente y burlona nada bueno presagiaba, y siguió por el camino de ronda, sumiéndose al poco rato en sus tristes reflexiones. Volvía a caminar automáticamente, sin fijarse en las personas que pasaban junto a él. Llevaba abiertos los ojos, miraba a todas partes, y nada veía. Nada, no; lo real, lo inmediato a su persona no lograba fijarse en su retina; pero en cambio, veía siempre, con una tenacidad desesperante, la blanca chaqueta arrugada brutalmente como la sábana del lecho después de una noche de placer, y luego... luego veía también la cortina alzada revelando una parte del atentado vergonzoso, de la degradación maternal, que era para él un golpe de muerte.

¡Oh, cuán execrable le resultaba ahora su antiguo ídolo! Y sin embargo, estaba convencido de que todo su odio era una impresión del momento, que se desvanecería apenas se hallase en presencia de la mamá. Es muy difícil desarraigar un cariño de tantos años; y este convencimiento era lo que más desesperaba a Juanito. Sentíase avergonzado por tener tal madre y adorarla, sin embargo, con la dulce ceguera del cariño.

—¡Eh...!, ¡a un lado!

Juanito saltó hacia atrás instintivamente, al sentir en su rostro el bufido ardoroso de dos caballos. Había llegado a la entrada del camino del Cementerio, y aquellas bestias que casi le atropellaban eran los jacos huesosos, antipáticos y enfermizos que tiraban de un coche fúnebre. El tétrico conductor, con su librea negra y mugrienta, pasó, rociando de injurias al distraído y amenazándole con su látigo.

Juanito apenas si pudo verle. Sus ojos estaban fijos en el féretro blanco y dorado que se mecía con el traqueteo de las ruedas, dejando en su memoria la impresión de una nubecilla surcada por rayos de Sol.

También debía estarse bien allí. Mejor que en los calabozos que antes contemplaba con envidia. El silencio para siempre, la amarga satisfacción del no ser, la grandiosa monotonía de la eternidad libre de toda alteración. ¿Por qué no iba él dentro de aquella caja? ¿Por qué no había caído cuatro años antes, cuando sufrió una pulmonía que puso en conmoción a toda su familia? Al menos habría muerto creyendo en su madre, y al partir le hubiera consolado un gesto, una lágrima de aquella mujer. Pero ahora estaba solo. Moriría aislado; lo único que le fortalecía era la certeza de la muerte como solución para sus males.

El rostro de una joven asomada a la ventanilla de uno de los carruajes del cortejo fúnebre pareció cambiar el curso de sus ideas. No; era una locura buscar la muerte. Si no hubiese conocido a Tonica, podría aceptar tan desesperada resolución; pero siendo amado por ella, era una locura. Aún había remedio. Una parte de su capital la había entregado a don Ramón Morte, no para jugadas de Bolsa, sino para la adquisición de valores públicos. Vendería, aunque fuese con pérdida, esta parte segura de su capital; pagaría las deudas importantes que había contraído por salvar a su madre, y con lo que le quedase se establecería modestamente, sería el dueño de *Las Tres Rosas* o de una tienda más pequeña, casándose enseguida con Tonica. Ésta era la verdadera solución. Nada de buscar millones; la lección había sido dura. Comerciante rutinario y cachazudo, buen marido y padre virtuoso; ésta era la felicidad, lo que él ambicionaba para el porvenir.

Y cuando con más entusiasmo forjábase la ilusión de la tranquilidad patriarcal, un silbido estridente rasgó los aires, como si Mefistófeles, desde las nubes, contestase con su carcajada chillona a los hermosos planes de virtud doméstica.

Juanito, sin dejar de andar, despertó del extraño sonambulismo que le hacía correr en torno de la ciudad, agitado a cada instante por los más diversos pensamientos. Frente a él perfilábase sobre el cielo de pálido azul la plaza de Toros, con su contorno de circo romano. Entre ella y el joven estaba el paso a nivel de la vía férrea, donde comenzaba a palpitar, lanzando mugidos, una bestia de hierro.

Juanito viose detenido por la cadena que acababa de tender el guardavía. Este obstáculo pareció irritarle. Sintió otra vez dentro de sí aquel compañero misterioso que le había guiado en el salón de su casa al hacer los terribles descubrimientos. Algo le decía ahora con acento imperioso. Le empujaba, y él obedecía automáticamente. Olvidaba las ilusiones de futura felicidad que se había forjado momentos antes, y el ataúd coquetón, aquel féretro de raso blanco y bordados de oro, parecía brillar ante él, como un astro que le iluminase con su camino. Abríase su tapa, mostrando el interior mullido y acolchado como el de una caja de dulces. Unos cuantos pasos más, y se quedaba dentro para siempre...

De pronto, Juanito se sintió cogido por los brazos, zarandeado y empujado hacia atrás con tal fuerza, que estuvo próximo a caer.

—Pero ¿adonde va usted? ¿Está usted loco...?

El que le hablaba era el guardavía, un mocetón de blusa azul con iniciales rojas.

Entonces se dio cuenta de que estaba a pocos pasos de un tren que, conmoviendo el suelo, dando mugidos, por la chimenea y rugiendo por las válvulas de escape, salía de la estación, abofeteando a los más próximos con el viento de su rápido paso. Juanito lo comprendió todo. Había pasado por debajo de la cadena, y el empleado acababa de detenerle casi en la misma cabeza del tren que avanzaba.

El guardavía mirábale con ojos interrogantes, en los que era visible la sospecha de un intento de suicidio. Los curiosos agolpados a ambos lados de la vía daban a entender lo mismo con sus palabras.

Juanito, avergonzado, siguió a buen paso el mismo camino de antes, como si después de lo ocurrido le fuera imposible continuar adelante dando la vuelta completa a la ciudad.

Pasó por el lugar donde había encontrado el fúnebre cortejo, y no pensó ya en aquel ataúd blanco que le obsesionaba con la más amarga de las seducciones. Tampoco levantó la desalentada cabeza para contemplar las torres de Cuarte, cuyos rojizos muros adquirían en su parte alta un tinte de incendio reflejando la puesta del Sol.

La frescura que sintió siguiendo el pretil del río pareció reanimarle. Comenzaba el crepúsculo. En el cauce del río, las charcas y riachuelos, reflejando en su fondo el rojo horizonte, brillaban como si fuesen de encendida lava. En la ciudad, los vidrios de los altos balcones y de las esbeltas torrecillas destacábanse sobre la masa oscura de los edificios como placas de fuego. La calma del crepúsculo, compuesta de murmullos imperceptibles, de lánguidos suspiros que exhala la Naturaleza próxima a adormecerse, invadía el ambiente. Desde el pretil veíanse rebaños de oscuras ovejas, que al compás perezoso de las esquilas iban en busca del corral, mientras que por la parte de arriba, por la carretera polvorienta, marchaban también en retirada los rebaños del trabajo, gentes de espalda encorvada y blusa vieja, con la cara sudorosa y el saco de herramientas a la espalda.

La melancolía del crepúsculo se apoderaba de Juanito. Cuando entró otra vez en las Alamedas de Serranos, sus piernas flaqueaban, y sintió la necesidad de dejarse caer en uno de los bancos.

En aquel paseo silencioso, casi desierto, que lentamente se oscurecía, podía forjarse la ilusión de que estaba en un jardín de su propiedad, donde nadie vendría a turbar la pereza dolorosa, el anonadamiento triste en que iba sumiéndose.

En las charcas del río, las ranas comenzaban a templar sus instrumentos de dos notas para la interminable sinfonía de la noche; en la inmediata carretera sonaba el chirrido de los carros.

La humedad del sombrío arbolado empapaba las ropas de Juanito, adormeciéndole. Hubo momentos en que su imaginación, lanzada en el camino de la insensatez, hízole pensar que, como en los cuentos fantásticos, un colosal murciélago le abanicaba con sus alas, para chuparle la sangre después de dormido.

De pronto, vio plantadas ante él, mascullando palabras ininteligibles y extendiendo vergonzosamente las manos, dos niñas entecas, dos cabezas con el pelo revuelto y erizado como espantables Medusas, mostrando las piernas enflaquecidas y desnudas por debajo de los guiñapos que las servían de faldas. Una profunda conmiseración invadió el ánimo de Juanito. Aquéllas eran aún más desgraciadas que él. Tal vez no habían conocido a sus madres, y esto era mil veces peor que tener una aunque fuese como la suya. Olvidó repentinamente todas las precauciones de su carácter económico, y dejó el puñado de pesetas que llevaba en el chaleco en aquellas manecitas, que, asombradas y faltas de costumbre, no sabían cómo oprimir la lluvia de plata. Las pesetas caían al suelo, y Juanito no se arrepentía de su generosidad.

Indudablemente, allá arriba había alguien viéndolo todo: lo mismo lo que pasaba por las tardes en una alcoba, que lo que ocurría por la noche en un paseo solitario entre dos mendigas pequeñas y un hombre más niño que ellas.

La desgracia le perseguía. ¿Quién sabe lo que le estaba reservado? Tal vez algún día, con más vergüenza que aquellas infelices, tendría que tender la mano a las gentes, sintiendo calor en el rostro y en el estómago el cruel arañazo del hambre. Y como para sellar su pacto con la desgracia futura, cogió entre sus manos las desmelenadas cabecitas, besándolas en las sucias mejillas, en los labios cubiertos de costras.

Esto asombró a las mendigas más aún que la generosidad de momentos antes. Sus ojos cándidos y virginales deshonráronse con una viva chispa de malicia; tras la inocencia infantil asomó la precocidad de la vida aventurera, las lecciones infames aprendidas sobre el barro de las calles; y las dos, apretando convulsivamente sus puñados de pesetas, huyeron como si las amenazase un terrible peligro.

Después pasó una mujer pequeña y enflaquecida, una pobre obrera de las que habitan en la otra orilla del río. Cansada del trabajo, sostenía en un brazo la pesada cesta y un chicuelo mofletudo que se agitaba con nerviosa alegría, mientras tiraba con la otra mano de un galopín de cinco años que se obstinaba en no andar por habérsele desatado el zapato.

La mujercita saludó con una dulce sonrisa a Juan, y dejando sobre su mismo banco el pequeño y la cesta, encorvóse penosamente para atar el zapato de su hijo mayor. Después de acariciarle su enorme cabeza, volvió a recuperar lo que había dejado sobre el banco y prosiguió su marcha, siempre abrumada por la fatiga, poseída por triste desaliento, pero satisfecha y sonriente al mirar a sus dos pequeñuelos, cruz abrumadora que arrastraba en el calvario de la miseria.

Juanito creyó despertar ante aquella aparición. Era una verdadera madre la mujercita de la dulce sonrisa. En aquel grupo de conmovedora miseria había algo que él no había conocido jamás, y los dos pobres chicuelos, martirizados por el hambre, destinados a vivir como parias de la sociedad, gozaban lo que él, criado entre lujo y ostentación, no había tenido nunca.

Sentía deseos de pedir a Dios que hiciese un milagro, que le convirtiese en uno de aquellos niños, destinados a ser bestias de carga para el bienestar de sus semejantes, pero que al menos tenían una madre que los amaba sin distinguirlos y no se vendía a pesar de su miseria.

Sintió de pronto en sus manos la caída de algo caliente que resbalaba sobre su epidermis. Lloraba. Al alejarse el tierno grupo, las lágrimas habían asomado a sus ojos, y no hacía ningún esfuerzo por contenerlas, sintiendo al llorar una sensación voluptuosa, como si sus pulmones, con extraordinaria dilatación, hubiesen expelido aquel nudo que le oprimía la garganta.

Así pasó mucho tiempo: con el sombrero caído a sus pies y la cabeza apoyada en una mano, dejando que las lágrimas resbalasen a lo largo de su antebrazo.

Los últimos transeúntes que pasaron fueron unas buenas mozas con la cesta al brazo, moviendo al andar bizarramente sus fuertes caderas. Debían ser cigarreras que volvían de la fábrica. Miraron entre compasivas y burlonas al señorito que lloraba, y se alejaron haciendo comentarios a toda voz. ¡Un hombre llorando! Indudablemente le había engañado la novia o había muerto su madre. A Juanito no le hicieron daño los burlones comentarios de aquellas muchachas. Habían acertado. Su madre había muerto aquella tarde, y por esto lloraba.

Tras el desahogo del llanto, quedó fatigado, con los miembros entumecidos, como si acabase de hacer una larga marcha.

No supo si había dormido o si el tiempo pasó con extraordinaria rapidez; lo cierto fue que al apartar las ardientes manos mojadas en lágrimas y erguir su cabeza, vio que era de noche. Por entre el ramaje de los árboles veíase el cielo azul oscuro de las noches de verano, moteado por el luminoso polvo sideral.

Como un sordo rugido semejante al hervor de lejana caldera, llegaban los rumores de la ciudad al paseo oscuro y silencioso.

Cantaban las ranas con una monotonía desesperante; reflejábanse las temblorosas estrellas en el fondo de las charcas; en el inmediato estanque conmovíanse con estremecimientos voluptuosos las plantas verdosas que extendían sus palmitos a flor de agua, y a lo lejos, como un eco, sonaban los ladridos de los perros del arrabal.

Aquel silencio matizado por los ruidos propios de la noche hacía imaginarse a Juanito que se hallaba en un tranquilo pueblo, lejos de una vida en la que solo había encontrado hondos pesares. Su mirada vagaba errante por entre los puntos de luz, que le parecían impenetrables jeroglíficos trazados en el cielo. ¿Cómo serían aquellos mundos? Y pensando en esto, recordaba confusamente la poca geografía aprendida en la escuela, las innumerables consejas que había oído relatar sobre la influencia de los astros sobre los hombres.

Creía en lo maravilloso, en la influencia astrológica, sintiendo que la calma augusta de la inmensidad se filtraba en su ánimo.

Como si le atrajesen aquellos mundos desconocidos, creía elevarse en el espacio, dejando muy lejos, bajo sus pies, la tierra, llena de miserias. Su corazón parecía ensancharse, crecer, convertirse en un músculo gigantesco que ocupaba todo su pecho y lo hacía estallar como un saco angosto. Ya no odiaba a nadie. Todos los seres de la tierra le parecían pequeños; y sintiendo la tierna conmiseración de las almas grandes, sonreía dulce pero compasivamente al pensar en su madre, en sus hermanas y hasta en la misma Tonica.

Nada le impresionaba ya; todo le era indiferente: amistad, familia y amor. Él no era de este mundo; su verdadera patria estaba arriba. Y miraba a los astros con ojos interrogantes, como inquilino que escoge la mejor habitación para trasladarse a ella.

Pero las impurezas de la realidad le despertaron otra vez de su sonambulismo. Pasaban misteriosas parejas por detrás de los macizos de árboles, unidas por dulce intimidad, con paso recatado, cuchicheando levemente y buscando un lugar a propósito para aislarse de otros a quienes la cita nocturna llevaba también allí.

Esto sublevó a Juanito. Tenía por suyo el paseo, la calma de la noche, el puro silencio que le envolvía; la impúdica invasión de libertinos callejeros y mercenarias ambulantes causábale el efecto de un atentado contra su propiedad. Un sentimiento de asco le hizo ponerse en pie; y recogiendo su sombrero, salió de la oscura alameda.

Las campanas de los relojes atrajeron su atención, haciendo que mirase el suyo a la luz de un farol.

Eran las diez y media. Le sorprendió la rapidez con que había transcurrido el tiempo y continuó su camino, dispuesto a vagar sin rumbo fijo; pero los grupos de gente que siguiendo el pretil marchaban en la misma dirección le arrastraron, haciendo que insensiblemente se encaminara a la feria de la Alameda.

Al llegar al puente del Real pasó por entre los tranvías y carruajes, que, parados en la oscuridad, parecían mirar al gentío con los encarnados y redondos ojos de sus faroles.

El magnífico panorama reanimó a Juanito. Al otro lado del río, millares de luces de colores, en serpenteantes líneas o marcando el contorno de los pabellones arquitectónicos, desvanecían la oscuridad, produciendo un rojizo vaho que se extendía por el cielo como el reflejo de lejano incendio. Los charcos del río se poblaban de inquietos peces de fuego.

Atravesó el puente sufriendo los codazos de la multitud. Aquella noche era la última de feria. Destacábanse los grupos de soldados, con los roses enfundados de blanco; los huertanos iban en cuadrilla, cogidos de las manos por temor de extraviarse; y pasaban las labradoras con su traje de fiesta, arrastrando tras sí un racimo de chiquillos llorones y cansados, precedidas por los maridos en mangas de camisa, chaleco negro y el garrote de Liria en la mano, mirando a todos con fijeza, como si temiesen que los «señoritos» se burlasen de la familia.

Los farolillos venecianos formaban gigantescos pabellones de una claridad difusa. En la entrada de la Alameda apelotonábase el gentío, y por entre la masa de espaldas arqueadas y codos en punta pasaban las floristas con su cesto de mimbres erizado de ramilletes y las chicuelas desgreñadas, con el cántaro en la cadera y el turbio vaso en la mano, pregonando: «¡Al aigua fresqueta!».

Juanito viose detenido por la masa apiñada ante el tablado de los bailes populares. Sonaba el agudo cornetín repitiendo monótonamente la contradanza moruna o acompañando las voces de los cantadores, y a su compás saltaban sobre el tablado las parejas de bailarines, que de lejos parecían polichinelas.

En aquel lugar bifurcábase la corriente del gentío. La gente alegre y ruidosa, los labradores, la chavalería de gorrilla y tufos o de falda almidonada y pañuelo de seda, seguía por el pretil del río mirando la larga fila de casetas, en las que se aburrían los feriantes esperando al comprador que nunca llegaba.

Por el lado opuesto, por la avenida central, donde estaban establecidos los pabellones de baile, marchaba la gente «distinguida», con parsimonia, como en una procesión, mirando con el rabillo del ojo a los que estaban en las compactas filas de sillas, o deteniéndose un instante para contemplar las parejas que danzaban en los pabellones.

Juanito, confundido entre este público e insensible a las cosas de este mundo, lo encontraba todo feo y ridículo con su pesimismo feroz.

Aquellos pabellones, que, vistos con un poco de buena voluntad a la luz artificial recordaban los palacios deslumbrantes de las leyendas, parecíanle ridículas barracas. Y luego, ¡qué asco le producían los imbéciles que en aquellos salones al aire libre bailaban como monigotes, sin advertir que el gentío se divertía con sus saltos!

En uno de aquellos pabellones estaría su hermano Rafael. Y el muy imbécil tal vez se divertiría, tal vez estarían con él las hermanitas, y todos juntos mirarían con desprecio a la gente que se pasea por bajo, sin pensar que de allí podría salir un acusador anónimo que les gritara: «¡Todo ese lujo, esa altivez que ostentáis, son debidos a la trampa, a la desvergüenza, a que vuestra madre es una...!».

No; decididamente, él no podía seguir paseando por aquella parte de la feria. Volvían a reaparecer las tristes ideas de la tarde; pensaba otra vez en su madre. Además, de seguir por cerca de los pabellones, estaba expuesto a encontrarse con su familia, con el señor Cuadros, con cualquiera otro que le hiciera acordarse de lo que él tenía empeño en olvidar.

Huyó de aquellos sitios, dirigiéndose al final de la feria, donde estaban los «restaurants» al aire libre, las buñolerías apestando el ambiente con el aceite frito de sus fogones, y las rifas, cuyos dueños atraían con furiosos gritos a la gente, prometiendo una fortuna. Más allá estaban los vendedores de sandías, voceando tras sus montones de verdes bombas; las mesas de comida barata, donde cenaban chorizos crudos y morcillas secas los soldados y los labradores; y al final, los barracones de espectáculos: «El teatro mágico», «La mujer gorda», «Los perros sabios», con órganos a la puerta que hacían sonar una música extravagante, propia de una fiesta de caníbales. Juanito, con los nervios excitados, acabó por huir, refugiándose en los jardinillos a la inglesa que la gente llama «el Plantío».

Volvió a encontrarse como en las Alamedas de Serranos, en una soledad relativa, mirando desde su banco la agitación de la feria y contemplando el cielo a través de las copas de los árboles, cuyas hojas, bañadas por el reflejo de la luz artificial, cambiaban su tono verde por un plateado mate.

Allí, por un extraño capricho de su imaginación, pensó en los negocios. Recordaba las noticias que le habían dado aquella tarde en la Bolsa. La ruina era indudable. ¡Bien les había dejado el célebre banquero con su pretendida infalibilidad!

Su principal, el señor Cuadros, podía tenerse por hombre al agua. En cuanto a él, daba por perdida una gran parte de su fortuna, y únicamente confiaba en los valores del Estado que por encargo suyo había adquirido el señor Morte. Eran unos 3.000 duros, y con esta cantidad pensaba encontrar la salvación.

El optimismo tornaba a apoderarse de su ánimo, como una reacción necesaria tras tantas horas de insufrible dolor. Aún tenía salvación. Se alejaría de aquella familia que solo era en apariencia suya, pero a la cual no le ligaba lazo alguno; se casaría con Tonica, buscaría una tienda modesta y emprendería otra vez la conquista azarosa y difícil del dinero, teniendo por maestro a don Eugenio y siguiendo los procedimientos lentos y rutinarios del comercio a la antigua.

No sería millonario, no soñaría con palacios en el Ensanche y brillantes trenes de lujo; pero al llegar a la vejez se pasearía por una tienda acreditada, con zapatillas bordadas, gorro de terciopelo y la prosopopeya de un honrado patriarca, viendo a los hijos talludos tras el mostrador, como activos dependientes, y a Tonica, hermosa a pesar de los años, con el pelo blanco y los ojos de dulce mirada animándole el arrugado rostro.

Y el pobre muchacho conmovíase ante este cuadro de futura felicidad; y así como antes el dolor le hacía llorar, ahora suspiraba con angustia a causa de la alegría.

Cruzó el espacio un silbido rápido, estridente, un ruido semejante al desgarro de inmensa sábana, y en lo más alto del cielo, después de una detonación de lejano cañonazo, esparcióse un haz de puntos luminosos de diversos colores, que descendieron lentamente, dejando tras sí culebrillas de fuego.

Eran los cohetes voladores que anunciaban el disparo de los fuegos artificiales. Juanito, con la atención de un muchacho, seguía las vertiginosas curvas de aquellas veloces rayas de fuego en el oscuro espacio. Cuando comenzaron a arder con gran estruendo los fuegos artificiales en un extremo de la feria, él no abandonó su asiento. Estaba molido; sus piernas entumecidas negábanse a obedecerle, y la debilidad y el cansancio le producían, en ciertos momentos, algo así como asomos de vértigo.

Toda la feria adquiría un aspecto fantástico alumbrada por las bengalas, que tan pronto la coloreaban de alegre rosa como daban a las personas un tinte lívido.

Un rugido de entusiasmo saludó el principio de la «traca», diversión favorita de un pueblo que ha heredado de los moros la afición a correr la pólvora. Pendiente de los árboles daba la vuelta al largo paseo aquella envoltura de papel rellena de pólvora, colgando a trechos los blancos cucuruchos que contenían los truenos.

Durante media hora repitió el eco aquel estruendo de batalla. Las mujeres, puestas de pie sobre las sillas, miraban con nerviosa curiosidad la nube de humo erizada de relámpagos que se acercaba, dejando tras sí un ambiente cargado de azufre y voladoras pavesas; y cuando el estruendo llegaba frente a ellas, cubríanse los rostros con los abanicos, hundían la cabeza en el pecho, o sin dejar de reír, llevábanse las manos a los oídos, como si no pudieran resistir el trueno continuo, cuya intensidad subía o bajaba, llegando en algunos instantes, con la violencia de la explosión, a hacer el vacío, dejando sin aire los pulmones.

La fiebre levantina enloquecía a los nietos de los rifeños, y eran muchos los que, con la blusa chamuscada, sacudiéndose la lluvia de pavesas, corrían siguiendo la marcha del fuego, deteniéndose para silbar al pirotécnico cuando la «traca» se cortaba, apagándose por algunos segundos. Con la violencia de las explosiones saltaban hechos añicos los globos de vidrio del alumbrado de gas; el azufre colábase por todas las gargantas, llevando al fondo de los estómagos su sabor insufrible; pero todo entraba en la diversión, y al final, cuando estallaba el trueno gordo, haciendo temblar el suelo de la feria, la gente menuda prorrumpía en estruendosa aclamación, despertando de la pesadilla belicosa que la había enardecido durante media hora.

Al terminar la «traca», Juanito salió de la feria. Tenía prisa en llegar a casa antes que su familia. Reconocíase sin fuerzas para resistir la presencia de su madre. Carecía de costumbre en el fingimiento, y la expresión de su rostro le haría traición. Además, sentíase muy débil. Como los seres nerviosos que después de un esfuerzo extraordinario caen en desaliento mortal, él, tras la tarde de agitación y la noche pasada en los bancos del paseo, sufriendo el húmedo relente, sentíase enfermo. Su estómago le atormentaba, recobrando sus funciones después de la crisis nerviosa.

Cuando llegó a su casa y Visanteta le abrió la puerta, no pudo contener un gesto de asombro al ver que el salón estaba iluminado.

Entró. Allí estaban su familia y la del señor Cuadros, pero todos silenciosos, ceñudos, con la cabeza inclinada, como si en la vecina alcoba hubiese un muerto al que velaban. Juanito husmeó en el ambiente algo terrible e inesperado, y se olvidó de todo, atento únicamente a conocer el misterio. Fue a preguntar, pero el señor Cuadros le atajó poniéndose en pie y avanzando con los brazos abiertos, con expresión paternal y desesperada.

—¡Ay, hijo mío! Estamos perdidos. Ese Morte es un pillo.

¡Eh! ¿Qué era aquello...? Pero la extrañeza del joven duró muy poco, pues el señor Cuadros hablaba con la verbosidad de la desesperación.

La cosa había ocurrido al anochecer. Primero la noticia circuló tímidamente por la Bolsa, pero poco después la sabía toda la ciudad. El célebre banquero don Ramón Morte había desaparecido, produciendo la consternación en centenares de familias. Unos decían que era un farsante que había huido para comerse en el extranjero los millones robados a sus clientes con la hipócrita comedia de su sencillez y su filantropía; otros aseguraban que era un desgraciado, un iluso, que, enloquecido por anteriores triunfos, se había empeñado en sostenerse a la baja, perdiendo su capital y el de sus admiradores, para huir al fin, pobre y avergonzado, sin que su deshonra le valiera nada. Lo cierto era que desde el anochecer, toda una procesión de clientes, anonadados unos y amenazantes otros, entraban en las oficinas del banquero, no encontrando otra cosa que las mesas abandonadas y algunos empleados quejumbrosos y todavía no convencidos de la ruina de su principal.

Juanito quedó clavado en el suelo por el asombro, con los ojos desmesuradamente abiertos, mirando a un lado y a otro, sin ver nada. Los demás seguían cabizbajos, oyendo por centésima vez la relación del señor Cuadros, que parecía enloquecido por la ruina.

—¡Sí, hijo mío! Yo también he estado allí. Aquello es una desolación. Estamos a fin de mes y hay que pagar enseguida. ¡Oh, ese hombre! ¡Ese pillo! ¡Da lástima ver tanto desesperado, tantos padres de familia dispuestos a matarse o a matar a ese granuja si le pillan! El muy ladrón debió saber antes que nadie lo de la baja, y... ¡échale un galgo! ¡Dios sabe dónde estará ahora!

Juanito fue a preguntar algo, con la timidez del que espera una terrible noticia, pero su principal siguió hablando.

—¿Y yo, Juanito mío? ¿Cómo me quedo yo...? Arruinado para siempre, perdido, y lo que es peor, deshonrado. No tengo la cabeza para cuentas, pero he calculado a la ligera lo que debo a los corredores, y ni con la tienda ni con mis fincas tendré para pagar la mitad. ¿Qué hago, Dios mío, qué hago...? Para comer tendré que pedir a algún compañero que me admita de dependiente; y esto, a la vejez, es para pegarse un tiro.

Y Cuadros tenía los ojos vidriosos, faltándole poco para romper a llorar. No era su próxima degradación lo que más lamentaba, sino la pérdida de los placeres con que le había tentado la riqueza improvisada.

—Pero ¿y yo? —dijo por fin Juanito—. ¿En qué situación quedo?

—¿Tú...? ¡Pareces tonto! La ruina es igual para todos. Únicamente tienes sobre mí la inmensa ventaja de ser joven y carecer de mujer e hijos... ¡Ay, quién estuviera en tu piel!

—Pero yo —dijo el joven con la tenacidad del que se agarra a una esperanza—, yo no solo jugaba a la Bolsa. Don Ramón tenía en su poder más de 3.000 duros míos en títulos del Estado. ¿Qué se han hecho?

Cuadros lanzó una carcajada, que, en fuerza de querer ser irónica, resultaba espeluznante.

—Espera sentado tus 3.000 duros —exclamó con brutalidad—; eso de los valores públicos es una mentira. Ahora se ha descubierto que el tal don Ramón no compraba papel, y cuando le daban una cantidad con tal destino la dedicaba a la Bolsa, cuidando de entregar los intereses al cliente, como si en realidad existiesen los títulos. ¿Quieres saber que hay de esos 3.000 duros? Pues que los has perdido. ¿No me dijiste que tu novia le entregó 8.000 reales? Pues los has perdido también... ¡Cristo! Hemos sido unos brutos, y ahora, en justo castigo, nos quedamos en la miseria, y muchas gracias si en alguna tienda nos quieren admitir de bestias de carga.

Y Cuadros, furioso, iba de un extremo a otro del salón manoteando, gozándose cruelmente en pintar a su discípulo toda la grandeza de su ruina. Juanito estaba inmóvil por el estupor. ¡Dios sabe lo que pasó en aquellos momentos ante sus ojos, fijos, sin luz y desmesuradamente abiertos como los de un ciego!

De pronto, doña Manuela abandonó su asiento al ver a su hijo vacilar, llevándose las manos al pecho y retroceder como si buscase apoyo.

Intentó cogerlo por los brazos; pero el pobre muchacho se estremeció, lanzando una mirada a su madre, que despertó en ella vergonzosas sospechas.

—No, no me toque usted, mamá: ¡lejos...! no necesito a nadie... estoy bien.

Y cayó como un fardo sobre el mismo sofá en el que por la tarde había visto la arrugada chaqueta como impasible acusadora del adulterio.

XII

Juanito se moría.

Toda la noche la pasó tendido en su cama como una masa inerte, con la pesada cabeza hundida en las sábanas, el rostro envejecido, la barba alborotada y los ojos cerrados.

El pecho elevábase acelerada y trabajosamente, como si dentro funcionara una válvula vieja, y en la alcoba sonaba sin interrupción un ronquido silbante, cual si a lo lejos estuviera una locomotora expeliendo el vapor de sus calderas. La familia pasó toda la noche junto a la cama del enfermo.

Doña Manuela, a pesar de su ánimo varonil, estaba aturdida por el asombro. Pero ¿cuándo se cansaría Dios de enviar desgracias sobre ella? Primero la ruina del protector que sostenía el prestigio de la casa y la de su hijo, con cuya fortuna contaba para casos extraordinarios, e inmediatamente aquella enfermedad extraña, rápida como el rayo, que mataba por anticipado al pobre joven, pues le tenía inmóvil e insensible como un cadáver, sin otra vida que aquella respiración angustiosa que parecía asfixiar a los demás.

La desgracia reanimaba el sentimiento maternal, dormido durante tantos años en el pecho de doña Manuela. Contemplaba a Juanito con igual expresión que cuando era hijo único y gozaba de todas sus caricias.

Con los ojos enrojecidos por un sordo lloriqueo, iba la madre de un punto a otro de la alcoba cumpliendo lo dispuesto por los médicos, preparando los sinapismos que aplicaba por debajo de las sábanas a las míseras piernas del enfermo.

Rafaelito habíase retirado a su cuarto en la madrugada, y las hermanas permanecían clavadas en sus sillas, bostezando de cansancio, con un gesto de extrañeza y de miedo, como si presintieran que la muerte rondaba por la puerta de la alcoba.

La madre indignábase al hablar de los médicos. ¡Vaya una gente ignorante! Todo lo echaban en palabrotas raras e ininteligibles. Lo único que había podido sacar en claro era que se trataba de una congestión cerebral de las peores, y que el enfermo, por haber pasado a la intemperie gran parte de la noche, se hallaba en... ¿cómo decían aquellos tipos...? ¡Ah, sí! en un medio patogénico que había preparado el efecto terrible de la mala noticia.

Y no cabía dudar que el pobrecito se moría. Ninguno de los médicos había dado a la madre la menor esperanza. A sus preguntas contestaban con palabras que nada prometían; pero apenas estaban fuera de la alcoba, meneaban la cabeza con triste expresión, como afirmando que nada les quedaba que hacer allí.

En medio de su dolor, la obsesionaba una idea cruel. Recordaba el terrible momento en que Juanito había caído inerte al conocer su ruina.

«No, no me toque usted, mamá...»

En sus oídos sonaban estas palabras como si acabasen de ser pronunciadas, y veía aún el gesto de repugnancia con que las había acompañado.

¿Qué cambio tan rápido era aquél, desde la adoración idolátrica a una repulsión instintiva? ¿Sabría algo su hijo? Y la cruel sospecha de que Juanito pudiera conocer el secreto de aquel lujo que la familia había ostentado en medio de la ruina martirizaba a doña Manuela. Solo la suposición de que sus sospechas pudieran resultar ciertas la hacía sentir intenso remordimiento. Por una preocupación extraña, doña Manuela creía preferible que Rafaelito y hasta sus mismas hijas tuviesen conocimiento de su deshonra, antes que aquel buenazo, vivo retrato de su padre, para el cual cualquier impresión extraordinaria era la muerte.

Quedábase unos instantes inmóvil ante el lecho, contemplando fijamente al enfermo, como si en su rostro enrojecido e inmóvil pudiera leer algo de lo que pensaba al rechazarla con tanta vehemencia. Entreabría los párpados del enfermo y se fijaba en el ojo amarillento, opaco, sin vida, no pudiendo encontrar en él un rastro del pensamiento que con tanto interés buscaba.

Así pasó toda la mañana. Las niñas se habían retirado a descansar, fatigadas por el estertor incesante y penoso que las crispaba los nervios.

Doña Manuela estaba inmóvil, pensando en la sima que se abría a sus pies y en la que iba a caer irremisiblemente, encontrando al final lo que tanto la asustaba: la miseria.

Bien adivinaba ella el concepto en que ahora la tenían las familias amigas. En otras circunstancias, una enfermedad hubiese atraído inmediatamente innumerables visitas; pero ahora todos debían saber lo de la ruina, y de la casa que se derrumba todos huyen.

Un asomo de cordura iniciábase en aquella mujer dominada por la vanidad y la soberbia. Se había arruinado, había caído hasta en la deshonra por hacer su papel en la comedia del mundo, y fuera de algunas satisfacciones de su orgullo, ¿qué había sacado? Su Rafaelito era un perdido: ahora lo comprendía; muy elegante, eso sí, pero inútil para librar a la familia de la miseria. Sus hijas eran unas señoritas que solo habían aprendido a figurar como muñecas bien educadas en un salón, y aun esto sin poder evitar cierta cursilería que saltaba a la vista apenas salían de su esfera. Su Juanito, el paria de la casa, era el que valía algo, y ahora estaba allí, agitando su pecho para escapar del brazo de la muerte, cansado de sufrir desdenes y olvidos.

Ahora veía claro. ¡Cuan tonta había sido! Pero todos sus propósitos de enmienda desaparecieron por la tarde, cuando recibió la visita de su hermano.

Don Juan había jurado en todos los tonos no volver a poner los pies en la casa de su hermana; pero al saber el estado de su sobrino se apresuró a visitarlo. Amaba a Juanito. Su rompimiento con él fue un arrebato de su carácter atrabiliario; pero por no mostrarse débil, permaneció alejado, aunque sin dejar por esto de enterarse de la marcha de sus negocios. Entró en la alcoba del enfermo con el ademán soberbio, el cónico sombrero encasquetado y lanzando a su hermana una mirada de desprecio.

Hacía esfuerzos por aparentar rudeza y mal humor, como si se presentase arrastrado por el deber y no por el cariño; pero el cerdoso bigote le temblaba y los ojillos parpadeaban nerviosamente. El estertor fatigoso, la inmovilidad del enfermo, las sombras cadavéricas que se extendían sobre el rostro, marcando sus huecos con triste negrura y haciendo destacar fúnebremente el perfil de la nariz, acabaron con la serenidad del pobre viejo, arrancándole un grito que parecía salirle del alma:

—¡Juanito...! ¡Niño mío...! ¿No me oyes...? Soy el tío Juan...

Y se abalanzó al rostro del enfermo, besando la sudorosa frente. Pero la máscara barbuda y lívida que asomaba por el embozo de las sábanas permaneció inmóvil.

El viejo prorrumpió en sollozos.

—Se acabó... Esto es cosa hecha. Ya me lo ha dicho uno de los médicos, pero necesitaba verlo para convencerme. Parece mentira... ¡Un chico como un castillo acabar tan pronto...! ¡Ay, cómo me duele ese ronquido...! ¡Cristo! Parece que me rasgan algo aquí, dentro de los pulmones. ¡Señor! ¡Qué justicia! Los carcamales como yo, buenos y sanos, y ese chico que parecía comerse al mundo, camino del cementerio.

Hubo una larga pausa.

—Mujer, ya estarás contenta. Al fin has salido con la tuya. Te estorbaba el chico, por ser hijo de quien es.

—¡Yo! —gritó doña Manuela poniéndose en pie, con llamaradas en los ojos y la majestuosa nariz agitada por la indignación.

Aquel momento de silencio pareció una larga amenaza. El ronquido angustioso del enfermo seguía sonando, cada vez más desgarrador.

—Sí, mujer, tú. No te pongas tan soberbia, que no has de comerme. Tú sabes que nos conocemos, y a mí no me asustas. Tú... solo tú eres la autora de esa muerte. ¿Crees que no estoy enterado de todo? El chico era dócil, modesto, había bebido en buenas fuentes, era de nuestra escuela, y toda su ilusión consistía en conquistarse una posición sin perder la honra. Te quería demasiado, hubiera dado su sangre por ti, y eso es lo que le ha perdido. Primero le hiciste firmar pagarés, contraer deudas, y luego, su imbécil principal y tú, con el hambre del dinero, lo habéis metido en esa ladronera que llaman Bolsa. Ha venido la ruina, y... ¡cataplum!, ¡el chico a tierra...! ¿Quién tiene la culpa, mala madre? ¿Quién ha asesinado al muchacho, perra desvergonzada?

—¡Juan...! ¡Juan! —gritó doña Manuela avanzando un paso con ademán imponente, extendiendo las crispadas manos como si fuera a arañarle.

—¿Qué hay...? ¿Qué quieres...? No me causas miedo. Los que somos honrados decimos sin temor la verdad... Ya veo que has llorado, pero a mí no me engañan tus lagrimitas. No lloras por tu hijo; lo que te entristece es la miseria que se aproxima, la ruina de tu «buen amigo» Cuadros.

Don Juan subrayó con tanta expresión estas palabras, que su hermana dio un paso atrás, palideciendo y bajando las amenazantes manos.

—Parece que me has entendido. ¿Creías que también ignoraba yo esto? Lo sé todo, hija mía, y digo que me avergüenzo de que lleves mi apellido. Troné contigo cuando siendo viuda tuviste «aquello» con el doctor Pajares. Entonces aún podías justificarte, pues al fin amabas algo a aquel *perdis*... Pero lo que no tiene excusa es que te hayas vendido, que te hayas entregado como un pingajo de la calle. En mal camino estás, Manuela, y ya es tarde para retroceder. Hay alguien que te castiga, haciendo que la deshonra no pueda servirte de nada. Has perdido tu respetabilidad de mujer y ahora te hallas en los mismos apuros de antes, pues ese imbécil de Cuadros es hombre al agua. Por cierto que, según me han dicho, nadie puede encontrarle. Habrá huido, como su maestro el farsante Morte, convencido de que lo que tiene no alcanza para pagar a la décima parte de sus acreedores. Llora, hija mía, llora; de nada te ha servido caer.

Y doña Manuela lloraba, efectivamente, sin saber con certeza si sus lágrimas las arrancaba el estado de su hijo, los insultos de su hermano o aquella última noticia de la desaparición de Cuadros.

El viejo continuaba hablando junto al lecho del enfermo, excitado por la indignación, con voz sorda unas veces y gritando otras, de modo que cubría aquel estertor angustioso.

—Te lo vuelvo a repetir. No cuentes conmigo para nada. Si antes no te quería porque eras una manirrota, menos te querré ahora que eres una... no lo quiero decir. El único que podía esperar algo de mí es ese pobrecito. Los cuatro cuartos que tengo eran para él; pero ahora... se acabó. Nada espero y en nada confío. Gastaré lo que me queda; procuraré darme buena vida, y si tengo que hacer por alguien, ya sé a quién me dirigiré.

Y volviéndose hacia el enfermo, díjole con expresión de ternura, como si pudiera oírle:

—¡Juanín...! ¡Hijo mío! Tu tío está aquí... Márchate tranquilo, que alguien queda para proteger a los que te amaban y habían de formar tu familia.

—¿Qué es eso...? ¿Qué dices?

—Cállate; Juanín me entiende, a pesar de que parece muerto. No tardaré en reunirme con él... por eso no lloro... no vale la pena; es una separación de un par de años... un viaje. Pero cuando lo vea otra vez, tengo la certeza de que me abrazará agradecido y me llamará ¡tiíto!, como cuando era pequeño y pasaba los domingos jugando en los porches de mi casa.

Y don Juan, enternecido por los recuerdos, gimoteaba inclinado sobre aquella cabeza lívida, en cuya frente caían las lágrimas del viejo, mezclándose con el agónico sudor.

De pronto debió arrepentirse don Juan de su debilidad; recordó sin duda algún detalle irritante de la vida de su hermana aferrado tenazmente a su memoria, y recobró el gesto de rudeza, mirando fijamente a doña Manuela.

—Oye bien lo que te digo. Cuando éste salga de aquí, no nos veremos más. Él era lo único que me ligaba a vosotros, el que podía obligarme a venir a esta casa. Andas muy mal, Manuela. Crees que tu última locura la ignoran todos, y cuantos te conocen lo sospechan. ¡Quién sabe si este pobrecito también estaba enterado y se va al otro mundo avergonzado de su madre...!

—¡Juan...! ¡Cállate por Dios...! ¡Me matas...!

Doña Manuela gritó horrorizada, cubriéndose el rostro con las manos. La sospecha que tanto la molestaba reaparecía en boca de su hermano. Y tan grande era su turbación, que hasta le pareció más ruidoso aquel estertor de agonía, como si el moribundo contestase afirmativamente con su fatigoso ronquido.

—Sí, Manuela. Adivino lo que piensas. Tu hijo se muere, sin que tengas la certeza de que marcha a un mundo mejor con su inocencia limpia de toda sospecha, creyendo en su madre como yo creí siempre en la nuestra. Ése será tu castigo; ése será tu remordimiento... Vivirás intranquila. Hasta ahora, el pobre Juanito apenas si ha merecido tu atención; pero la muerte despertará en ti los instintos de madre, pensarás en él a todas horas, le verás en sueños, y la sospecha de que tu hijo pudo conocerte tal como eres amargará tu existencia... ¡Ay, infeliz! Te compadezco, pienso con horror en las noches que pasarás cuando esta cama esté vacía y creas oír en las habitaciones los pasos de Juanito. ¡Cómo llorarás cuando la miseria te acose, y esos cachorros de Pajares, que para nada sirven, no te puedan dar el pan que Juanito se hubiera quitado de la boca para ti...!

Ahora sí que lloraba de veras doña Manuela. Pensaba en el remordimiento horrible que le predecía su hermano, y más aún en aquella miseria que tanto la asustaba.

Tan visible era su desesperación, que don Juan calló, compadecido de su hermana. Hubo un largo silencio. El viejo habíase sentado en una silla baja, apoyando su espalda en el lecho, y con la cabeza inclinada parecía sumido en dolorosa reflexión. Doña Manuela, lloriqueando, fijaba sus ojos con expresión interrogante en el implacable hermano, como si le pidiera misericordia.

Transcurrió más de una hora sin que el silencio de la alcoba se interrumpiera con otro ruido que el estertor angustioso y continuo del enfermo. Doña Manuela levantábase para pasar una mano por la frente sudorosa del enfermo, cada vez más fría, y volvía a ocupar su asiento, mirando a lo alto con una expresión desesperada. Al angustioso movimiento de los pulmones uníanse ahora nerviosos estremecimientos, cada uno de los cuales parecía repercutir en los dos hermanos.

Don Juan palidecía como si sufriera los movimientos dolorosos de aquel cuerpo inerte, y miraba a su hermana con la misma expresión que si fuese ella la que martirizara al enfermo.

Entraron en la alcoba Amparo y Conchita, y al ver a su tío, con el instinto de jóvenes precoces y conocedoras del mundo, se aproximaron a él, besándole en la frente. Esto causó cierta impresión en el viejo, y mientras las niñas, de pie junto a la cama, contemplaban con el ceño fruncido y los labios apretados la agonía del pobre enfermo, don Juan dijo a su hermana en voz muy baja y titubeando como si se arrepintiera de su debilidad:

—Óyeme, Manuela; por ti no haría nada... no lo mereces; pero a la vista de esas pobres chicas me siento débil y no quiero que mi conciencia cargue con un remordimiento. Son jóvenes, están mal educadas, la conducta de su madre no puede servirles de buen ejemplo, y acostumbradas al lujo, es fácil que, al verse en la miseria, se pierdan para siempre... No intentes contestarme; no me convencerás. Conozco adónde se llega siguiendo ese camino en que os halláis... Os protegeré, pero ya sabes quién soy yo. Quiero que viváis, pero sin desórdenes, como personas juiciosas y honradas. Que todo lo pasado sea como un sueño. No tengo ahora la cabeza para cuentas, pero creo que arreglando tus negocios todavía salvaré algún piquillo de tu embrollada fortuna, y con esto y lo que yo os daré podréis vivir como viven esas personas honradas y modestas a las que llamáis cursis despreciativamente... Seréis cursis, ¿lo entendéis? Más os prefiero así que convertidas en señoras tramposas, que pierden hasta su honor por engañar al mundo. Y en cuanto a ese Rafaelito, o estudiará, haciéndose hombre de provecho, o lo arrojarás de tu casa... Porque eso sí, hija mía: ¡yo no mantengo pigres!

Al anochecer murió Juanito. La válvula vieja y gastada que parecía mugir dentro de su pecho fue aminorando lentamente el fatigoso movimiento. Cesó el estertor, como si se cerraran los escapes de aquella locomotora que sonaba a lo lejos; y al quedar la alcoba envuelta en un silencio fúnebre estallaron sollozos y lamentos en toda la casa. Hasta Visanteta y la remilgada criadita lloriqueaban en la cocina al pensar que no verían más al señorito campechano que alternaba con ellas, complaciéndose en obedecer sus mandatos.

Entre cuatro grandes cirios, sobre un tapiz fúnebre y tendido en el acolchado fondo de una caja blanca y dorada como aquella que tanto le había seducido, pasó Juanito la noche, velado por su hermano y por Roberto, que de vez en cuando salían al balcón para fumar un cigarro.

A la mañana siguiente llegaron las visitas: el desfile de levitas negras y tupidos velos, el paso por aquella casa de los amigos y conocidos, todos con la enguantada mano tendida, un gesto de amargura en el rostro y la palabra de resignación guardada cuidadosamente para tales casos.

La única nota tierna de aquella ceremonia fría y rutinaria fue el llanto de dos mujeres enlutadas que entraron con timidez, apoyadas la una en la otra. Nadie las conocía, pero iban acompañadas por don Juan.

—¡No le veo... no le veo...! —gimoteaba tristemente la más vieja, moviendo sus grandes ojos mates y sin luz.

La más joven contemplaba fijamente, con estupor doloroso, la alborotada barba del cadáver.

—No, no te acerques, niña —dijo bondadosamente don Juan—. Sería una impresión demasiado fuerte... Sé lo que deseas. Tendrás su cabello; ya arreglaré yo eso en el cementerio.

Y don Juan, empujando dulcemente a Tonica y Micaela, las sacó del salón, mostrando con ellas una solicitud paternal. Las gentes enlutadas que estaban en torno del muerto conocían la rudeza del viejo, y extrañaban su bondad. Las buenas burguesas se habían fijado en la dulce belleza de Tonica, y sin dejar de mover los labios como si rezasen, murmuraron bajo sus velos negros:

—Será su querida.

Sonaron en la plazuela el sordo rumor de muchos carruajes y los gritos de los cocheros. Después un coro de voces lúgubres entonaron la primera estrofa del *De profundis*.

Ya estaba allí la parroquia. ¡Abajo el muerto! Y en el salón sonaron los golpes del martillo sobre las tachuelas del féretro, que el eco repetía con extraña sonoridad. En la plazuela, los balcones estaban repletos de gente, como si esperase el paso de una procesión. En torno de la cruz de plata agolpábanse los negros bonetes, las rizadas sobrepellices y las lustrosas chisteras del acompañamiento. Allí estaba lo mejorcito de la Bolsa. «Alcistas», que respiraban satisfacción por la reciente victoria; los partidarios de la baja, mustios y desalentados, y los que ganaban siempre, los corredores y sus ayudantes, gente joven y amiga de Juanito, recordando con cierto enternecimiento las bromas que se permitían con aquel barbudo de corazón de niño.

En todo el camino, hasta la puerta de San Vicente, el fúnebre cortejo fue una sesión ambulante de la Bolsa. Aquellos señores, sin acordarse del motivo que les obligaba a andar por las calles en procesión, hablaban de los negocios, de la fuga de Morte, con gran estallido de fin de mes, y de la desesperada situación de los discípulos del famoso banquero.

El nombre de don Antonio Cuadros estaba en todas las bocas. Había huido el día anterior, con el convencimiento de que no podía pagar sus deudas, avergonzado sin duda de su ruina. Unos decían que había salido en el expreso para Francia; otros que estaría en Barcelona o en Cádiz, esperando ocasión para embarcarse en algún trasatlántico. En América está el porvenir de los desesperados y de la gente arruinada. Teresa debía saber dónde estaba su marido. La fuga era cosa convenida entre los dos: por eso se mostraba ella tan tranquila. Habíase quedado con su hijo en *Las Tres Rosas*, y a todos los que buscaban a don Antonio les contestaban lo mismo. Estaba fuera y no tardaría en volver para arreglar sus asuntos.

Era la fuga del banquero Morte copiada en miniatura. Además, se hablaba de que el señor Cuadros había comprometido en su ruina los ahorros de don Eugenio, confiados a su custodia, y todos se compadecían del pobre viejo.

Podían esperar sentados los acreedores de Cuadros a que éste volviese. Pero como entre ellos figuraban corredores de Bolsa, que se veían gravemente comprometidos de no proceder inmediatamente contra el deudor, en el cortejo fúnebre se hablaba de embargo, añadiendo que tal vez a aquellas horas estaría el Juzgado haciendo el inventario de la tienda.

Y era verdad. A las dos de la tarde entraban en *Las Tres Rosas* unos cuantos señores con papeles bajo el brazo, seguidos por un alguacil. En todo el Mercado, la aparición de los pajarracos de la ley produjo honda emoción. El comercio acreditado, sólido y a la antigua, que se cobijaba en oscuras tiendas, experimentaba esa inquietud que la justicia española despierta siempre en los hombres honrados, de tranquilas costumbres.

¡Qué aspecto el de *Las Tres Rosas*! Parecía la tienda un ser animado que acogía la desgracia con un gesto de resignado dolor. La puerta estaba sin adorno. Solo algunas fajas y tiras de pañuelos oscuros pendían de los balcones, balanceándolas el aire como sogas de ahorcado. El escaparate tenía un aspecto de vetustez y abandono; el polvo de tres días sombreaba los vivos colores de las telas; y hasta el emblema de la casa, aquel maniquí vestido de labradora, parecía mirar al través de los cristales la extensa y alegre plaza con ojos de muerto. En las puertas de todas las tiendas aparecían las cabezas curiosas de los dependientes, con la misma expresión que si presenciasen el último acto de un drama. Los dueños, de pie en la entrada de sus establecimientos, volvían la espalda a *Las Tres Rosas* y fruncían el ceño, como si les doliese presenciar aquella catástrofe.

Apenas el Juzgado tomó asiento en la tienda, los pocos dependientes que aún quedaban en ella, como fieles guardianes de la ruina comercial, abalanzáronse a las puertas para cerrarlas, evitando de este modo la expectación molesta de los curiosos.

El escribano había subido al piso principal para hacer ante la esposa de Cuadros las notificaciones consiguientes antes de comenzar el embargo.

Un hombre salió de la trastienda con paso acelerado, como si le persiguieran.

—¡Don Eugenio! —exclamaron los dependientes—. ¿Adonde va usted...?

—Dejadme, muchachos. Ya me ha dicho el señor de arriba que no me marche... Pero primero me matan que me quedo. Yo no puedo seguir aquí... ésta no es mi casa... ¡Dejadme pasar...! ¡Abrid la puerta...!

Y el pobre octogenario, con su arrugado rostro de una palidez de marfil, tembloroso y flácido, sin el bastón-muleta que le ayudaba ordinariamente en su marcha, los ojos inyectados de sangre y los ademanes descompuestos, parecía un pobre loco.

Pasó por entre los dependientes de la tienda y del Juzgado, atropellándolos con su débil cuerpo, que parecía fortalecido y vibrante por la indignación; y empujando con el pie una puerta entreabierta, salió de la tienda.

A aquella hora, la plaza del Mercado estaba bañada por el ardiente Sol de una tarde de verano. Las moscas, revoloteando en la atmósfera de luz, brillaban como movibles chispas de oro; los tejados destacaban sus agudos contornos sobre el espacio azul y límpido. Frente al Principal, un grupo de soldados comía melones; en las puertas de las tiendas asomaban los dependientes curiosos; un corro de granujillas del Mercado jugaba a las chapas frente a los pórticos, y el resto de la plaza estaba solitario, con las aceras limpias de cestones y toldos, tostándose sus baldosas con aquella luz intensa y deslumbrante que lo caldeaba todo.

Don Eugenio andaba sin saber adónde dirigirse. Le temblaban las piernas, pasaban tenues nubecillas ante sus ojos y veía confusamente a los dueños de las tiendas, que le seguían con un gesto de compasión o le llamaban con amistosas señas.

—No, no iré... Yo no tengo derecho a entrar en vuestras casas. Sois los hijos, los sucesores de aquellos comerciantes de mi casta, viejos compañeros que antes morían que faltar a la honradez. No podría entrar en vuestras tiendas: soy el dueño de *Las Tres Rosas*, un quebrado, uno a quien embargan y que ningún comerciante honrado puede considerar como amigo... ¡Ay, mi pobre tienda...! ¡Te has lucido, Eugenio! Sesenta años de honradez inquebrantable, llegar a una edad a que pocos llegan, y todo ¿para qué? Para ver desmoronarse en un día lo que tanto me costó de edificar... Pero ¿en qué tiempos estamos? ¿Qué hombres son estos que se juegan el porvenir, la tranquilidad de la familia, que pierden la honra y huyen tan frescos? La maldita ambición de subir y el salirse de la esfera los pierde a todos... Ésta no es mi época... Soy un muerto que por milagro sobrevive... Mis compañeros, mis amigos, hace ya muchos años que se pudren en la tierra... Allí debía estar yo. Juanito, ese chico, es quien lo ha entendido... ¡Claro! Aunque dócil, era también de los nuestros, y ha preferido irse. ¡Ay, Señor! ¿Para esto me habéis conservado la vida...? ¡Llevadme, llevadme pronto...!

Y agitado en su interior por estos pensamientos, avanzaba penosamente, trazando zigzags como si estuviera ebrio, cada vez más pálido y extendiendo sus brazos al pedir mentalmente que lo arrancasen del mundo.

Había llegado frente a San Juan, y su mirada, cada vez más indecisa y oscura, se fijó en la célebre veleta, en el pajarraco que doraba el Sol, dándole el brillo de un ave del Paraíso.

—Aquí fue... Como un perro me dejaron los míos... He trabajado mucho, ¿y qué? Pobre y hambriento me abandonaron, y después de setenta años me encuentro igual en el mismo sitio. ¡Hermoso porvenir...! Sea usted honrado, trabaje usted mucho, para verse arruinado, sin otro recurso que pedir limosna en la puerta de San Juan a los hijos de mis amigos... ¡Ay, mi pobre tienda...! Ha naufragado el barco, y el capitán debe morir. ¿Dónde está la veleta...? ¿Se la han llevado...? ¡Qué aprisa anochece...! ¡Cómo me rueda la cabeza...!

¡Viejo, que te caes...! ¡Señor...! ¡Señor...! ¡Así!

La caída fue instantánea.

Primero se doblaron sus rodillas, quedando de hinojos en aquel lugar donde su padre le había abandonado setenta años antes; después cayó de bruces en la acera.

Los que en tropel salieron de todas las tiendas aún pudieron presenciar la agonía del último veterano del Mercado.

Valencia, 1894.

Fin

Libros a la carta

A la carta es un servicio especializado para
empresas,
librerías,
bibliotecas,
editoriales
y centros de enseñanza;
y permite confeccionar libros que, por su formato y con-
cepción, sirven a los propósitos más específicos de estas ins-
tituciones.

Las empresas nos encargan ediciones personalizadas para
marketing editorial o para regalos institucionales. Y los in-
teresados solicitan, a título personal, ediciones antiguas, o
no disponibles en el mercado; y las acompañan con notas y
comentarios críticos.

Las ediciones tienen como apoyo un libro de estilo con
todo tipo de referencias sobre los criterios de tratamiento
tipográfico aplicados a nuestros libros que puede ser consultado en Linkgua-ediciones.com.

Linkgua edita por encargo diferentes versiones de una
misma obra con distintos tratamientos ortotipográficos (ac-
tualizaciones de carácter divulgativo de un clásico, o versiones estrictamente fieles a la edición original de referencia).

Este servicio de ediciones a la carta le permitirá, si usted
se dedica a la enseñanza, tener una forma de hacer pública
su interpretación de un texto y, sobre una versión digitaliza-
da «base», usted podrá introducir interpretaciones del texto
fuente. Es un tópico que los profesores denuncien en clase
los desmanes de una edición, o vayan comentando errores
de interpretación de un texto y esta es una solución útil a esa
necesidad del mundo académico.

Asimismo publicamos de manera sistemática, en un mismo catálogo, tesis doctorales y actas de congresos académicos, que son distribuidas a través de nuestra Web.

El servicio de «libros a la carta» funciona de dos formas.

1. Tenemos un fondo de libros digitalizados que usted puede personalizar en tiradas de al menos cinco ejemplares. Estas personalizaciones pueden ser de todo tipo: añadir notas de clase para uso de un grupo de estudiantes, introducir logos corporativos para uso con fines de marketing empresarial, etc. etc.

2. Buscamos libros descatalogados de otras editoriales y los reeditamos en tiradas cortas a petición de un cliente.